Rapto 911

Qué hacer si eres dejado atrás

Edición de bolsillo

Rapto 911
Qué hacer si eres dejado atrás
Edición de bolsillo

Copyright © 2022 Marsha Kuhnley
Visita el sitio web de la autora en Rapture911.com

Todos los derechos reservados. Ninguna parte de esta publicación puede ser reproducida, distribuida o transmitida en cualquier forma o por cualquier medio, incluyendo fotocopias, grabaciones u otros métodos electrónicos o mecánicos, sin el permiso previo por escrito del editor, excepto en el caso de breves citas incorporadas en reseñas críticas y otros usos no comerciales permitidos por la ley de derechos de autor.

Aunque la autora ha hecho todo lo posible para proporcionar direcciones de Internet exactas en el momento de la publicación, ni el editor ni la autora asumen la responsabilidad de los errores o cambios que se produzcan después de la publicación. El editor y la autora no tienen ningún control ni asumen la responsabilidad de los sitios web de terceros ni de su contenido.

Publicado por Drezhn Publishing LLC
PO BOX 67458
Albuquerque, NM 87193-7458

Diseño de portada por Dan Van Oss, CoverMint,
www.covermint.design

Traducción por Marina Miguez,
www.fiverr.com/marinamarce

Edición impresa – mayo de 2022, Primera edición

Tapa rústica ISBN 978-1-947328-62-4

A menos que se indique lo contrario, todas las citas de las Escrituras se toman de la Biblia Reina Valera Antigua (RVA), una traducción de dominio público de la Santa Biblia.

El texto bíblico indicado con NTV ha sido tomado de la Santa Biblia, Nueva Traducción Viviente, © Tyndale House Foundation, 2010. Usado con permiso de Tyndale House Publishers, Inc., Carol Stream, IL 60188, Estados Unidos de América. Todos los derechos reservados.

El texto bíblico indicado con (NVI) ha sido tomado de la LA SANTA BIBLIA, NUEVA VERSIÓN INTERNACIONAL® NVI® ©1999 por Bíblica, Inc.™. Todos los derechos reservados en todo el mundo.

Las citas de las Escrituras marcadas (RVR 1960) son de la Reina Valera © 1960. El texto Bíblico ha sido tomado de la versión Reina-Valera © 1960 Sociedades Bíblicas en America Latina; © renovado 1988 Sociedades Bíblicas Unidas. Utilizado con permiso. Reina-Valera 1960™ es una marca registrada de la American Bible Society, y puede ser usada solamente bajo licencia.

Índice

INTRODUCCIÓN 1

- ATRAVESAMOS UNA SITUACIÓN DE EMERGENCIA DE RAPTO 1
- LECTOR QUE HA SIDO DEJADO ATRÁS 4
- LECTOR QUE ERES CREYENTE 5
- LECTOR QUE TIENE CURIOSIDAD O QUE LE HAN REGALADO ESTE LIBRO 6
- CONSEJOS PARA LEER ESTE LIBRO 7

1° PARTE: VERDADES CLAVES 10

- CAPÍTULO 1 – LO QUE SUCEDIÓ 10
- CAPÍTULO 2 – LA RAZÓN DETRÁS DE LO SUCEDIDO 13
- CAPÍTULO 3 – ADVERTENCIA SOBRE FALSAS ILUSIONES 17
- CAPÍTULO 4 – ESTAS A TIEMPO DE SALVARTE 20
- CAPÍTULO 5 – LISTA INICIAL PARA QUIENES HAN SIDO DEJADOS ATRÁS 25

2° PARTE: EL RAPTO Y LA RAZÓN DE ESTE SUCESO 27

- CAPÍTULO 6 – EL RAPTO 27
- CAPÍTULO 7 – LAS RAZONES DEL RAPTO 35
- CAPÍTULO 8 – PREGUNTAS Y RESPUESTAS SOBRE EL RAPTO 73

3° PARTE: HAY ESPERANZA PARA TI 101

- CAPÍTULO 9 – CÓMO SALVARSE 101

4° PARTE: NO TE DEJES ENGAÑAR 134

- CAPÍTULO 10 – TE ESTÁN MINTIENDO 134
- CAPÍTULO 11 – MENTIRAS SOBRE LO QUE SUCEDIÓ Y SUS RAZONES 137
- CAPÍTULO 12 – MENTIRAS SOBRE LA ECONOMÍA Y LA MARCA 153
- CAPÍTULO 13 – MENTIRAS SOBRE CÓMO SALVARSE .. 159

5° PARTE: FUNDAMENTOS BÍBLICOS 165

Capítulo 14 – La Santa Biblia 165
Capítulo 15 – Cómo leer la Biblia 171

6° PARTE: DESARROLLANDO TU FE 177

Capítulo 16 – Preguntas y respuestas sobre la fe
.... 177

7° PARTE: ¿QUÉ SUCEDERÁ? 195

Capítulo 17 – Ahora que soy creyente, ¿qué
sucederá? 195
Capítulo 18 – No soy creyente, ¿qué me espera?
.... 200
Capítulo 19 – Cronología de los acontecimientos
.... 204

8° PARTE: QUÉ HACER SI ERES DEJADO ATRÁS 232

Capítulo 20 – Lista de comprobación completa
para quienes han sido dejados atrás 232
Pensamientos finales 242

QUÉ HACER SI ERES DEJADO ATRÁS

RAPTO 911

EDICIÓN DE BOLSILLO

MARSHA KUHNLEY

Introducción

Atravesamos una situación de emergencia de rapto

En la actualidad atravesamos una situación de emergencia de rapto. Se acerca rápidamente el día en que Jesús raptará o se llevará a los que creen en él. Me refiero a estas personas que pronto serán arrebatadas como creyentes en el transcurso de este libro. El *rapto* es un evento inminente lo que significa que no requiere que otros eventos sucedan primero. Estamos en un estado de emergencia porque el rapto será un evento que cambiará el mundo y la gran mayoría de la gente no está preparada para ello.

Existen muchos tipos de personas que no están preparadas en la actualidad: personas que no conocen a Jesús o los eventos que se vislumbran en un futuro cercano, creyentes a los que no se les ha enseñado sobre el rapto, creyentes que no están observando o prestando atención a este evento, creyentes que saben que dicho evento sucederá, pero tienen una actitud indiferente al respecto, y luego tenemos a los burladores que se burlan del rapto. Los burladores pueden ser creyentes o incrédulos. Tampoco debemos olvidar a los creyentes que saben que el rapto se acerca y que quieren que las personas que les importan lo sepan, se salven y no sean dejados atrás.

Las personas que viven en zonas propensas a las catástrofes naturales, como terremotos, tornados, huracanes y tsunamis, suelen estar preparadas para esos acontecimientos. Tienen a mano suministros de emergencia, un lugar donde refugiarse, un plan de evacuación, etc. Cuando se forma un huracán, los meteorólogos nos avisan dónde va a tocar tierra la tormenta y sobre su gravedad. Los habitantes de la zona se preparan. Tapian sus casas, consiguen provisiones, van a un refugio o evacuan si es necesario. Si vivieras en una zona como esta y te hubieran avisado con antelación de que se avecinaba una catástrofe, te prepararías.

Sin embargo, se avecina un acontecimiento que cambiará el mundo y sabemos que puede ocurrir en cualquier momento, pero no estamos preparados para ello. Podemos y debemos estar preparados. Dios nos ha dicho que prestemos atención y seamos vigilantes ante este evento. Aquellas personas que sean dejadas atrás después del rapto deberán lidiar con una magnitud de horror que ninguno de nosotros puede imaginar. Asimilemos eso por un minuto. Ningún desastre natural que haya sucedido en la historia se comparará con lo que viene. Ninguno.

Si eres creyente, es probable que haya alguien importante en tu vida que no tiene una relación con Jesús. Si el rapto ocurriera en este mismo segundo, esa persona sería dejada atrás. En ese momento, Dios quitaría a los creyentes, a la única luz en un mundo muy oscuro. Que oscuro será ese día. Ahora, ¿qué van a hacer esas personas que te importan? No te tendrán a ti, porque fuiste raptado, para que les expliques lo que pasó y a dónde fue todo el mundo que desapareció. De hecho, no tendrán a ningún creyente que haya tenido una verdadera relación con Jesús a quien puedan acudir en busca de ayuda. Todos se habrán ido. Claro, habrá algunas personas que hayan quedado atrás y que digan ser cristianos, pero nunca aceptaron a Jesús en sus corazones. Si así fuera, habrían sido arrebatados también. Mientras que algunas de esas personas entenderán inmediatamente lo que ha sucedido y por qué se quedaron atrás, la gran mayoría no lo hará. Así que las únicas personas que se quedarán atrás y que darán respuestas a las personas que son importantes para ellos serán personas que no conocen la verdad, que no creen, y que francamente no han querido creer. Los líderes mundiales vomitarán todo tipo de mentiras.

Esa es la emergencia. Las personas que se queden atrás no estarán preparadas. Después del rapto, necesitarán un recurso al que puedan acudir para obtener respuestas rápidas sobre lo que sucedió, las razones y lo que necesitan hacer para salvarse. Sí, encontrarán las respuestas en la Biblia, pero no lo sabrán. ¿Quién se lo va a decir? Si son lo suficientemente inteligentes como para buscar las respuestas en la Biblia, no sabrán cómo leer la Biblia ni dónde buscar las respuestas. Para eso es este libro: para ayudar a los que se quedarán atrás. Ojalá que cada uno de ellos que lea este libro llegue a creer en Jesús y se salve.

Lector que ha sido dejado atrás

Estimado lector,

Siento mucho que hayas sido dejado atrás. Debes saber que Dios te ama. Sé que ahora no lo parece, pero te ama. De hecho, lo hace incondicionalmente. No importa lo que hayas hecho en tu pasado o lo que harás en tu futuro. Te ama a pesar de todo. Te ama, aunque te haya dejado atrás. También necesitas saber que no has perdido tu oportunidad de ser salvo, de pasar la eternidad con Dios en el cielo, y de reunirte con las personas que te importan y que fueron arrebatadas.

Dios puso en mi corazón una carga por escribir este libro solo para ti. Él quería asegurarse de que tuvieras un recurso en el que pudieras encontrar rápidamente respuestas veraces. Esto se debe a que serás bombardeado con cada mentira y engaño imaginable por tus líderes, los medios de comunicación, los científicos, los académicos, tus amigos, todo el mundo. Verás, Dios quiere que sepas la verdad sobre lo que pasó y las razones. Quiere que lo conozcas y que pongas tu fe en él. No es demasiado tarde, pero lo será muy pronto.

Estoy muy emocionada de que estés comenzando el camino de la fe. Vas a aprender mucho y te vas a enfrentar a algunas verdades difíciles. Sin embargo, si sigues leyendo este recurso, lograrás lidiar con lo que ha sucedido y estarás preparado ante lo que está por venir. Y espero que tomes la decisión de poner tu fe en Jesús. Si lo haces, búscame cuando llegues al cielo o cuando entres en el reino milenario. Me encantaría escuchar tu historia y cómo te sobrepusiste.

Dios está contigo en tu recorrido.

Lector que eres creyente

Estimado lector,
Como creyente, tienes el poder de marcar la diferencia en esta emergencia. Puedes ayudar a los que serán dejados atrás. Puedes colocar este libro y una Biblia en un lugar donde alguien importante para ti encontraría si viniera a buscarte después del rapto.

Pero sabes qué, si estás leyendo esto significa que el rapto no ha ocurrido todavía. Así que mejor aún, puedes leer este libro y educarte sobre el rapto y los eventos futuros para que puedas tener una conversación con las personas que son importantes para ti. Esperemos que lleguen a creer en Jesús antes del rapto y no sean dejados atrás. La otra cosa que puedes hacer ahora es regalarle este libro y una Biblia a las personas que quieres, para que lo tengan como referencia. Sé lo que estás pensando: Pensarán que estoy loco si les doy un libro de supervivencia después del rapto. Tal vez, pero valdría la pena que conocieran la verdad, ¿no es así? No te avergüences de compartir la verdad de Dios con alguien. Esas emociones son solo tácticas de miedo de Satanás. Recuerda que estamos en una guerra, y él no quiere que salves a nadie. ¿Dónde estarías hoy si nadie tuviera las agallas de compartir la verdad contigo?

Quiero asegurarme de que haya información para la gente que ha sido dejada atrás la cual les ayude a conocer la verdad y a tener una relación con Jesús, igual que tú y yo. ¡Unámonos en esta guerra, y rescatemos algunas almas!

Lector que tiene curiosidad o que le han regalado este libro

Estimado lector,

¿Te genera curiosidad el rapto y quieres saber de qué se trata la emergencia? ¿O tal vez estás aquí porque un cristiano que se preocupa por ti te regaló este libro y pensaste en abrirlo y ver lo que hay dentro? Estoy emocionada de que lo estés leyendo.

Quiero que sepas que no tienes que ser dejado atrás cuando ocurra el rapto. Todavía tienes el poder de elegir. El rapto puede ocurrir en cualquier momento, así que no pospongas la elección. No hacer una elección de creer en Jesús, en realidad es igual a hacer una elección de no creer. Estás con él o en su contra, no hay zona neutral. Si no eliges seguir a Jesús y el rapto ocurre, serás dejado atrás. En este libro vas a aprender todo sobre el rapto, por qué va a suceder, y cómo puedes salvarte.

Dios te ama y está contigo en tu búsqueda por conocerlo. Oro para que pongas tu fe en aquel que él envió para salvar tu alma: en Jesús.

Consejos para leer este libro

Puedes leer este libro de principio a fin como un libro tradicional, o puedes leerlo como un libro de referencia e ir directamente a un capítulo que te interese.

He escrito el libro con una perspectiva única. Está escrito con la suposición de que la persona que lo lee es uno de los dejados atrás y que el rapto ya ha ocurrido. Si estás leyendo este libro antes del rapto, ten esto en cuenta.

He incluido muchas Escrituras en este libro porque, por sobre todo, quiero que conozcas la verdad. Si estás leyendo esto después del rapto, te será difícil encontrar una Biblia. Eso es porque su enemigo, Satanás, quiere cegarte a la verdad y engañarte. Las Biblias se convertirán rápidamente en un bien escaso, por lo que he incluido las Escrituras completas en este libro y las estaré explicando.

Las referencias de las Escrituras en este libro provienen de la Biblia Reina Valera Antigua (RVA) publicada en 1909, a menos que se indique lo contrario. Esta traducción de la Biblia es de dominio público y de lectura gratuita. Puedes visitar mi sitio web para leer o descargar una copia gratuita de esta Biblia.

Rapture911.com

Al leer este libro, sé que obtendrás una mejor comprensión de la Palabra de Dios, y la verdad te será revelada. En tu búsqueda de la verdad, te animo a que descubras y leas la Palabra de Dios por tu cuenta y compruebes todo lo que te he dicho. En la Escritura que he incluido a continuación, verás que esto es exactamente lo que hicieron los bereanos cuando fueron visitados por el apóstol Pablo. Escudriñaron la Palabra de Dios por su cuenta para asegurarse de que lo que se les estaba enseñando era legítimo.

> Entonces los hermanos, luego de noche, enviaron á Pablo y á Silas á Berea; los cuales habiendo llegado, entraron en la sinagoga de los

> Judíos. Y fueron estós más nobles que los que estaban en Tesalónica, pues recibieron la palabra con toda solicitud, escudriñando cada día las Escrituras, si estas cosas eran así. (Hechos 17:10-11)

Después de cada Escritura que he incluido, verás entre paréntesis una referencia de dónde proviene, como en este ejemplo: (Hechos 17:10-11). Eso significa que los versículos son de la Biblia, el libro de los Hechos, capítulo 17, versículos 10 y 11. Todas las Biblias tienen los libros claramente etiquetados y los capítulos y versículos claramente numerados. En ocasiones, en este libro verá referencias de la Escritura con una descripción adicional como (Hechos 17:10-11 NTV). Las siglas NTV se remiten a la versión de la Biblia de la que proviene la Escritura. En lugar de la RVA, he utilizado la NTV. Normalmente escojo una versión por la elección de palabras y la gramática de esa traducción en particular. Me ha parecido más fácil de entender.

Si no has leído la Biblia antes, consulta el capítulo 15 - Cómo leer la Biblia.

Antes de seguir leyendo, te recomiendo que eleves una oración sencilla a Dios. He incluido una oración al final de esta sección. Necesitas orar primero porque Satanás, que es actualmente el "dios de este mundo", la Tierra, no quiere que leas este libro ni que comprendas su contenido. Satanás, te ha cegado y necesitas a Dios para vencer.

> En los cuales el dios de este siglo cegó los entendimientos de los incrédulos, para que no les resplandezca la lumbre del evangelio de la gloria de Cristo, el cual es la imagen de Dios. (2 Corintios 4:4)

La oración que encontraras a continuación es una forma de decirle a Dios que tomas en serio el aprendizaje de la verdad y que necesitas su ayuda para lograrlo. Una oración es simplemente hablar con Dios. Puedes orar en voz alta o en silencio, como prefieras.

La oración es muy poderosa cuando te acercas a Dios con un corazón sincero. Él te escuchará y te responderá.

"Dios, te pido que me ayudes a leer y entender lo que está escrito en este libro, particularmente los versículos de la Biblia. Me acerco a ti con un corazón abierto para aprender la verdad. También te pido tu amor y tu consuelo cuando me enfrente a verdades que me resultarán difíciles de escuchar".

1° Parte:
Verdades claves

Capítulo 1 – Lo que sucedió

Millones de personas de todo el planeta han desaparecido. Es un evento al que nos referimos como el rapto. La palabra *rapto* significa ser agarrado, llevado, arrebatado, o llevado a otro lugar de existencia. No encontrarás la palabra *rapto* en la mayoría de las traducciones de la Biblia. En su lugar, es probable que encuentres "arrebatado". En latín la palabra para "arrebatado" es *rapio* y es de donde sacamos la palabra *rapto*.

A continuación, verás uno de los pasajes bíblicos concernientes al rapto que explica lo que sucedió. Hay muchos otros que presentaré en detalle más adelante en este libro.

> Tampoco, hermanos, queremos que ignoréis acerca de los que duermen, que no os entristezcáis como los otros que no tienen esperanza. Porque si creemos que Jesús murió y resucitó, así también traerá Dios con él á los que durmieron en Jesús. Por lo cual, os decimos esto en palabra del Señor: que nosotros que vivimos, que habremos quedado hasta la venida del Señor, no seremos delanteros á los que durmieron. Porque el mismo Señor con aclamación, con voz de arcángel, y con trompeta de Dios, descenderá del cielo; y los muertos en Cristo resucitarán primero: Luego nosotros, los que vivimos, los que quedamos, juntamente con ellos seremos arrebatados en las nubes á recibir al Señor en el aire, y así estaremos siempre con el Señor. Por tanto, consolaos los unos á los otros en estas palabras. (1 Tesalonicenses 4:13-18)

Este pasaje nos dice que Jesús, "el Señor", reunió a todas las personas que creían que había muerto y resucitado. Estas personas eran los creyentes. Reunió a dos grupos de creyentes. Primero, los que creyeron y habían fallecido, a estos se refiere como "muertos en Cristo" y los que "durmieron en Jesús". Segundo, los que creyeron y todavía estaban vivos. Relata como Jesús se reunió con todos ellos en las nubes. Ahora todas esas personas estarán con Jesús para siempre.

Durante el rapto, Dios arrebatará al cielo aquellas personas que depositaron su fe en su hijo Jesús. Esta es la mayor promesa de Dios. Si crees en Jesús, recibes la vida eterna.

> Porque de tal manera amó Dios al mundo, que ha dado á su Hijo unigénito, para que todo aquel que en él cree, no se pierda, mas tenga vida eterna. (Juan 3:16)

Entonces, ¿qué creían exactamente sobre Jesús aquellos que fueron arrebatados? Creían que Dios envió a su hijo Jesús a morir por sus pecados. También creían que Jesús no permaneció muerto; sino que se levantó de la tumba y demostró que era Dios encarnado.

> Porque primeramente os he enseñado lo que asimismo recibí: Que Cristo fué muerto por nuestros pecados conforme á las Escrituras; Y que fué sepultado, y que resucitó al tercer día, conforme á las Escrituras. (1 Corintios 15:3-4)

Todos hemos pecado, y todos merecemos la muerte y una vida eterna separada de Dios a causa de ello. Esta Escritura expone aún más las buenas nuevas. Dios nos redimió por medio de la sangre de Jesucristo. Aquellos que fueron arrebatados entendieron que cuando pones tu fe en lo que hizo Jesús, eres justo antes los ojos de Dios.

> Mas ahora, sin la ley, la justicia de Dios se ha manifestado, testificada por la ley y por los

profetas: La justicia de Dios por la fe de Jesucristo, para todos los que creen en él: porque no hay diferencia; Por cuanto todos pecaron, y están distituídos de la gloria de Dios; Siendo justificados gratuitamente por su gracia por la redención que es en Cristo Jesús; Al cual Dios ha propuesto en propiciación por la fe en su sangre, para manifestación de su justicia, atento á haber pasado por alto, en su paciencia, los pecados pasados, Con la mira de manifestar su justicia en este tiempo: para que él sea el justo, y el que justifica al que es de la fe de Jesús. (Romanos 3:21-26)

Capítulo 2 – La razón detrás de lo sucedido

El rapto sucedió por varias razones, te compartiré algunas que son clave para ayudarte a comprender mejor. Entraré en mayor detalle en los capítulos posteriores de este libro.

Dios quitó a los creyentes de la Tierra porque ha llegado la ira de Dios. Seguramente conoces la historia de Noé y el diluvio. Dios le dijo a Noé que construyera un arca porque se avecinaba un diluvio. El diluvio era la ira de Dios ante un mundo que se había tornado malvado y lleno de violencia. Noé fue protegido de esa ira en el arca. El rapto se trata de un evento similar.

> Y dijo Dios á Noé: El fin de toda carne ha venido delante de mí; porque la tierra está llena de violencia á causa de ellos; y he aquí que yo los destruiré con la tierra. Hazte un arca de madera de Gopher. [...] Y yo, he aquí que yo traigo un diluvio de aguas sobre la tierra, para destruir toda carne en que haya espíritu de vida debajo del cielo; todo lo que hay en la tierra morirá. Mas estableceré mi pacto contigo, y entrarás en el arca tú, y tus hijos y tu mujer, y las mujeres de tus hijos contigo. (Génesis 6:13-14, 17-18)

La ira de Dios no está destinada a los creyentes. Noé fue protegido de esta ira al igual que aquellos que han sido arrebatados está siendo protegidos. En estos dos versículos, "nosotros" se refiere a los creyentes; aquellos que depositaron su fe en Jesús.

> Jesús, el cual nos libró de la ira que ha de venir. (1 Tesalonicenses 1:10)

> Porque no nos ha puesto Dios para ira, sino para alcanzar salud por nuestro Señor Jesucristo. (1 Tesalonicenses 5:9)

Otra razón por la que el rapto ocurrió es porque Dios quiere que todos sean salvos.

> Dios nuestro Salvador; El cual quiere que todos los hombres sean salvos, y que vengan al conocimiento de la verdad. (1 Timoteo 2:3-4)

Dios creó a cada uno de los que están leyendo esto. Él los ama. Quiere que vivas con él en la eternidad en el cielo. Si estás leyendo esto después del rapto y eres uno de los que se quedaron atrás, probablemente no sientas que Dios te ama en este momento. Debes saber que ciertamente te ama. Estas Escrituras nos dicen que Dios nos ama tanto que envió a su hijo unigénito Jesús a morir por nosotros. De hecho, envió a Jesús a morir por ti hace miles de años, sabiendo que ibas a ser un pecador. Dios no demostró este acto de amor por ti luego de que hayas limpiado tu vida, cometas menos pecados, o comiences a asistir a la iglesia, etc. No. Eso es porque el amor de Dios es incondicional.

> En esto se mostró el amor de Dios para con nosotros, en que Dios envió á su Hijo unigénito al mundo, para que vivamos por él. En esto consiste el amor: no que nosotros hayamos amado á Dios, sino que él nos amó á nosotros, y ha enviado á su Hijo en propiciación por nuestros pecados. [...] Nosotros le amamos á él, porque él nos amó primero. (1 Juan 4:9-10, 19)

> Mas Dios encarece su caridad para con nosotros, porque siendo aún pecadores, Cristo murió por nosotros. (Romanos 5:8)

A menudo Dios utiliza aquellas cosas que percibimos como malas, como el dolor, la tristeza, la enfermedad, la muerte y la pérdida, para acercarnos a él. Este es un tiempo de prueba para ti. El rapto ayudará a que muchas personas se den cuenta de que Dios existe. La Biblia nos dice que muchas, muchas personas se convertirán en creyentes debido a los eventos venideros. No desperdicies la oportunidad.

Esta es tu última oportunidad para depositar tu fe en Jesús y ser salvo.

> Porque Jehová vuestro Dios os prueba, para saber si amáis á Jehová vuestro Dios con todo vuestro corazón, y con toda vuestra alma. (Deuteronomio 13:3)

El término "Jehová" es utilizado en los libros del Antiguo Testamento de la Biblia y se refiere al nombre propio de Dios. Suele traducirse como Señor o Dios. Este versículo nos explica por qué Dios nos pone a prueba. Es para que él pueda saber si lo amas con todo tu corazón. Como uno de los dejados atrás, la forma en que manejes lo que está por venir revelará tu actitud hacia Dios. Este tiempo de prueba será difícil para ti; no te rindas. Si decides depositar tu fe en Jesús, todo te ayudará para bien.

> Hijo mío, no menosprecies el castigo del Señor, Ni desmayes cuando eres de él reprendido. Porque el Señor al que ama castiga, Y azota á cualquiera que recibe por hijo. (Hebreos 12:5-6)

> Y sabemos que á los que á Dios aman, todas las cosas les ayudan á bien, es á saber, á los que conforme al propósito son llamados. (Romanos 8:28)

Otro propósito del rapto es marcar el comienzo del tiempo de ira de Dios contra los malvados, al igual que lo marcó el diluvio en los días de Noé con el castigo hacia los malvados. El rapto y los eventos que suceden durante el período de la tribulación harán lo mismo. Pero si tienes una mala actitud hacia Dios por la situación en la que te encuentras como uno de los dejados atrás, con sentimientos de amargura y enojo y agitas tu puño a Dios desafiándolo, entonces te tocará experimentar su ira.

> Mas por tu dureza, y por tu corazón no arrepentido, atesoras para ti mismo ira para el

día de la ira y de la manifestación del justo juicio de Dios; El cual pagará á cada uno conforme á sus obras: [...] Mas á los que son contenciosos, y no obedecen á la verdad, antes obedecen á la injusticia, enojo é ira; Tribulación y angustia sobre toda persona humana que obra lo malo. (Romanos 2:5-6, 8-9)

Capítulo 3 – Advertencia sobre falsas ilusiones

Una de las primeras cosas que sucederán después del rapto será que se presentaran falsas ilusiones. Una *falsa ilusión* se trata de una falsa creencia o engaño. La *falsa ilusión* es un ataque a la verdad. Se manifiesta en el mundo actual. Con tantas noticias falsas y engaños, a menudo es bastante difícil determinar cuál es la verdad. Se pondrá mucho peor después del rapto.

Se va a poner peor porque Dios va a dejar que todos los que queden atrás crean las mentiras de Satanás. Satanás es aquel "inicuo" del que habla el siguiente versículo. Este engaño y "operación de error" están destinados a probar el corazón de todos. Endurecerá los corazones y cegará aún más a la gente que no quiere tener nada que ver con Dios.

> Y entonces será manifestado aquel inicuo [...] Y con todo engaño de iniquidad en los que perecen; por cuanto no recibieron el amor de la verdad para ser salvos. Por tanto, pues, les envía Dios operación de error, para que crean á la mentira; Para que sean condenados todos los que no creyeron á la verdad, antes consintieron á la iniquidad. (2 Tesalonicenses 2:8, 10-12)

Entonces, ¿qué es la verdad? Dios y su palabra son la verdad. Dios es perfecto y santo y no hay mentira en él. La Biblia es su palabra; el Espíritu de Dios estuvo con cada uno de los autores cuando escribieron sus palabras; el Espíritu de Dios estuvo con los eruditos cuando decidieron qué libros incluir en la Biblia que conocemos en la actualidad.

> El principio de tu palabra es verdad; Y eterno es todo juicio de tu justicia. (Salmos 119:160)

> La cual Dios, que no puede mentir. (Tito 1:2)

> Toda Escritura es inspirada divinamente y útil para enseñar, para redargüir, para corregir, para instituir en justicia, Para que el hombre de Dios sea perfecto, enteramente instruído para toda buena obra. (2 Timoteo 3:16-17)

Al leer este libro, aprenderás que Satanás está detrás de cada mentira y engaño. Satanás es una creación de Dios; un ángel caído. La Biblia lo llama el padre de la mentira y un asesino.

> Vosotros de vuestro padre el diablo sois, y los deseos de vuestro padre queréis cumplir. Él, homicida ha sido desde el principio, y no permaneció en la verdad, porque no hay verdad en él. Cuando habla mentira, de suyo habla; porque es mentiroso, y padre de mentira. (Juan 8:44)

Tu batalla en la Tierra no es contra la humanidad; es contra Satanás y su ejército de ángeles caídos. Los "principados, potestades, gobernadores de estas tinieblas" y "malicias espirituales" describen a los ángeles demoníacos y su jerarquía.

> Porque no tenemos lucha contra sangre y carne; sino contra principados, contra potestades, contra señores del mundo, gobernadores de estas tinieblas, contra malicias espirituales en los aires. (Efesios 6:12)

Para entender los engaños que utilizará Satanás, debemos saber cuál es su objetivo. Satanás, el "Lucero", quiere ser Dios.

> ¡Cómo caiste del cielo, oh Lucero, hijo de la mañana! Cortado fuiste por tierra, tú que debilitabas las gentes. Tú que decías en tu corazón: Subiré al cielo, en lo alto junto á las estrellas de Dios ensalzaré mi solio, y en el monte del testimonio me sentaré, á los lados del aquilón; Sobre las alturas de las nubes subiré, y

seré semejante al Altísimo. (Isaías 14:12-14)

Quiere ser adorado igual que Dios, y quiere ser creador al igual que Dios. Satanás odia a Dios y a toda su creación. Por lo tanto, Satanás te odia a ti. Satanás mentirá sobre Dios, la Biblia, Jesús, los cristianos, el rapto, y cualquier cosa relacionada a Dios. Como Satanás quiere ser Dios, tratará de convencerte de que lo es. La Biblia nos dice que será capaz de realizar todo tipo de señales y maravillas.

Capítulo 4 – Estas a tiempo de salvarte

Si eres dejado atrás, es posible que pienses que has metido la pata y has perdido la oportunidad de vivir en el cielo por la eternidad junto a Dios. No es así. Todavía hay esperanza para ti. Tú también puedes salvarte. Puedes volver a ver a tus seres queridos que desaparecieron en el rapto. La decisión es totalmente tuya. Sólo tienes que hacer la elección correcta.

Dios te ama y quiere pasar la eternidad contigo. Pero hay un problema, y se llama pecado. El pecado es hacer e incluso pensar cualquier cosa que no sea perfecta y santa. Cada uno de nosotros comete pecado. No podemos evitarlo; es nuestra naturaleza. No importa cuál sea tu pecado o cuán grande o pequeño percibas que es tu pecado. Puede ser la mentira, la lujuria, el orgullo o el asesinato. Cualquier pecado es pecado a los ojos de Dios.

> No hay quien haga lo bueno, no hay ni aun uno. (Romanos 3:12)

Dios es perfecto, sin pecado y justo en todos los sentidos. Por lo tanto, también lo es el lugar donde vive, el cielo. El pecado es lo contrario de Dios. El pecado no puede existir en el cielo. Dado que las personas son inherentemente pecaminosas, nadie puede vivir con Dios a menos que se solucione primero el problema del pecado.

Un ejemplo: Adán y Eva. Vivían en el jardín del Edén con Dios. Veían a Dios todos los días. El cielo está donde está Dios, así que esencialmente vivían en el cielo. Después de que pecaron y comieron del árbol prohibido, fueron expulsados del jardín. Ya no podían vivir con Dios. La siguiente Escritura registra ese evento. Dios envió a "él", que es Adán, fuera del jardín.

> Y sacólo Jehová del huerto de Edén, para que labrase la tierra de que fué tomado. Echó, pues,

> fuera al hombre, y puso al oriente del huerto de Edén querubines, y una espada encendida que se revolvía á todos lados, para guardar el camino del árbol de la vida. (Génesis 3:23-24)

Estas son las buenas noticias: Dios tiene una solución para el problema del pecado. Él exige un sacrificio perfecto y sin mancha para expiar el pecado. Cuando Adán y Eva pecaron por primera vez, Dios mató un animal para vestirlos y expiar su pecado.

> Y Jehová Dios hizo al hombre y á su mujer túnicas de pieles, y vistiólos. (Génesis 3:21)

En los tiempos del Antiguo Testamento, antes de la llegada de Jesús, el pueblo de Dios sacrificaba animales para expiar sus pecados.

> Y si alguna persona del común del pueblo pecare por yerro, haciendo algo contra alguno de los mandamientos de Jehová en cosas que no se han de hacer, y delinquiere; Luego que le fuere conocido su pecado que cometió, traerá por su ofrenda una hembra de los cabritos, una cabra sin defecto, por su pecado que habrá cometido: Y pondrá su mano sobre la cabeza de la expiación, y la degollará en el lugar del holocausto. (Levítico 4:27-29)

> Bajo el sistema antiguo, el sumo sacerdote llevaba la sangre de los animales al Lugar Santo como sacrificio por el pecado, y los cuerpos de esos animales se quemaban fuera del campamento. (Hebreos 13:11 NTV)

No corras a buscar un animal con el fin de sacrificarlo para expiar tu pecado. Dios ya se ha encargado de ofrecer el sacrificio permanente por ti. Te ama tanto que envió a Jesús, su hijo perfecto, sin pecado y justo, a la tierra para vivir como un hombre. Jesús fue sacrificado por ti. Fue crucificado para expiar tu pecado. Su expiación funcionó, porque Jesús no está muerto. Dios lo resucitó de entre los muertos. Luego Jesús se apareció a cientos de personas en su estado resucitado. Todo lo que tienes que hacer ahora es creer.

> Porque de tal manera amó Dios al mundo, que ha dado á su Hijo unigénito, para que todo aquel que en él cree, no se pierda, mas tenga vida eterna. (Juan 3:16)

Creer. Parece demasiado simple, ¿no? Pero esa es la ironía, no es nada simple. De hecho, creer es muy difícil. La Biblia dice que el camino hacia Dios es estrecho y la mayoría no lo encuentra. Eso es porque estamos acostumbrados a esforzarnos por lo que queremos aquí en la Tierra. Cuanto más trabajamos, más conseguimos. Nos encanta presumir nuestros logros. Nos encanta tener el control. Ese no es el camino de Dios. Dios tiene el control, y se trata de lo que Dios hizo, no de lo que tú has hecho. Su solución es un regalo. Él entregó a su hijo como un regalo para ti. Sólo tienes que aceptarlo.

> Empero Dios, que es rico en misericordia, por su mucho amor con que nos amó, Aun estando nosotros muertos en pecados, nos dió vida juntamente con Cristo; por gracia sois salvos; [...] Porque por gracia sois salvos por la fe; y esto no de vosotros, pues es don de Dios. (Efesios 2:4-5, 8)

> Porque por gracia sois salvos por la fe; y esto no de vosotros, pues es don de Dios: No por obras, para que nadie se gloríe. (Efesios 2:8-9)

Verás, es la gracia de Dios la que te ha salvado. Como pecadores, estamos condenados a una vida eterna alejada de Dios. Esa es la regla de Dios. La gracia es Dios demostrando su amor por nosotros al perdonarnos basándose en que creamos que Jesús murió por nuestros pecados. Dios trató a Jesús de la forma en que merecemos ser tratados. Jesús fue crucificado. Dios hizo eso para poder tratarnos como Jesús merece ser tratado. Jesús está ahora en el cielo con Dios.

Una persona que cree lo que aún no puede ver tiene fe. Cree en Dios y en que Jesús murió por sus pecados. Tiene fe.

> ES pues la fe la sustancia de las cosas que se esperan, la demostración de las cosas que no se ven. (Hebreos 11:1)

Esto es lo que debes llegar a creer:

Reconoces que eres un pecador.
No quieres ser más un pecador. Le pides a Dios que te perdone.
Quieres vivir con Dios por la eternidad en el cielo.
Sabes que no puedes salvarte.
Crees que Dios envió a su hijo Jesús para expiar tus pecados al morir en la cruz.
Crees que Dios resucitó a Jesús de entre los muertos y que Jesús reina con Dios en el cielo.
Le entregas tu salvación a Jesús y le pides que entre en tu vida.

No puedes limitarte solo a pronunciar estas cosas. Tienes que decirlas de verdad, desde el fondo de tu corazón. En eso consiste la fe.

Esta es la buena noticia de la Biblia. Que Jesús, el hijo de Dios, murió por tus pecados, resucitó de la tumba y reina desde el cielo con Dios.

> ADEMAS os declaro, hermanos, el evangelio que os he predicado, el cual también recibisteis, en el cual también perseveráis; Por el cual asimismo, si retenéis la palabra que os he predicado, sois salvos, si no creísteis en vano. Porque primeramente os he enseñado lo que asimismo recibí: Que Cristo fué muerto por nuestros pecados conforme á las Escrituras; Y que fué sepultado, y que resucitó al tercer día, conforme á las Escrituras. (1 Corintios 15:1-4)

Si realmente crees en todas esas cosas, entonces díselo a Dios. Eso es orar, hablar con Dios. Dile que crees en cada una de esas verdades y pídele que entre en tu vida. Y, efectivamente, ¡lo hará!

> Y será que todo aquel que invocare el nombre del Señor, será salvo. (Hechos 2:21)

> Porque yo sé los pensamientos que tengo acerca de vosotros, dice Jehová, pensamientos de paz, y no de mal, para daros el fin que esperáis. Entonces me invocaréis, é iréis y oraréis á mí, y yo os oiré: Y me buscaréis y hallaréis, porque me buscaréis de todo vuestro corazón. (Jeremías 29:11-13)

Te comparto un ejemplo de oración que puedes decir a Dios:

"Señor Jesús, sé que soy un pecador y que necesito tu perdón para poder vivir contigo por la eternidad en el cielo. Perdóname. Creo que eres el hijo de Dios y que moriste en la cruz por mis pecados. Creo que resucitaste de la tumba. Quiero apartarme de mis pecados y confiar y reconocerte como mi Señor y Salvador. Entra en mi corazón y en mi vida. En el nombre de Jesús, amén".

Capítulo 5 – Lista inicial para quienes han sido dejados atrás

Aquí tienes una breve lista de comprobación que te ayudará a superar lo ocurrido y a prepararte para lo que está por venir. En el capítulo 20 se incluye una lista más detallada.

1. Elige creer que Jesús murió por ti

Esto es lo más importante de esta lista. De hecho, es la única cosa en esta lista que importa en absoluto. Si decides no creer en Jesús, entonces nada más va a hacer alguna diferencia. Sé que es difícil de escuchar, pero es la verdad. Debes elegir creer si quieres ser salvo y vivir con Dios en el cielo por la eternidad.

Si aún no estás listo para tomar esta decisión, sigue leyendo este libro y comienza con el segundo punto de esta lista. Seguirás aprendiendo sobre Dios y lo mucho que te ama, y estarás mejor equipado para tomar esta decisión.

Si el rapto ha ocurrido, estás viviendo en tiempos muy peligrosos. Ten en cuenta de que podrías morir en cualquier momento, independientemente de si crees o no. Tu supervivencia durante este tiempo no está garantizada. Es imperativo que tomes la decisión correcta rápidamente.

2. Consigue una Biblia

Necesitas conocer la verdad, y la verdad es la Palabra de Dios. Así que busca una Biblia. La verdad será difícil de conseguir; recuerda que se avecina una gran falsa ilusión. Te recomiendo que consigas más de una Biblia porque creo que las necesitarás. También consigue Biblias en múltiples formatos como un libro, un archivo epub o pdf, y un archivo de audio. Una vez que tengas una Biblia, necesitas leerla si quieres conocer la verdad. Te recomiendo leer primero los libros de Juan y Lucas.

3. Obtén algunos recursos de estudio bíblico

No puedo enfatizar lo importante que va a ser

conocer la verdad, la Palabra de Dios. Necesitarás estudiar la Biblia, entender lo que dice y saber cómo aplicarlo a tu vida. Te recomiendo que consigas una Biblia de estudio. Estas incluyen información adicional y comentarios para ayudarte a entender los versículos clave. También deberías buscar en Internet enseñanzas y sermones de buenos predicadores y descargarlos. Es posible que te resulte difícil encontrarlos, así que te doy una idea: si alguno de tus vecinos, amigos o familiares ha desaparecido, es probable que tenga una Biblia y también tenga otros recursos.

4. Ora
Habla con Dios. Cuéntale lo que estás pasando, cómo te sientes y lo que necesitas. Él ya sabe todo eso, pero quiere que tengas una relación con él. Si le das tus cargas a Dios, él te dará paz a cambio.

> Y la paz de Dios, que sobrepuja todo entendimiento, guardará vuestros corazones y vuestros entendimientos en Cristo Jesús. (Filipenses 4:7)

5. Consigue un equipo de supervivencia
Ahora vives en tiempos peligrosos. Las habilidades de supervivencia son esenciales. Deberías conseguir algunos libros sobre preparación y supervivencia y abastecerte de los suministros que sugieren. O busca algunos episodios antiguos de programas de televisión de supervivencia en Internet y míralos. Céntrate en lo básico: comida y agua, refugio y ropa.

6. Únete con otras personas
Es muy difícil estar solo y sobrevivir en condiciones peligrosas. A dos personas se les ocurrirán más ideas y podrán afrontar más problemas que una sola persona. Encuentra un amigo o un grupo de personas con las que puedas superar este difícil momento. Permanezcan unidos y apóyense mutuamente.

Visita mi sitio web, rapture911.com, para ver los enlaces a los recursos.

2° Parte:
El Rapto y
la razón de este suceso

Capítulo 6 – El Rapto

El rapto es un evento que la Biblia predice sobre los últimos días antes de la segunda venida de Jesús. La palabra *rapto* significa ser atrapado, arrebatado, agarrado o llevado a otro lugar de existencia. Eso es exactamente lo que sucedió con los millones de personas que desaparecieron. Jesús se los llevó al cielo. Me gusta pensar que es como la tecnología de teletransportación de *Star Trek*. Jesús "teletransportó" a todas esas personas que desaparecieron.

Los millones de personas desaparecidas no parecen tener nada en común. Serán de todo el planeta y de diferentes razas, géneros, edades, ingresos y culturas. Sin embargo, tenían una creencia muy importante en común. Cada persona desaparecida había puesto su fe en Jesucristo. A lo largo de este libro me referiré a estas personas como creyentes.

Algunos de ustedes se preguntarán quién es este Jesús, por qué alguien pondría su fe en él, y qué significa tal acción. Esas son grandes preguntas y exactamente lo que deberías estar preguntando. Respondo a cada una de esas preguntas en detalle en la tercera parte de este libro.

En este capítulo, explico por qué Jesús se los llevó, por qué se quedaron atrás, y lo que esto significa para ti.

La Biblia es la Palabra de Dios y contiene la verdad porque Dios la escribió. Dios es la verdad. Dios utilizó a hombres para escribirla, pero les dio las palabras exactas que debían decir. Consulta la 5° Parte de este libro para aprender todo sobre la Biblia y por qué puedes confiar en ella. Es una maravillosa carta de amor de Dios.

> Toda Escritura es inspirada divinamente y útil para enseñar, para redargüir, para corregir, para instituir en justicia, Para que el hombre de Dios sea perfecto, enteramente instruído para toda buena obra. (2 Timoteo 3:16-17)

Si queremos saber por qué Dios se llevó a las personas que desaparecieron, entonces tenemos que buscar respuestas en la Biblia. Empecemos por entender lo que la Biblia dice sobre el rapto.

> Tampoco, hermanos, queremos que ignoréis acerca de los que duermen, que no os entristezcáis como los otros que no tienen esperanza. Porque si creemos que Jesús murió y resucitó, así también traerá Dios con él á los que durmieron en Jesús. Por lo cual, os decimos esto en palabra del Señor: que nosotros que vivimos, que habremos quedado hasta la venida del Señor, no seremos delanteros á los que durmieron. Porque el mismo Señor con aclamación, con voz de arcángel, y con trompeta de Dios, descenderá del cielo; y los muertos en Cristo resucitarán primero: Luego nosotros, los que vivimos, los que quedamos, juntamente con ellos seremos arrebatados en las nubes á recibir al Señor en el aire, y así estaremos siempre con el Señor. Por tanto, consolaos los unos á los otros en estas palabras. (1 Tesalonicenses 4:13-18)

Observa la palabra "arrebatado". En latín se traduce como *rapio*. Es de donde sacamos la palabra inglesa *rapture* o la española *rapto*. Esta Escritura nos dice lo que pasó con la gente que desapareció. Jesús bajó del cielo y los reunió en las nubes con él. Nos dice por qué Jesús se los llevó; es porque creyeron que Jesús murió y resucitó. Las personas que desaparecieron se describen como "nosotros que vivimos" y "que habremos quedado hasta la venida del Señor". No son los únicos que Jesús tomó. Aprendemos que "los muertos en Cristo" también fueron reunidos. Estas son personas que habían puesto su fe en Jesús, pero que ya habían muerto. En la Escritura también se hace referencia a la muerte como aquellos que "durmieron". Han muerto entre la resurrección de Jesús y el rapto. Esta Escritura también nos da un vistazo de lo que esas personas reunidas están haciendo ahora, "estaremos siempre con el Señor". Eso significa que ahora están con Jesús, el Señor, por toda la eternidad. Si está angustiado por la pérdida de alguien que desapareció, consuélese sabiendo lo que le sucedió.

Esa Escritura fue escrita por el apóstol Pablo en el año 51 d.C. ¿Cómo sabía que esto iba a suceder y lo describe con tanto detalle? Él no era un psíquico como algunos pueden estar pensando. Los psíquicos obtienen su información de Satanás y los demonios, no de Dios. Por eso Dios prohíbe ese tipo de actividad en la Biblia. Pablo fue uno de los profetas de Dios. Conoció a Jesús después de que éste resucitara, y entonces creyó. Dios le habló a Pablo y le mostró los eventos que iban a venir. Dios hizo esto para nuestro beneficio para que pudiéramos estar preparados.

Esta Escritura también fue escrita por el apóstol Pablo unos años más tarde, en el año 55 d.C. Hay algunas pistas que nos dicen que este pasaje es también sobre el rapto. La primera pista es "Todos ciertamente no dormiremos".

> Esto empero digo, hermanos: que la carne y la sangre no pueden heredar el reino de Dios; ni la corrupción hereda la incorrupción. He aquí, os digo un misterio: Todos ciertamente no dormiremos, mas todos seremos transformados. En un momento, en un abrir de ojo, á la final trompeta; porque será tocada la trompeta, y los muertos serán levantados sin corrupción, y nosotros seremos transformados. Porque es menester que esto corruptible sea vestido de incorrupción, y esto mortal sea vestido de inmortalidad. Y cuando esto corruptible fuere vestido de incorrupción, y esto mortal fuere vestido de inmortalidad, entonces se efectuará la palabra que está escrita: Sorbida es la muerte

con victoria. (1 Corintios 15:50-54)

"La carne y la sangre" es una referencia a nuestros cuerpos actuales. Son temporales y no eternos. Por eso no pueden vivir en el reino de Dios, que es el cielo. Pablo nos dice que no todos "dormiremos" lo que significa que algunas personas no morirán. En cambio, esas personas que no murieron fueron cambiadas en un momento. Esto sucedió al sonido de una trompeta. Esa trompeta fue mencionada en la Escritura anterior que vimos también y señaló el rapto. Aprendemos algunos detalles adicionales sobre lo que sucedió a la gente que Jesús reunió. Ellos obtuvieron nuevos cuerpos inmortales que son adecuados para vivir en el cielo por la eternidad. En ese momento, su cuerpo perecedero que podía morir fue transformado en un cuerpo imperecedero e inmortal.

Aquí hay otra Escritura escrita por el apóstol Pablo también en el año 51 d.C. que hace referencia al rapto.

> EMPERO os rogamos, hermanos, cuanto á la venida de nuestro Señor Jesucristo, y nuestro recogimiento á él, Que no os mováis fácilmente de vuestro sentimiento, ni os conturbéis ni por espíritu, ni por palabra, ni por carta como nuestra, como que el día del Señor esté cerca. No os engañe nadie en ninguna manera; porque no vendrá sin que venga antes la apostasía, y se manifieste el hombre de pecado, el hijo de perdición. (2 Tesalonicenses 2:1-3)

Dice que el "Señor Jesucristo" está cerca y los creyentes se reunirán con él. *Mesías* significa Cristo o ungido por Dios. Ese es Jesús. Se trata de la segunda venida de Jesús, cuando regrese físicamente a la Tierra. Nos afirma que su segunda venida no ocurrirá hasta que "la apostasía" ocurra primero. La versión inglesa de la Biblia *Hebrew Names version* (HNV) traduce mejor esa palabra, denominándola "la partida" y hace referencia al rapto. Una vez que ocurre el rapto, se revela "el hombre del pecado". Él es el

Anticristo. Verás, el Anticristo tiene un papel importante que desempeñar en los eventos venideros. Si los creyentes estuvieran todavía en el planeta, impedirían que el Anticristo desempeñara su papel. Compartiré más información sobre el Anticristo más adelante.

Esta Escritura sobre el rapto fue escrita por el apóstol Juan en el año 90 d.C. Juan fue uno de los discípulos de Jesús y le siguió durante su ministerio. Aquí, Juan está citando algo que Jesús dijo a sus discípulos antes de ser crucificado. Sus discípulos eran creyentes que habían puesto su fe en él.

> NO se turbe vuestro corazón; creéis en Dios, creed también en mí. En la casa de mi Padre muchas moradas hay: de otra manera os lo hubiera dicho: voy, pues, á preparar lugar para vosotros. Y si me fuere, y os aparejare lugar, vendré otra vez, y os tomaré á mí mismo: para que donde yo estoy, vosotros también estéis. (Juan 14:1-3)

Jesús les dice que crean en Dios y en "mí", que es él mismo. Luego dice que hay "muchas moradas" en la "casa de mi Padre". Esa es la casa de Dios. Se iba para "preparar lugar" para ellos allí. Sabemos que la morada de Dios está en el cielo. Así que Jesús se iba al cielo, y vendría a buscarlos más adelante. Lo siguiente que Jesús quería que esperaran era: su futuro regreso a buscarlos. La frase "os tomaré á mí mismo" es literalmente lo que sucedió en el rapto, Jesús tomó a los creyentes para sí mismo. Lo hizo para que los creyentes pudieran estar donde él está. Jesús está actualmente en el cielo. En el rapto, Jesús se encontró con los creyentes en las nubes y los llevó a sí mismo en el cielo. Esta Escritura se aplica a cualquiera que ponga su fe en Jesús. Las personas que desaparecieron están en la casa de Dios, el cielo, ahora mismo. Si pones tu fe en Jesús, también recibes esta promesa. Jesús tiene un lugar preparado sólo para ti también.

Algunas personas han interpretado esa Escritura como si se tratara de la segunda venida de Jesús cuando aparezca físicamente en el planeta nuevamente. Pero eso no tiene ningún sentido. En la segunda venida de Jesús, los creyentes ya están con él en el cielo y de hecho vienen con él a la Tierra. Jesús no va a recibir o llevar a nadie a sí mismo en su segunda venida. No, esa Escritura está hablando del rapto.

Las Escrituras relacionadas con el rapto que he compartido hasta ahora provienen de los libros del Nuevo Testamento de la Biblia. Así que puedes pensar que el rapto es un concepto relativamente nuevo y sólo algo enseñado después de la muerte y resurrección de Jesús. Este no es el caso. El rapto también se menciona en el Antiguo Testamento. Veamos un par de Escrituras que describen el evento.

A continuación, te comparto una mención escrita por el profeta Sofonías en el siglo VII a.C. Insta a la gente a buscar a Dios, que se llama "Jehová". Esto es para que puedan ser protegidos o "guardados" durante el día de la ira de Dios. Eso es exactamente lo que hizo el rapto con los seguidores de Jesús, los protege de la ira de Dios.

> Buscad á Jehová todos los humildes de la tierra, que pusisteis en obra su juicio; buscad justicia, buscad mansedumbre: quizás seréis guardados en el día del enojo de Jehová. (Sofonías 2:3)

Esto fue escrito por el rey David en el siglo X a. C. En esta Escritura, nos dice que anhela vivir en la casa de Dios. Él sabe que es donde estará escondido en secreto durante el día de la angustia. Esa fue una de las razones del rapto. Dios tomó a los creyentes y los tiene escondidos de forma segura en el cielo. Están protegidos de la ira de Dios y de la destrucción y las mentiras de Satanás durante este tiempo tan difícil y peligroso.

> Una cosa he demandado á Jehová, ésta buscaré: Que esté yo en la casa de Jehová todos los días de mi vida, Para contemplar la hermosura de Jehová, y para inquirir en su templo. Porque él me esconderá en su tabernáculo en el día del

mal; Ocultaráme en lo reservado de su pabellón; Pondráme en alto sobre una roca. (Salmos 27:4-5)

Aquí está lo que creo que es la mejor descripción del rapto en el Antiguo Testamento. Esta Escritura fue escrita por el profeta Isaías en el siglo VIII a. C. De esta Escritura aprendemos detalles similares a los que aprendimos en el Nuevo Testamento.

> Como la preñada cuando se acerca el parto gime, y da gritos con sus dolores, así hemos sido delante de ti, oh Jehová. Concebimos, tuvimos dolores de parto, parimos como viento: salud ninguna hicimos en la tierra, ni cayeron los moradores del mundo. Tus muertos vivirán; junto con mi cuerpo muerto resucitarán. ¡Despertad y cantad, moradores del polvo! porque tu rocío, cual rocío de hortalizas; y la tierra echará los muertos. Anda, pueblo mío, éntrate en tus aposentos, cierra tras ti tus puertas; escóndete un poquito, por un momento, en tanto que pasa la ira. Porque he aquí que Jehová sale de su lugar, para visitar la maldad del morador de la tierra contra él. (Isaías 26:17-21)

Nos dice que los muertos vivirán, que los muertos surgirán y que la "la tierra echará los muertos". Sabemos que esto se refiere a los muertos creyentes en Jesús porque están felices y cantando. No hay felicidad ni cantos en el inficrno. Ese fue el primer evento que ocurrió durante el rapto; los cuerpos de los creyentes muertos en Jesús fueron resucitados. La siguiente frase en la profecía de Isaías se refiere a los creyentes que estaban vivos y fueron arrebatados. Dice: "Anda, pueblo mío, éntrate en tus aposentos, cierra tras ti tus puertas". Esto es similar a cómo Jesús describió el rapto, ¿no es así? Jesús dijo que estaba preparando una morada para sus seguidores y que vendría a buscarlos de nuevo. La puerta cerrada es un acto de protección. Dios cerró la puerta del arca para proteger a Noé y su familia durante el diluvio. Los creyentes fueron llevados a sus habitaciones que fueron preparadas por Jesús. Las últimas frases nos dicen que los creyentes muertos que fueron resucitados y los creyentes que fueron arrebatados se están escondiendo por un tiempo porque Dios está castigando a los habitantes de la tierra por su pecado. "La maldad" significa pecado. Esto es exactamente lo que aprendimos en las Escrituras del rapto del Nuevo Testamento.

Espero que ahora veas que Dios le advirtió a la gente sobre el rapto y su juicio venidero durante miles de años. Las personas que desaparecieron se encontraron con Jesús en las nubes y actualmente viven en el cielo bajo la protección de Dios todopoderoso.

Capítulo 7 – Las razones del Rapto

La Biblia nos da a conocer varias razones por las que el rapto tuvo lugar. Abarcaremos ocho de esas razones en este capítulo.

7.1. Dios protege a los creyentes de su ira

Dios protegió a los creyentes de su ira antes. Durante el diluvio, protegió a Noé, a su familia y a los animales en el arca.

> El año seiscientos de la vida de Noé, en el mes segundo á diecisiete días del mes, aquel día fueron rotas todas las fuentes del grande abismo, y las cataratas de los cielos fueron abiertas; [...] En este mismo día entró Noé, y Sem, y Châm y Japhet, hijos de Noé, la mujer de Noé, y las tres mujeres de sus hijos con él en el arca; [...] Y Jehová le cerró la puerta [...] Y prevalecieron las aguas, y crecieron en gran manera sobre la tierra; y andaba el arca sobre la faz de las aguas. (Génesis 7:11, 13, 16, 18)

Cuando destruyó Sodoma y Gomorra, protegió a Lot y a su familia creyente.

> Y al rayar el alba, los ángeles daban prisa á Lot, diciendo: Levántate, toma tu mujer, y tus dos hijas que se hallan aquí, porque no perezcas en el castigo de la ciudad. Y deteniéndose él, los varones asieron de su mano, y de la mano de su mujer, y de las manos de sus dos hijas según la misericordia de Jehová para con él; y le sacaron, y le pusieron fuera de la ciudad. [...] Entonces llovió Jehová sobre Sodoma y sobre Gomorra azufre y fuego de parte de Jehová desde los cielos. (Génesis 19:15-16, 24)

El rapto es un tipo de evento similar. Durante el rapto, Dios sacó a las personas que habían puesto su fe en Jesús para protegerlas de su ira. La Biblia nos dice que los creyentes no están destinados a la ira de Dios. Dios trata a los creyentes y a los incrédulos de manera diferente durante un tiempo de ira.

> Y esperar á su Hijo de los cielos, al cual resucitó de los muertos; á Jesús, el cual nos libró de la ira que ha de venir. (1 Tesalonicenses 1:10)

> Pues Dios escogió salvarnos por medio de nuestro Señor Jesucristo y no derramar su enojo sobre nosotros. Cristo murió por nosotros para que—estemos vivos o muertos cuando regrese—podamos vivir con él para siempre. (1 Tesalonicenses 5:9-10 NTV)

En esas Escrituras dice que Jesús libra a la gente de la ira. ¿Quién fue el que se reunió con los arrebatados en las nubes? Fue Jesús. ¿Por qué fueron arrebatados en primer lugar? Porque depositaron su fe en Jesús.

Entonces, ¿cómo sabemos que Dios está protegiendo a los creyentes que fueron arrebatados de su ira? En la Biblia, los creyentes son llamados a menudo la "novia de Cristo". La relación que los creyentes tienen con Jesús es similar a la relación que tienen las parejas casadas. Es íntima, personal y llena de amor. Mientras los arrebatados están en el cielo, participan en un evento, es la boda del Cordero.

> Os he desposado á un marido, para presentaros como una virgen pura á Cristo. (2 Corintios 11:2)

> Gocémonos y alegrémonos y démosle gloria; porque son venidas las bodas del Cordero, y su esposa se ha aparejado. Y le fué dado que se vista de lino fino, limpio y brillante: porque el lino fino son las justificaciones de los santos. (Apocalipsis 19:7-8)

El "Cordero" es una referencia a Jesús y a su acto de sacrificarse por nuestros pecados. Antes de que

Jesús llegara, los israelitas sacrificaban corderos para expiar sus pecados. Jesús es el Cordero perfecto por excelencia. No se puede celebrar una boda sin una novia. Ellos están celebrando que Jesús está casado con los creyentes que fueron arrebatados y resucitados en el rapto, su novia.

Si buscamos sinónimos de *marido*, obtenemos palabras como *salvaguardar, administrador, preservar* y *mantener firme*. Jesús está de hecho protegiendo a todos los que reunió a sí mismo en el rapto.

7.2. Dios está demostrando que existe

Otra forma en la que Dios está usando el rapto y los eventos venideros es para ayudarte a ver su gloria y poder y así llegar a creer en todo lo que ha hecho por ti. Estas señales y maravillas, como las llama la Biblia, ayudaron a muchas personas a creer en Jesús durante su ministerio. Las señales y los prodigios milagrosos son la forma en que sabemos que algo viene de Dios y no del hombre. Apuntan directamente a Dios porque es el único capaz de hacerlos. En la última escritura, las referencias a "él" y "este hace" son referencias a Jesús.

> Pueblo de Israel, ¡escucha! Dios públicamente aprobó a Jesús de Nazaret al hacer milagros poderosos, maravillas y señales por medio de él, como ustedes bien saben. (Hechos 2:22 NTV)

> Y muchos del pueblo creyeron en él, y decían: El Cristo, cuando viniere, ¿hará más señales que las que éste hace? (Juan 7:31)

Incluso los discípulos de Dios estaban convencidos por las señales de Jesús.

> Este principio de señales hizo Jesús en Caná de Galilea, y manifestó su gloria; y sus discípulos creyeron en él. (Juan 2:11)

Aquí vemos incluso que el apóstol Pablo fue capaz

de hacer señales y maravillas milagrosas para mostrar el Espíritu de Dios y acercar a la gente a Dios.

> Sin embargo, no me atrevo a jactarme de nada, salvo de lo que Cristo ha hecho por medio de mí al llevar a los gentiles a Dios a través de mi mensaje y de la manera en que he trabajado entre ellos. Los gentiles se convencieron por el poder de señales milagrosas y maravillas, y por el poder del Espíritu de Dios. De esa manera, presenté con toda plenitud la Buena Noticia de Cristo desde Jerusalén hasta llegar a la región del Ilírico. (Romanos 15:18-19 NTV)

Durante los tiempos del Antiguo Testamento, cuando Israel estaba bajo el cautiverio egipcio, Dios utilizó señales y maravillas para mostrar al Faraón egipcio que él era realmente Dios. Verás, Moisés le exigió al Faraón que dejara libres a los israelitas con la autoridad de Dios. El faraón no conocía a Dios. Las señales y las maravillas son la forma en que Dios se reveló al Faraón. Sin embargo, los israelitas tampoco conocían a Dios. Las diez plagas que Dios envió contra el Faraón ayudaron a los israelitas a ver lo poderoso que era Dios. Les ayudó a poner su confianza en él. Confiar en que él los sacaría del cautiverio.

> ¿Ha oído pueblo la voz de Dios, que hablase de en medio del fuego, como tú la has oído, y vivido? ¿O ha Dios probado á venir á tomar para sí gente de en medio de otra gente, con pruebas, con señales, con milagros, y con guerra, y mano fuerte, y brazo extendido, y grandes espantos, según todas las cosas que hizo con vosotros Jehová vuestro Dios en Egipto ante tus ojos? A ti te fué mostrado, para que supieses que Jehová él es Dios; no hay más fuera de él. (Deuteronomio 4:33-35)

Después de que Dios sacó a los israelitas del cautiverio, Dios continuó mostrando señales y maravillas para ayudar a fortalecer su fe. Un ejemplo glorioso de esto fue la provisión diaria de Dios para su pueblo. Cada día, el alimento del cielo llamado maná aparecía en la tierra para que lo recogieran. Dios se les revelaba cada día.

> Y Jehová dijo á Moisés: He aquí yo os haré llover pan del cielo; y el pueblo saldrá, y cogerá para cada un día, para que yo le pruebe si anda en mi ley, ó no. [...] Y la casa de Israel lo llamó Maná; y era como simiente de culantro, blanco, y su sabor como de hojuelas con miel. [...] Así comieron los hijos de Israel maná cuarenta años, hasta que entraron en la tierra habitada. (Éxodo 16:4, 31, 35)

Las señales y los prodigios que Dios realizó en favor de los israelitas también ayudaron a otros grupos de personas a creer en Dios. Esta Escritura revela una conversación que Rahab, una prostituta de la ciudad de Jericó, tuvo con un par de israelitas enviados a espiar la ciudad antes de un ataque. Ella les dice que el miedo había caído sobre todos los habitantes de la ciudad porque sabían todo lo que Dios había hecho por los israelitas. Habló del milagro de Dios de secar el Mar Rojo. Sabían que Dios estaba con los israelitas. Sabían que el Dios de Israel era el Dios del cielo y de la Tierra. Dios se sirve de señales y prodigios para revelarse a todos los pueblos.

> Mas antes que ellos durmiesen, ella subió á ellos al terrado, y díjoles: Sé que Jehová os ha dado esta tierra; porque el temor de vosotros ha caído sobre nosotros, y todos los moradores del país están desmayados por causa de vosotros; Porque hemos oído que Jehová hizo secar las aguas del mar Bermejo delante de vosotros, cuando salisteis de Egipto, y lo que habéis hecho á los dos reyes de los Amorrheos que estaban de la parte allá del Jordán, á Sehón y á Og, á los cuales habéis destruído. Oyendo esto, ha desmayado nuestro corazón; ni ha quedado más espíritu en alguno por causa de vosotros: porque Jehová

> vuestro Dios es Dios arriba en los cielos y abajo en la tierra. (Josué 2:8-11)

El rapto debería ayudarte a ver que hay un Dios todopoderoso en el cielo. Un Dios que dirige los asuntos de la humanidad y al que todos debemos rendir cuentas.

> Porque escrito está: Vivo yo, dice el Señor, que á mí se doblará toda rodilla, Y toda lengua confesará á Dios. De manera que, cada uno de nosotros dará á Dios razón de sí. (Romanos 14:11-12)

Las cosas milagrosas que ves suceder son como el final de un gran espectáculo de fuegos artificiales. Dios está demostrando su poder para que todos lo vean y puedan llegar a conocerlo. Esta es tu última oportunidad de ser salvo. Toma la decisión hoy. No esperes a mañana, porque el mañana no está garantizado para ti.

> En tiempo aceptable te he oído, Y en día de salud te he socorrido: he aquí ahora el tiempo aceptable; he aquí ahora el día de salud. (2 Corintios 6:2)

Sé que el rapto de los creyentes de Jesús será conocido como el mayor evento evangélico de la historia. La Biblia nos dice que millones de personas llegan a conocer a Jesús y se salvan después de que ocurra el rapto. Es porque el rapto apunta directamente a un milagro de Dios. Solo Dios es capaz de sacar a millones de personas del planeta en un instante. En esta Escritura de abajo, vemos una gran multitud ante el trono de Dios y ante Jesús, el "Cordero". Son personas salvadas de este tiempo de tribulación; personas que fueron dejadas atrás que vinieron a poner su fe en Jesús.

> Después de estas cosas miré, y he aquí una gran compañía, la cual ninguno podía contar, de

> todas gentes y linajes y pueblos y lenguas, que estaban delante del trono y en la presencia del Cordero, vestidos de ropas blancas, y palmas en sus manos; [...] Y respondió uno de los ancianos, diciéndome: Estos que están vestidos de ropas blancas, ¿quiénes son, y de dónde han venido? Y yo le dije: Señor, tú lo sabes. Y él me dijo: Estos son los que han venido de grande tribulación, y han lavado sus ropas, y las han blanqueado en la sangre del Cordero. (Apocalipsis 7:9, 13-14)

Permite que las señales mundiales y el milagro del rapto enciendan el fuego y el anhelo dentro de ti de conocer a Jesús y creer que murió para salvarte. Invoca el nombre de Jesús hoy y sé salvo.

> El sol se tornará en tinieblas, y la luna en sangre, antes que venga el día grande y espantoso de Jehová. Y será que cualquiera que invocare el nombre de Jehová, será salvo: porque en el monte de Sión y en Jerusalem habrá salvación, como Jehová ha dicho, y en los que quedaren, á los cuales Jehová habrá llamado. (Joel 2:31-32)

7.3. Dios te está dando una última advertencia

Dios quiere que todo el mundo se salve, y el rapto está señalando que esta es su última oportunidad. Creo que esta es una de las principales razones por las que ocurrió el rapto.

> El Señor no tarda su promesa, como algunos la tienen por tardanza; sino que es paciente para con nosotros, no queriendo que ninguno perezca, sino que todos procedan al arrepentimiento. (2 Pedro 3:9)

Dios quiere que todos se arrepientan o se aparten de sus caminos pecaminosos. Él está esperando para perdonarte. Sólo tienes que pedírselo. Entonces, cuando Dios te perdone, no recordará más tus pecados contra él.

> Diles: Vivo yo, dice el Señor Jehová, que no quiero la muerte del impío, sino que se torne el impío de su camino, y que viva. Volveos, volveos de vuestros caminos: ¿y por qué moriréis, oh casa de Israel? [...] Y diciendo yo al impío: De cierto morirás; si él se volviere de su pecado, é hiciere juicio y justicia, Si el impío restituyere la prenda, devolviere lo que hubiere robado, caminare en las ordenanzas de la vida, no haciendo iniquidad, vivirá ciertamente y no morirá. No se le recordará ninguno de sus pecados que había cometido: hizo juicio y justicia; vivirá ciertamente. Luego dirán los hijos de tu pueblo: No es recta la vía del Señor: la vía de ellos es la que no es recta. (Ezequiel 33:11, 14-17)

Dios ama a cada persona que ha creado. Él creó a cada uno de nosotros. Nos ama a cada uno de nosotros. Eso significa que te ama a ti. Este no es el tipo de amor que conocemos. Dios ama con un amor incondicional. Lo demostró enviando a Jesús a morir por ti cuando aún eras un pecador. Dios no espera que seas perfecto antes de tener una relación con él. De hecho, él sabe que eso es imposible.

> Porque Cristo, cuando aún éramos flacos, á su tiempo murió por los impíos. Ciertamente apenas muere algun por un justo: con todo podrá ser que alguno osara morir por el bueno. Mas Dios encarece su caridad para con nosotros, porque siendo aún pecadores, Cristo murió por nosotros. (Romanos 5:6-8)

Seguramente te preguntarás: "Si Dios ama incondicionalmente, ¿por qué parece que me castigara?". Eso es porque el amor es sólo un aspecto de Dios. Dios es perfecto en todos los sentidos. Eso significa que también es justo, santo y recto.

> Porque el nombre de Jehová invocaré: Engrandeced á nuestro Dios. El es la Roca, cuya obra es perfecta, Porque todos sus caminos son rectitud:

Dios de verdad, y ninguna iniquidad en él: Es justo y recto. (Deuteronomio 32:3-4)

Porque Dios es perfecto, tiene que disciplinar y corregir a los que ama. ¿Y qué clase de padre celestial sería realmente si no corrigiera el comportamiento de sus hijos? Uno realmente terrible. Ese no es Dios. Dios quiere lo mejor para cada uno de sus hijos. Quiere lo mejor para ti. Eso significa que vas a experimentar su disciplina correctiva.

> Y estáis ya olvidados de la exhortación que como con hijos habla con vosotros, diciendo: Hijo mío, no menosprecies el castigo del Señor, Ni desmayes cuando eres de él reprendido. Porque el Señor al que ama castiga, Y azota á cualquiera que recibe por hijo. (Hebreos 12:5-6)

La disciplina está destinada a volverte a Dios. Recuerda que nada imperfecto puede entrar en la presencia de Dios, en el cielo. Eso significa que no podrás entrar en el cielo hasta que seas perfecto. Pero tengo que darte una noticia: nunca serás perfecto. Fuiste imperfecto desde el momento en que naciste.

> Por cuanto todos pecaron, y están distituídos de la gloria de Dios. (Romanos 3:23)

Sin embargo, Dios envió el sustituto perfecto para ti. Envió a Jesús. Si quieres vivir dentro del cielo, cuando Dios te mire, tiene que ver a Jesús en su lugar, porque Jesús es perfecto. Dios sólo puede hacer eso si has aceptado y creído que Jesús murió por ti.

> Pues Dios ofreció a Jesús como el sacrificio por el pecado. Las personas son declaradas justas a los ojos de Dios cuando creen que Jesús sacrificó su vida al derramar su sangre. Ese sacrificio muestra que Dios actuó con justicia cuando se contuvo y no castigó a los que pecaron en el pasado, porque miraba hacia el futuro y de ese modo los incluiría en lo que llevaría a cabo en el tiempo presente.

> Dios hizo todo eso para demostrar su justicia, porque él mismo es justo e imparcial, y a los pecadores los hace justos a sus ojos cuando creen en Jesús. (Romanos 3:25-26 NTV)

Todas las cosas que te ocurren y que parecen malas y horribles, en realidad ocurren para tu beneficio. Piensa en un niño pequeño que agarra y coge el cuchillo de carne de su madre de la mesa. La madre reaccionará inmediatamente y le quitará el cuchillo a su hijo. Ahora sabe que el niño va a gritar y llorar. Eso es lo que hacen cuando la gente les quita cosas. No entienden que el cuchillo podría haberles hecho daño a ellos o a otra persona. La madre tomó el cuchillo porque quiere a su hijo; tenía en mente su mejor interés. Sabe que el niño no lo vio así. Esto es similar a lo que te está sucediendo ahora mismo. Dios quiere que sueltes el cuchillo de la carne. El cuchillo representa todo el pecado en tu vida. Suéltalo para que dejes de hacerte daño a ti mismo y a otros.

> «¿Acaso piensan que me agrada ver morir a los perversos?, pregunta el Señor Soberano. ¡Claro que no! Mi deseo es que se aparten de su conducta perversa y vivan». (Ezequiel 18:23 NTV)

Considera el rapto como tu última oportunidad para ponerte en regla con Dios. Es un tiempo de prueba para ti. ¿A quién amas más, a ti mismo o a Dios? Si quieres seguir satisfaciendo tus propios deseos lujuriosos temporales, pasarás la eternidad estando apartado de Dios. Elige a Dios, y podrás pasar la eternidad con sus bendiciones.

> Porque Jehová vuestro Dios os prueba, para saber si amáis á Jehová vuestro Dios con todo vuestro corazón, y con toda vuestra alma. (Deuteronomio 13:3)

Dios usó su disciplina muchas veces en la Biblia para ayudar a la gente a ver su pecado y volverse a él. Él quiere que te des cuenta de que lo necesitas y que no puedes salvarte a ti mismo. Que hay una consecuencia eterna por ser un pecador que no se salva.

En esta Escritura, los israelitas adoraban a Baal, un dios falso. Habían abandonado por completo a Dios, que los liberó del cautiverio egipcio y que los alimentó con maná del cielo todos los días durante 40 años. Dios dejó que los asaltantes saquearan a su pueblo y lo llevaran de nuevo a la esclavitud. Pero entonces fíjate en lo que hizo Dios. Envió jueces para rescatarlos porque clamaron a Dios durante su opresión.

> Y los hijos de Israel hicieron lo malo en ojos de Jehová, y sirvieron á los Baales: Y dejaron á Jehová el Dios de sus padres, que los había sacado de la tierra de Egipto, y fuéronse tras otros dioses, los dioses de los pueblos que estaban en sus alrededores, á los cuales adoraron; y provocaron á ira á Jehová. [...] Y el furor de Jehová se encendió contra Israel, el cual los entregó en manos de robadores que los despojaron, y los vendió en manos de sus enemigos de alrededor: y no pudieron parar más delante de sus enemigos. [...] Mas Jehová suscitó jueces que los librasen de mano de los que los despojaban. [...] Y cuando Jehová les suscitaba jueces, Jehová era con el juez, y librábalos de mano de los enemigos todo el tiempo de aquel juez: porque Jehová se arrepentía por sus gemidos á causa de los que los oprimían y afligían. Mas en muriendo el juez, ellos se tornaban, y se corrompían más que sus padres, siguiendo dioses ajenos para servirles, é inclinándose delante de ellos; y nada disminuían de sus obras, ni de su duro camino. (Jueces 2:11-12, 14, 16, 18-19)

Dios quiere que tú también clames a él en busca de ayuda cuando estés angustiado. En este relato, vemos al profeta Jonás predicando en la ciudad de Nínive. ¿Sabías que Jonás no quería ir a esta misión? Trató de alejarse de Nínive, pero ¿adivina qué pasó? Terminó siendo tragado por un enorme pez y escupido en la orilla cerca de Nínive. No quería ir porque sabía que la gente se arrepentiría si les decía que venía el juicio de Dios. Jonás no quería que Dios los perdonara. Quería que Dios los castigara por su maldad. A menudo somos como Jonás. Nos apresuramos a querer que los demás reciban lo que se merecen. Pero ese no es Dios. Él quiere que todos se arrepientan. Eso es exactamente lo que hizo Nínive cuando Jonás les predicó.

> Y comenzó Jonás á entrar por la ciudad, camino de un día, y pregonaba diciendo: De aquí á cuarenta días Nínive será destruida. Y los hombres de Nínive creyeron á Dios, y pregonaron ayuno, y vistiéronse de sacos desde el mayor de ellos hasta el menor de ellos. [...] Y vió Dios lo que hicieron, que se convirtieron de su mal camino: y arrepintióse del mal que había dicho les había de hacer, y no lo hizo. (Jonás 3:4-5, 10)

La ciudad de Nínive se apartó de su mal camino, así que Dios no trajo el desastre sobre ellos después de todo. Esa es la promesa de Dios. Si te arrepientes sinceramente de cómo te has comportado, y no quieres volver a actuar así, cuando le pidas perdón a Dios, él sí te perdonará.

> Ahora me gozo, no porque hayáis sido contristados, sino porque fuisteis contristados para arrepentimiento; porque habéis sido contristados según Dios, para que ninguna pérdida padecieseis por nuestra parte. Porque el dolor que es según Dios, obra arrepentimiento saludable, de que no hay que arrepentirse; mas el dolor del siglo obra muerte. (2 Corintios 7:9-10)

El rapto es un evento clave que señala que la segunda venida de Jesús se acerca rápidamente. Después del rapto, hay un período de tribulación que dura 7 años. En esta Escritura de abajo, todo hasta "él hará un pacto firme" ya ha sucedido. Una semana es un periodo de 7 años. Así que 70 semanas son 490 años. Este reloj se detuvo en la semana 69, cuando el Ungido fue cortado. Se detuvo cuando Jesús fue asesinado. Este reloj comienza de nuevo cuando el pacto o tratado se hace con Israel por una semana, que son 7 años.

> Setenta semanas están determinadas sobre tu pueblo y sobre tu santa ciudad, para acabar la prevaricación, y concluir el pecado, y expiar la iniquidad; y para traer la justicia de los siglos, y sellar la visión y la profecía, y ungir al Santo de los santos. Sepas pues y entiendas, que desde la salida de la palabra para restaurar y edificar á Jerusalem hasta el Mesías Príncipe, habrá siete semanas, y sesenta y dos semanas; tornaráse á edificar la plaza y el muro en tiempos angustiosos. Y después de las sesenta y dos semanas se quitará la vida al Mesías, y no por sí: y el pueblo de un príncipe que ha de venir, destruirá á la ciudad y el santuario; con inundación será el fin de ella, y hasta el fin de la guerra será talada con asolamientos. Y en otra semana confirmará el pacto á muchos, y á la mitad de la semana hará cesar el sacrificio y la ofrenda: después con la muchedumbre de las abominaciones será el desolar, y esto hasta una entera consumación; y derramaráse la ya determinada sobre el pueblo asolado. (Daniel 9:24-27)

Sabemos que la persona que interrumpe el pacto es el Anticristo debido a varias cosas. Primero, en la Escritura que acabas de leer, dice que a la mitad de la semana él detiene los sacrificios y las ofrendas a Dios, entonces cometerá una abominación en el templo que lo hace desolado porque lo profanó. Una semana son siete años, así que la mitad de la semana son tres años y medio. Luego, en las Escrituras de abajo, tenemos aún más detalles.

"Porque habéis dicho" es una referencia a lo que ha dicho Israel. En segundo lugar, resulta que este pacto se hace con la muerte y el Seol bajo mentiras y pretextos. "Seol" significa infierno.

> Porque habéis dicho: Concierto tenemos hecho con la muerte, é hicimos acuerdo con la sepultura; cuando pasare el turbión del azote, no llegará á nosotros, pues que hemos puesto nuestra acogida en la mentira, y en la falsedad nos esconderemos: [...] Y será anulado vuestro concierto con la muerte, y vuestro acuerdo con el sepulcro no será firme: cuando pasare el turbión del azote, seréis de él hollados. (Isaías 28:15, 18)

Ahora, en tercer lugar, aprendemos que este gobernante que establece la abominación se exalta a sí mismo y se engrandece "sobre todo dios". Eso significa que se declara a sí mismo dios.

> Y serán puestos brazos de su parte; y contaminarán el santuario de fortaleza, y quitarán el continuo sacrificio, y pondrán la abominación espantosa. [...] Y el rey hará á su voluntad; y se ensoberbecerá, y se engrandecerá sobre todo dios: y contra el Dios de los dioses hablará maravillas, y será prosperado, hasta que sea consumada la ira: porque hecha está determinación. (Daniel 11:31, 36)

Según lo que hemos aprendido anteriormente, ¿quién es el padre de la mentira que dijo que quería ser como Dios? El infierno fue creado para él y su ejército. Es Satanás y es quien poseerá al Anticristo. Piensa en él como Satanás encarnado. Es con quien Israel hace un trato, y lo saben.

La Biblia no dice cuánto tiempo pasa entre el rapto y el comienzo de la tribulación. Podría ocurrir el mismo día, o podría ser un año después. Basado en lo que aprendimos sobre el diluvio y Sodoma y Gomorra, espere que ese pacto se firme muy rápidamente después del rapto. Después de que Dios elimina a los justos, no espera para enviar su ira.

Esto debería darte un sentido de urgencia. Es urgente que llegues a creer en Jesús antes de que mueras, lo cual podría ocurrir en cualquier momento.

Si eres uno de los pocos que sobreviven a la tribulación, necesitas creer antes de que Jesús regrese al final de ese período de 7 años. Cualquiera que no crea será arrojado al lago de fuego. Sólo las personas consideradas justas, que creen que Jesús murió por sus pecados, podrán entrar en el reino de Jesús en la tierra.

Esta es tu última advertencia. Presta atención a la advertencia como lo hizo el pueblo de Nínive. Cree que Jesús murió por ti y pídele que perdone tus pecados.

7.4. Dios está cumpliendo sus promesas

En algunas de las Escrituras clave del rapto en la Biblia, aprendemos que Dios estaba cumpliendo promesas cuando arrebató a los creyentes. Una de ellas fue la promesa de Jesús de regresar y reunir a sus seguidores.

> NO se turbe vuestro corazón; creéis en Dios, creed también en mí. En la casa de mi Padre muchas moradas hay: de otra manera os lo hubiera dicho: voy, pues, á preparar lugar para vosotros. Y si me fuere, y os aparejare lugar, vendré otra vez, y os tomaré á mí mismo: para que donde yo estoy, vosotros también estéis. (Juan 14:1-3)

Durante su ministerio en la tierra, Jesús habló a menudo del cielo. Jesús es quien habla en los versículos anteriores. Les dijo a sus discípulos que se iba, pero que volvería a buscarlos. Mientras esperaban, debían consolarse sabiendo que estaba preparando un lugar para que vivieran con él por la eternidad.

Otra es la promesa de Dios de resucitar a los creyentes que ya habían muerto. Los creyentes de la iglesia primitiva estaban preocupados por lo que ocurría con sus seres queridos que creían en Jesús pero que ya habían muerto antes de la segunda venida de Jesús. Se preguntaban si serían resucitados y si los volverían a ver. El apóstol Pablo les dice que se consuelen sabiendo que sus cuerpos serán resucitados y convertidos en cuerpos gloriosos, nuevos, eternos e inmortales en el rapto. En estos versículos, "dormido" significa muerto.

> Tampoco, hermanos, queremos que ignoréis acerca de los que duermen, que no os entristezcáis como los otros que no tienen esperanza. Porque si creemos que Jesús murió y resucitó, así también traerá Dios con él á los que durmieron en Jesús. [...] y los muertos en Cristo resucitarán primero: Luego nosotros, los que vivimos, los que quedamos, juntamente con ellos seremos arrebatados en las nubes á recibir al Señor en el aire. (1 Tesalonicenses 4:13-14, 16-17)

Esta resurrección de los creyentes muertos es el primer evento que ocurrió en el rapto. Luego, los creyentes que estaban vivos en la tierra fueron llevados y se encontraron con los creyentes resucitados y con Jesús en las nubes.

Dios siempre cumple sus promesas. El rapto es un gran ejemplo de ello. Puedes confiar en Dios porque él es fiel para hacer lo que dice que hará.

> Conoce, pues, que Jehová tu Dios es Dios, Dios fiel, que guarda el pacto y la misericordia á los que le aman y guardan sus mandamientos, hasta las mil generaciones. (Deuteronomio 7:9)

> Pues Jesucristo, el Hijo de Dios, no titubea entre el «sí» y el «no». Él es aquel de quien Silas, Timoteo y yo les predicamos, y siendo el «sí» definitivo de Dios, él siempre hace lo que dice. Pues todas las promesas de Dios se cumplieron en Cristo con un resonante «¡sí!», y por medio de Cristo, nuestro «amén» (que significa «sí») se eleva a Dios para su gloria. (2 Corintios 1:19-20 NTV)

Si el rapto todavía no ha ocurrido, todavía puedes ser incluido en estas promesas de Dios. Si el rapto ya ha ocurrido y te has quedado atrás, puedes ser incluido en una promesa diferente de Dios. Esa es su promesa de vida eterna para aquellos que creen. Sólo elige creer en lo que Jesús hizo para salvar tu alma; que él murió por tus pecados, resucitó de la tumba y reina en el cielo.

7.5. Dios está dejando que Satanás reine en la Tierra

Otra razón para el rapto es que Dios está dejando que Satanás reine en la tierra hasta que Jesús regrese. Tuvo que remover a los creyentes para que eso sucediera. Dios creó un ángel glorioso, Lucifer, que era muy estimado, sabio y gobernaba sobre otros ángeles. Un día, Lucifer se enorgulleció y decidió que podía ser como Dios. No sólo lo pensó, sino que creyó que realmente podía hacerlo. Fue entonces cuando Lucifer pecó y lanzó una rebelión contra Dios. Lucifer es el "querubín ungido".

> Tú, querubín grande, cubridor: y yo te puse; en el santo monte de Dios estuviste; en medio de piedras de fuego has andado. Perfecto eras en todos tus caminos desde el día que fuiste criado, hasta que se halló en ti maldad. A causa de la multitud de tu contratación fuiste lleno de iniquidad, y pecaste: por lo que yo te eché del monte de Dios. (Ezequiel 28:14-16)

Aquí vemos algo de esa rebelión. Miguel y los otros ángeles buenos se enfrentaron a Satanás y sus ángeles caídos. Satanás, el adversario, perdió. Dios lo arrojó a él y a los otros ángeles rebeldes a la Tierra. Desde entonces, la Tierra ha estado bajo el dominio de Satanás, el "diablo", el "engañador".

> Y fué hecha una grande batalla en el cielo: Miguel y sus ángeles lidiaban contra el dragón; y lidiaba el dragón y sus ángeles. Y no prevalecieron, ni su lugar fué más hallado en el cielo. Y fué lanzado fuera aquel gran dragón, la serpiente antigua,

> que se llama Diablo y Satanás, el cual engaña á todo el mundo; fué arrojado en tierra, y sus ángeles fueron arrojados con él. (Apocalipsis 12:7-9)

Incluso Jesús habló de Satanás cayendo del cielo. Sus discípulos se asombraron de que pudieran expulsar demonios con el nombre de Jesús. Satanás todavía está sujeto a la autoridad de Jesús. No importa donde resida, el cielo o la tierra, Dios tiene el control.

> Y volvieron los setenta con gozo, diciendo: Señor, aun los demonios se nos sujetan en tu nombre. Y les dijo: Yo veía á Satanás, como un rayo, que caía del cielo. (Lucas 10:17-18)

Hasta el momento del rapto, Satanás todavía tenía acceso a entrar en el cielo y hablar con Dios. De hecho, vas a ver un poco más adelante en este capítulo que él tenía que pedir permiso a Dios para molestar al pueblo de Dios. Todo eso cambió cuando Dios sacó a sus creyentes durante el rapto. Fue entonces cuando Satanás perdió todo su acceso al cielo. En la Escritura de abajo, Jesús nos dijo que esto iba a suceder. Jesús dijo que Satanás era el gobernante de este mundo, que es la tierra. Cuando llegue el momento de juzgar la tierra, Satanás será expulsado del cielo.

> «Ha llegado el tiempo de juzgar a este mundo, cuando Satanás—quien gobierna este mundo— será expulsado». (Juan 12:31 NTV)

Sabemos que el rapto permitió a Dios juzgar al mundo. Con los creyentes eliminados, puede enviar su ira sobre los malvados con la esperanza de que se arrepientan.

Entonces, ¿por qué permitiría Dios que Satanás se descontrolara en la tierra? Satanás es parte del plan de Dios. Satanás repartirá todo tipo de ira después del rapto. Recuerda que él te odia porque Dios te ama. Y sabe que le queda muy poco tiempo en la Tierra antes de ser arrojado al infierno. Así que está lleno de ira.

Dios a menudo utiliza al enemigo para ayudar a la gente a verle a él, su verdad y su bondad.

Sabes que Satanás no fue la única creación de Dios expulsada del cielo. Cuando Adán y Eva pecaron, fueron expulsados del jardín del Edén, que era esencialmente el cielo, y relegados a la tierra. Dios incluso puso a un ángel para que vigilara y bloqueara el camino de regreso al jardín. Dios también les dijo a Adán, Eva y Satanás que habría una constante hostilidad u odio entre ellos, pero que llegaría un día en que el hombre heriría la cabeza de Satanás. En ese momento, Satanás respondería por su pecado y sus crímenes y pasaría la eternidad en el lago de fuego. En estas Escrituras, "el hombre" es Adán, "la mujer" es Eva, y "la serpiente" es Satanás.

> Y llamó Jehová Dios al hombre, y le dijo: [...] ¿Has comido del árbol de que yo te mandé no comieses? Y el hombre respondió: La mujer que me diste por compañera me dió del árbol, y yo comí. Entonces Jehová Dios dijo á la mujer: ¿Qué es lo que has hecho? Y dijo la mujer: La serpiente me engañó, y comí. Y Jehová Dios dijo á la serpiente: Por cuanto esto hiciste, maldita serás entre todas las bestias y entre todos los animales del campo; sobre tu pecho andarás, y polvo comerás todos los días de tu vida: Y enemistad pondré entre ti y la mujer, y entre tu simiente y la simiente suya; ésta te herirá en la cabeza, y tú le herirás en el calcañar. (Génesis 3:9, 11-15)

> Y dijo Jehová Dios: He aquí el hombre es como uno de Nos sabiendo el bien y el mal: ahora, pues, porque no alargue su mano, y tome también del árbol de la vida, y coma, y viva para siempre: Y sacólo Jehová del huerto de Edén, para que labrase la tierra de que fué tomado. Echó, pues, fuera al hombre, y puso al oriente del huerto de Edén querubines, y una espada encendida que se revolvía á todos lados, para guardar el camino del árbol de la vida. (Génesis 3:22-24)

Esto es lo que viene para Satanás. Él lo sabe. Conoce la Palabra de Dios mejor que cualquiera de nosotros. Así es como es capaz de torcer la Palabra de Dios y engañar a la gente. Así es como engañó a Eva. Creo que es aún peor para nosotros porque Satanás ha tenido miles de años para leer y estudiar toda la Palabra de Dios en la Biblia. En este versículo, el "diablo" es Satanás y la "bestia" es el Anticristo.

> Y el diablo que los engañaba, fué lanzado en el lago de fuego y azufre, donde está la bestia y el falso profeta; y serán atormentados día y noche para siempre jamás. (Apocalipsis 20:10)

Satanás ha pasado los últimos miles de años tratando de derrotar a Dios y evitar su propio castigo eterno. Satanás todavía piensa que puede ganar. Después del rapto y durante el período de la tribulación, Dios permite que Satanás se salga con la suya con la humanidad. Sin embargo, Satanás no podrá gobernar la Tierra hasta que todos los creyentes sean retirados. Cualquiera que haya puesto su fe en Jesús, rápidamente se daría cuenta del diablo y sus payasadas y obstaculizaría todos sus planes. Esta es otra razón por la que Dios arrebató a los creyentes, para que Satanás pudiera reinar.

En la Escritura de abajo, el apóstol Pablo está hablando de la segunda venida de Jesús. Señala que la rebelión sucede primero y luego el "hombre del pecado", "hijo de perdición", uno que se exalta a sí mismo contra Dios, uno que se llama a sí mismo Dios, y "aquel inicuo" se revela. Bueno, ya deberías saber que todos esos son descriptores del Anticristo, el hombre marioneta de Satanás, el líder global después del rapto. La Escritura incluso nos dice esto. Su venida es "cuyo advenimiento es según operación de Satanás, con grande potencia, y señales".

> EMPERO os rogamos, hermanos, cuanto á la venida de nuestro Señor Jesucristo, y nuestro recogimiento á él, [...] No os engañe nadie en ninguna manera; porque no vendrá sin que venga

antes la apostasía, y se manifieste el hombre de pecado, el hijo de perdición, Oponiéndose, y levantándose contra todo lo que se llama Dios, ó que se adora; tanto que se asiente en el templo de Dios como Dios, haciéndose parecer Dios. [...] Y ahora vosotros sabéis lo que impide, para que á su tiempo se manifieste. Porque ya está obrando el misterio de iniquidad: solamente espera hasta que sea quitado de en medio el que ahora impide; Y entonces será manifestado aquel inicuo, al cual el Señor matará con el espíritu de su boca, y destruirá con el resplandor de su venida; A aquel inicuo, cuyo advenimiento es según operación de Satanás, con grande potencia, y señales, y milagros mentirosos. (2 Tesalonicenses 2:1, 3-4, 6-9)

Antes de que el Anticristo pudiera ser revelado algo más tenía que suceder primero. Estaba "el que ahora impide", que fue "quitado". Entonces el sin ley, el Anticristo, se revela. Esto significa que el retenedor estaba conteniendo el poder de Satanás. Sólo algo todopoderoso puede frenar el mal. El retenedor es el Espíritu Santo de Dios, y estaba viviendo dentro de todos los creyentes que fueron arrebatados.

Así que Dios también eliminó a los creyentes para que Satanás pudiera reinar. ¿Por qué dejaría Dios que Satanás reinara? Porque Dios te ama, ¡por eso! Es para ayudarte a volver a Dios y a Jesús para tu salvación.

Un gran ejemplo de esto en la Biblia es Job. Job era un hombre de Dios. Dios dijo que no había nadie como él en la tierra. Un día Dios le preguntó a Satanás qué estaba haciendo en la tierra y si se había fijado en su siervo Job. Satanás dijo que lo había hecho y que Job sólo creía en Dios porque lo bendecía y si Dios le quitaba esas bendiciones, entonces Job seguramente abandonaría a Dios. ¿Qué crees que hizo Dios? En las Escrituras siguientes, los "hijos de Dios" son ángeles.

> Y un día vinieron los hijos de Dios á presentarse delante de Jehová, entre los cuales vino también Satán. Y dijo Jehová á Satán: ¿De dónde vienes?

> Y respondiendo Satán á Jehová, dijo: De rodear la tierra, y de andar por ella. Y Jehová dijo á Satán: ¿No has considerado á mi siervo Job, que no hay otro como él en la tierra, varón perfecto y recto, temeroso de Dios, y apartado de mal? Y respondiendo Satán á Jehová, dijo: ¿Teme Job á Dios de balde? ¿No le has tú cercado á él, y á su casa, y á todo lo que tiene en derredor? Al trabajo de sus manos has dado bendición; por tanto su hacienda ha crecido sobre la tierra. Mas extiende ahora tu mano, y toca á todo lo que tiene, y verás si no te blasfema en tu rostro. (Job 1:6-11)

> —Muy bien, puedes probarlo—dijo el Señor a Satanás—. Haz lo que quieras con todo lo que posee, pero no le hagas ningún daño físico. Entonces Satanás salió de la presencia del Señor. (Job 1:12 NTV)

Dios dejó que Satanás se saliera con la suya con Job. Sé que es un poco chocante, pero lo hizo para probar a Job y su fe. Para ver si Job realmente amaba a Dios. Job lo perdió todo. Todos sus hijos e hijas murieron, todo su ganado murió, y Dios incluso terminó dejando que Satanás atacara la salud de Job. A través de todas las cosas horribles que le sucedieron a Job, él se negó a maldecir a Dios.

> En todo esto no pecó Job, ni atribuyó á Dios despropósito alguno. (Job 1:22)

> Díjole entonces su mujer: ¿Aun retienes tú tu simplicidad? Bendice á Dios, y muérete. Y él le dijo: Como suele hablar cualquiera de las mujeres fatuas, has hablado. También recibimos el bien de Dios, ¿y el mal no recibiremos? En todo esto no pecó Job con sus labios. (Job 2:9-10)

Su fe fue probada, y la superó. Después, Dios bendijo a Job aún más de lo que había sido bendecido antes. Dios le devolvió la salud, su riqueza y su ganado, y su familia. Dios nos pone a prueba para poder recompensarnos cuando aprobamos.

> Y mudó Jehová la aflicción de Job, orando él por sus amigos: y aumentó al doble todas las cosas que habían sido de Job. [...] Y bendijo Jehová la postrimería de Job más que su principio; porque tuvo catorce mil ovejas, y seis mil camellos, y mil yuntas de bueyes, y mil asnas. Y tuvo siete hijos y tres hijas. (Job 42:10, 12-13)

Algo muy parecido te está ocurriendo a ti ahora mismo. Dios está dejando que Satanás se salga con la suya en la tierra para probarte a ti y a tu fe. Si te has quedado atrás y has puesto tu fe en Jesús, este tiempo de prueba fortalecerá tu relación con Dios, tal como lo hizo con Job. Te volverás inquebrantable, al igual que Job. La Escritura que sigue fue escrita por Pedro, uno de los discípulos de Jesús. Nos dice que la prueba de nuestra fe es más preciosa que el oro. Cuando pasas la prueba de tu fe, trae alabanza, gloria, honor, y lo más importante la salvación de tu alma.

> En lo cual vosotros os alegráis, estando al presente un poco de tiempo afligidos en diversas tentaciones, si es necesario, Para que la prueba de vuestra fe, mucho más preciosa que el oro, el cual perece, bien que sea probado con fuego, sea hallada en alabanza, gloria y honra, cuando Jesucristo fuera manifestado: [...] Obteniendo el fin de vuestra fe, que es la salud de vuestras almas. De la cual salud los profetas que profetizaron de la gracia que había de venir á vosotros, han inquirido y diligentemente buscado, Escudriñando cuándo y en qué punto de tiempo significaba el Espíritu de Cristo que estaba en ellos, el cual prenunciaba las aflicciones que habían de venir á Cristo, y las glorias después de ellas. A los cuales fué revelado, que no para sí mismos, sino para nosotros administraban las cosas que ahora os son anunciadas de los que os han predicado el evangelio por el Espíritu Santo enviado del cielo;

en las cuales desean mirar los ángeles. (1 Pedro 1:6-7, 9-12)

Si te eres dejado atrás y eliges no creer en Jesús, debes saber que Dios está usando el reinado de Satanás en la tierra para darte exactamente lo que has estado pidiendo. No quieres creer en Dios o en Jesús. No quieres creer que hay un cielo y un infierno y consecuencias eternas por tus elecciones en la Tierra. Quieres vivir una vida de pecado. Quieres poner tu fe en el dinero y las posesiones. Quieres ser tu propio dios. Tu padre no es Dios, es Satanás. Así que Dios te está dando lo que quieres; a Satanás como tu gobernante y dios.

Veamos cómo esa misma decisión, la de no elegir a Dios, le funcionó a un faraón egipcio. Esto fue durante el tiempo del cautiverio de Israel en Egipto. Moisés exigió que el Faraón dejara ir al pueblo bajo la autoridad de Dios. Como el Faraón no conocía a Dios, Moisés utilizó señales y maravillas para mostrarle y demostrarle que Dios era realmente el único Dios.

> Y Moisés extendió su vara hacia el cielo, y Jehová hizo tronar y granizar, y el fuego discurría por la tierra; y llovió Jehová granizo sobre la tierra de Egipto. Hubo pues granizo, y fuego mezclado con el granizo, tan grande, cual nunca hubo en toda la tierra de Egipto desde que fué habitada. Y aquel granizo hirió en toda la tierra de Egipto todo lo que estaba en el campo, así hombres como bestias; asimismo hirió el granizo toda la hierba del campo, y desgajó todos los árboles del país. [...] Entonces Faraón envió á llamar á Moisés y á Aarón, y les dijo: He pecado esta vez: Jehová es justo, y yo y mi pueblo impíos. Orad á Jehová: y cesen los truenos de Dios y el granizo; y yo os dejaré ir, y no os detendréis más. Y respondióle Moisés: En saliendo yo de la ciudad extenderé mis manos á Jehová, y los truenos cesarán, y no habrá más granizo; para que sepas que de Jehová es la tierra. [...] Y viendo Faraón que la lluvia había cesado y el granizo y los

truenos, perseveró en pecar, y agravó su corazón, él y sus siervos. Y el corazón de Faraón se endureció, y no dejó ir á los hijos de Israel; como Jehová lo había dicho por medio de Moisés. (Éxodo 9:23-25, 27-29, 34-35)

Durante la plaga de granizo severo, el Faraón se dio cuenta de que había pecado y era malvado y que Dios era justo. Sin embargo, tan pronto como la ira de Dios por la plaga desapareció, pecó aún más y endureció su corazón. Sabía la verdad, pero se negaba a creerla. Era obstinado, como una piedra. Jesús habló de gente como ésta, gente que no quiere creer. Mira lo que dijo.

> Jesús entonces les dijo: Si vuestro padre fuera Dios, ciertamente me amaríais: porque yo de Dios he salido, y he venido; que no he venido de mí mismo, mas él me envió. ¿Por qué no reconocéis mi lenguaje? porque no podéis oir mi palabra. Vosotros de vuestro padre el diablo sois, y los deseos de vuestro padre queréis cumplir. Él, homicida ha sido desde el principio, y no permaneció en la verdad, porque no hay verdad en él. Cuando habla mentira, de suyo habla; porque es mentiroso, y padre de mentira. Y porque yo digo verdad, no me creéis. (Juan 8:42-45)

Si no quieres tener nada que ver con Dios, él no te va a obligar. Sabes que Dios es tan bueno con cada uno de nosotros porque nos da exactamente lo que pedimos. Si te has quedado atrás, es porque no elegiste creer en Jesús. En vez de eso, estabas viviendo una vida de pecado, siguiendo los pasos de tu autoridad, Satanás. Durante este tiempo de tribulación, Satanás está gobernando físicamente en la tierra a través del Anticristo. Dios le ha dado exactamente lo que quería. La Biblia nos dice que estas personas continúan agitando su puño a Dios, al igual que lo hizo el Faraón, a lo largo de todas las plagas que Dios trae sobre la tierra durante la tribulación.

> Y los otros hombres que no fueron muertos con estas plagas, aun no se arrepintieron de las obras de sus manos, para que no adorasen á los demonios, y á las imágenes de oro, y de plata, y de metal, y de piedra, y de madera; las cuales no pueden ver, ni oir, ni andar: Y no se arrepintieron de sus homicidios, ni de sus hechicerías, ni de su fornicación, ni de sus hurtos. (Apocalipsis 9:20-21)

> Se mordían sus lenguas de dolor; Y blasfemaron del Dios del cielo por sus dolores, y por sus plagas, y no se arrepintieron de sus obras. (Apocalipsis 16:10-11)

Sin embargo, hoy puedes hacer una elección diferente. No tienes que ser como el Faraón. No tienes que ser como esas personas que se niegan a arrepentirse de su pecado. No tienes que dejar que este tiempo de prueba endurezca tu corazón. Deja que este tiempo de reinado de Satanás te muestre lo verdaderamente malo que es y lo bueno que es Dios. Observa el poderoso poder de Dios durante este tiempo y elige creer. Ten fe como lo hizo Job, y vencerás y serás bendecido.

7.6. Dios castiga la iniquidad

Como Dios es justo, tiene que castigar la iniquidad. Piensa en lo mucho que te enfadas cuando alguien te hace daño. Quieres que se haga justicia por el mal que han cometido contra ti. Dios también quiere justicia por el mal que nosotros, los pecadores, cometemos contra él.

> Dios es un juez honrado; todos los días se enoja con los malvados. (Salmos 7:11 NTV)

Dios es capaz de juzgar y castigar porque es el único y verdadero juez de la justicia. Es porque es perfecto, santo y justo. Él creó todo e hizo las reglas y la ley para que tengamos vida.

> Solo Dios, quien ha dado la ley, es el Juez. Solamente él tiene el poder para salvar o destruir. Entonces, ¿qué derecho tienes tú para juzgar a tu prójimo? (Santiago 4:12 NTV)

> Él es la Roca; sus obras son perfectas. Todo lo que hace es justo e imparcial. Él es Dios fiel; nunca actúa mal. ¡Qué justo y recto es él! (Deuteronomio 32:4 NTV)

> Y cantan el cántico de Moisés siervo de Dios, y el cántico del Cordero, diciendo: Grandes y maravillosas son tus obras, Señor Dios Todopoderoso; justos y verdaderos son tus caminos, Rey de los santos. (Apocalipsis 15:3)

Nuestras elecciones tienen una consecuencia porque Dios es el juez a quien debemos rendir cuentas. Véase Romanos 14:11-12 en el capítulo 7.2.

Como Dios es justo y recto, no puede ignorar la maldad. Debe hacer algo al respecto. La maldad crece continua y eventualmente se convierte en un gran volumen de gente que se ha alejado de Dios. La gente ignora la Palabra de Dios. La gente se niega a creer que Dios existe y que Dios exige y merece nuestra adoración. Esto requiere la intervención de Dios porque Dios es el último juez. No le gusta que la gente cometa un crimen contra ti y se salga con la suya y quede impune. ¿Cómo crees que se siente Dios? Dios lo ve todo. Dios lo sabe todo. Dios no deja que la maldad quede impune.

En esta Escritura, Dios habló al rey Salomón y le advirtió lo que sucedería si el pueblo se alejaba de Dios y adoraba a dioses falsos. Dios los desarraigaría de la tierra que les había dado y los convertiría en objeto de burla.

> Pero, si ustedes me abandonan, y desobedecen los decretos y mandamientos que les he dado, y se apartan de mí para servir y adorar a otros dioses, los desarraigaré de la tierra que les he dado y repudiaré este templo que he consagrado

en mi honor. Entonces los convertiré en el hazmerreír de todos los pueblos. Y aunque ahora este templo es imponente, llegará el día en que todo el que pase frente a él quedará asombrado y preguntará: "¿Por qué el Señor ha tratado así a este país y a este templo?" Y le responderán: "Porque abandonaron al Señor, Dios de sus antepasados, que los sacó de Egipto, y se echaron en los brazos de otros dioses, a los cuales adoraron y sirvieron. Por eso el Señor ha dejado que les sobrevenga tanto desastre". (2 Crónicas 7:19-22 NVI)

Esto es exactamente lo que está sucediendo ahora para aquellos que se han quedado atrás. Se han alejado de Dios. Están adorando a los ídolos, a ustedes mismos, a los demonios, a las plantas, a los animales, lo que sea. El apóstol Pablo no se guarda nada al decirnos por qué la ira de Dios está sobre la humanidad durante el período de la tribulación. Conté treinta y cinco acusaciones contra la humanidad malvada en estos versículos.

Porque manifiesta es la ira de Dios del cielo contra toda impiedad é injusticia de los hombres, que detienen la verdad con injusticia: Porque lo que de Dios se conoce, á ellos es manifiesto; porque Dios se lo manifestó. Porque las cosas invisibles de él, su eterna potencia y divinidad, se echan de ver desde la creación del mundo, siendo entendidas por las cosas que son hechas; de modo que son inexcusables: Porque habiendo conocido á Dios, no le glorificaron como á Dios, ni dieron gracias; antes se desvanecieron en sus discursos, y el necio corazón de ellos fué entenebrecido. [...] Los cuales mudaron la verdad de Dios en mentira, honrando y sirviendo á las criaturas antes que al Criador, el cual es bendito por los siglos. Amén. [...] Estando atestados de toda iniquidad, de fornicación, de malicia, de avaricia, de maldad; llenos de envidia, de homicidios, de contiendas, de engaños, de malignidades; Murmuradores, detractores, aborrecedores de Dios, injuriosos, soberbios, altivos, inventores de males, desobedientes á los padres, Necios, desleales, sin afecto natural, implacables, sin misericordia: Que habiendo entendido el juicio de Dios que los que hacen tales cosas son dignos de muerte, no sólo las hacen, más aún consienten á los que las hacen. (Romanos 1:18-21, 25, 29-32)

Dios lo ve y lo sabe todo. Él oye los clamores de las personas oprimidas y perseguidas. Cuando Caín asesinó a su hermano Abel, Dios dijo que la voz de la sangre de Abel clamó desde la tierra.

> Y habló Caín á su hermano Abel: y aconteció que estando ellos en el campo, Caín se levantó contra su hermano Abel, y le mató. Y Jehová dijo á Caín: ¿Dónde está Abel tu hermano? Y él respondió: No sé; ¿soy yo guarda de mi hermano? Y él le dijo: ¿Qué has hecho? La voz de la sangre de tu hermano clama á mí desde la tierra. (Génesis 4:8-10)

Como juez, Dios no deja que la maldad quede impune. Cuando los gritos son lo suficientemente fuertes, responde. Cuando los egipcios esclavizaron a los israelitas, éstos clamaron a Dios por su liberación. Dios los escuchó y los rescató. Dios tuvo que enviar plagas sobre Egipto y contra el Faraón antes de que dejara ir al pueblo. Dios castigó la maldad del Faraón contra los israelitas.

> Y los Egipcios nos maltrataron, y nos afligieron, y pusieron sobre nosotros dura servidumbre. Y clamamos á Jehová Dios de nuestros padres; y oyó Jehová nuestra voz, y vió nuestra aflicción, y nuestro trabajo, y nuestra opresión: Y sacónos Jehová de Egipto con mano fuerte, y con brazo extendido, y con grande espanto, y con señales y con milagros. (Deuteronomio 26:6-8)

Dios ordenó este tiempo de tribulación a causa de la maldad en la tierra. Él escuchó los gritos de la gente y de la propia tierra, y ha respondido. Aquí vemos a personas que murieron durante el período de la tribulación porque creyeron en Jesús. Le preguntan a Dios cuándo vengará sus muertes. En estos versículos, el "testimonio" se refiere a Jesús.

> Y cuando él abrió el quinto sello, vi debajo del altar las almas de los que habían sido muertos por la palabra de Dios y por el testimonio que ellos tenían. Y clamaban en alta voz diciendo: ¿Hasta cuándo, Señor, santo y verdadero, no juzgas y vengas nuestra sangre de los que moran en la tierra? (Apocalipsis 6:9-10)

La Biblia señala que la venganza es de Dios.

> Sabemos quién es el que dijo: Mía es la venganza, yo daré el pago, dice el Señor. Y otra vez: El Señor juzgará su pueblo. Horrenda cosa es caer en las manos del Dios vivo. (Hebreos 10:30-31)

En la Escritura aquí, Jesús es el que respondió cuando se le preguntó sobre el fin de la era. Noten que dice que son días de venganza. La venganza divina de Dios.

> Y le preguntaron, diciendo: Maestro, ¿cuándo será esto? ¿y qué señal habrá cuando estas cosas hayan de comenzar á ser hechas? [...] Porque estos son días de venganza: para que se cumplan todas las cosas que están escritas. (Lucas 21:7, 22)

Esta es una de las razones por las que ocurrió el rapto, para que Dios pudiera castigar a los malvados y vengarse a sí mismo y a sus creyentes. ¿Cómo vas a responder durante este tiempo difícil? Vuelve a esos versículos anteriores de Romanos y haz lo que no hacen los que se niegan a arrepentirse. Reconoce la autoridad de Dios, glorifica a Dios, da gracias a Dios, acepta la verdad de Dios, adora y sirve sólo a Dios, llénate de justicia poniendo tu fe en Jesús.

7.7. Dios está preparando el Reino Milenario de Jesús

Dios también está utilizando el rapto y los eventos que tienen lugar en el período de la tribulación para preparar la segunda venida de Jesús. Él regresará físicamente a la tierra al final del período de la tribulación de siete años. Jesús habló de esto durante su ministerio en la tierra. Él dice que inmediatamente después del sufrimiento, que es el período de la tribulación, su señal aparecería en el cielo. Entonces todos los que crean en él serán reunidos. "Sentándose él" se refiere a Jesús, y es él quien responde a la pregunta de los discípulos sobre el fin de la era.

> Y sentándose él en el monte de las Olivas, se llegaron á él los discípulos aparte, diciendo: Dinos, ¿cuándo serán estas cosas, y qué señal habrá de tu venida, y del fin del mundo? [...] Y luego después de la aflicción de aquellos días [...] Y entonces se mostrará la señal del Hijo del hombre en el cielo; y entonces lamentarán todas las tribus de la tierra, y verán al Hijo del hombre que vendrá sobre las nubes del cielo, con grande poder y gloria. Y enviará sus ángeles con gran voz de trompeta, y juntarán sus escogidos de los cuatro vientos, de un cabo del cielo hasta el otro. (Mateo 24:3, 29-31)

Jesús regresa para establecer su reino en la tierra. Reinará en la tierra durante 1.000 años o un milenio. Antes de este evento, Dios debe separar a los que creen en Jesús de los que no creen. Verás, sólo aquellos que creen en Jesús llegarán a unirse al reino de Jesús. No importa cuando en el tiempo la persona vivió. Mientras hayan puesto su fe en Jesús, están dentro. Esto significa todos los creyentes que fueron arrebatados, los creyentes que mueren después del rapto, y los creyentes que todavía están vivos en el momento de la segunda venida de Jesús. También incluye a todos los que fueron contados como justos antes de que Jesús muriera por nuestros pecados, los creyentes del Antiguo Testamento.

Esta Escritura está describiendo lo que sucede en la segunda venida de Jesús. Los ejércitos "le seguían" que es Jesús. De la boca de Jesús sale una espada afilada, esa es su Palabra. Jesús gobernará. Aprendemos que todos los creyentes llegan a vivir y algunos incluso a reinar con Jesús durante su reino de 1.000 años. Si te quedas atrás, este podría ser tu futuro si eliges creer en Jesús.

> Y los ejércitos que están en el cielo le seguían en caballos blancos, vestidos de lino finísimo, blanco y limpio. Y de su boca sale una espada aguda, para herir con ella las gentes: y él los regirá con vara de hierro. [...] Y vi tronos, y se sentaron sobre ellos, y les fué dado juicio; y vi las almas de los degollados por el testimonio de Jesús, y por la palabra de Dios, y que no habían adorado la bestia, ni á su imagen, y que no recibieron la señal en sus frentes, ni en sus manos, y vivieron y reinaron con Cristo mil años. Mas los otros muertos no tornaron á vivir hasta que sean cumplidos mil años. Esta es la primera resurrección. Bienaventurado y santo el que tiene parte en la primera resurrección; la segunda muerte no tiene potestad en éstos; antes serán sacerdotes de Dios y de Cristo, y reinarán con él mil años. (Apocalipsis 19:14-15, 20:4-6)

Si eres dejado atrás y no pones tu fe en Jesús, entonces no quieres vivir con Jesús en la eternidad. Dios te permite hacer esa elección y luego la honra. Si todavía estás vivo en el momento de la segunda venida de Jesús y todavía no crees en él, y todavía no has puesto tu salvación en las manos de Jesús atravesadas por los clavos, entonces serás arrojado al lago de fuego. En esta Escritura, el "Hijo del Hombre" y el "Rey" son referencias a Jesús. Es una Escritura que detalla aún más la segunda venida de Jesús. Las "ovejas" son las que creen en Jesús, los "cabritos" son los que no creen.

> Y cuando el Hijo del hombre venga en su gloria, y todos los santos ángeles con él, entonces se sentará sobre el trono de su gloria. Y serán reunidas delante de él todas las gentes: y los apartará los unos de los otros, como aparta el pastor las ovejas de los cabritos. Y pondrá las ovejas á su derecha, y los cabritos á la izquierda. Entonces el Rey dirá á los que estarán á su derecha: Venid, benditos de mi Padre, heredad el reino preparado para vosotros desde la fundación del mundo. [...] Entonces dirá también á los que estarán á la izquierda: Apartaos de mí, malditos, al fuego eterno preparado para el diablo y para sus ángeles. (Mateo 25:31-34, 41)

El fuego eterno, un final tan desafortunado después de soportar tantas penurias después del rapto. Todavía puedes ser incluido en el reino milenario de Jesús en la tierra. Elige poner tu fe en Jesús como lo hicieron los que fueron arrebatados.

7.8. Dios está preparando a los creyentes para el reinado milenario con Jesús

Otra razón por la que ocurrió el rapto es porque Dios necesitaba reunir a todos sus creyentes para poder prepararlos para reinar con Jesús. Ya sabes que esos creyentes reunidos están en el cielo con Dios y Jesús. Ahora están siendo preparados para gobernar con Jesús durante su reinado de 1.000 años en la tierra. Sí, leíste bien. Las personas que fueron reunidas serán gobernantes en la tierra con Jesús.

> Bienaventurado y santo el que tiene parte en la primera resurrección; la segunda muerte no tiene potestad en éstos; antes serán sacerdotes de Dios y de Cristo, y reinarán con él mil años. (Apocalipsis 20:6)

Recordemos que el rapto reunió a dos grupos de personas: los creyentes vivos en el momento del rapto y los creyentes que ya habían muerto. Véase 1 Tesalonicenses 4:16-17 en el capítulo 7.4.

Cuando los creyentes reunidos fueron llevados al cielo, se convirtieron en santos. Fueron llevados porque fueron considerados justos, no porque siempre se comportaron rectamente. Jesús es el único que es perfecto. Cuando una persona pone su fe en Jesús, es inmediatamente sellada como justa. Con el tiempo, el Espíritu Santo de Dios ayudará a esa persona a ser más y más pura. Es un proceso llamado santificación. Sin embargo, no es hasta llegar al cielo que los creyentes alcanzan esa perfección.

> Esfuércense por vivir en paz con todos y procuren llevar una vida santa, porque los que no son santos no verán al Señor. (Hebreos 12:14 NTV)
>
> Jehová cumplirá su propósito en mí. (Salmos 138:8 RVR 1960)
>
> Y el Dios de paz os santifique en todo; para que vuestro espíritu y alma y cuerpo sea guardado entero sin reprensión para la venida de nuestro Señor Jesucristo. Fiel es el que os ha llamado; el cual también lo hará. (1 Tesalonicenses 5:23-24)

Ahora que esos creyentes han alcanzado ese comportamiento perfecto y ya no pecan, están preparados para reinar justamente con Jesús. Esta es una de las razones por las que Jesús no pudo establecer su reino la primera vez que vino a la Tierra. Primero tuvo que morir por nuestros pecados. Luego tuvo que esperar pacientemente en el cielo a que la gente pusiera su fe en él. Recuerda que Dios quiere que todos se salven. Luego, en el momento adecuado, reunió a todos esos creyentes hacia sí mismo, les dio cuerpos inmortales glorificados y les quitó la capacidad de pecar. El reino milenario será gobernado por Jesús y por personas completamente justas. Qué diferente y maravilloso será de todo lo que cualquiera de nosotros ha conocido.

La Biblia también nos dice que las personas que fueron arrebatadas también están en el cielo recibiendo coronas por su servicio en la tierra. Sólo se mencionan algunos tipos de coronas, pero podría haber cualquier número de ellas. Veamos qué tipo de coronas reciben los arrebatados.

Hay una corona para los creyentes que exhiben autocontrol llamada la corona incorruptible.

> Y todo aquel que lucha, de todo se abstiene: y ellos, á la verdad, para recibir una corona corruptible; mas nosotros, incorruptible. (1 Corintios 9:25)

Hay una corona de regocijo para los creyentes que ganaron almas para Jesús.

> Porque ¿cuál es nuestra esperanza, ó gozo, ó corona de que me gloríe? ¿No sois vosotros, delante de nuestro Señor Jesucristo en su venida? (1 Tesalonicenses 2:19)

Para los creyentes que dirigen a otros creyentes, como los ancianos y los pastores, y que hicieron un buen trabajo, está la corona de gloria.

> RUEGO á los ancianos que están entre vosotros, yo anciano también con ellos, y testigo de las aflicciones de Cristo, que soy también participante de la gloria que ha de ser revelada: Apacentad la grey de Dios que está entre vosotros, teniendo cuidado de ella, no por fuerza, sino voluntariamente; no por ganancia deshonesta, sino de un ánimo pronto; Y no como teniendo señorío sobre las heredades del Señor, sino siendo dechados de la grey. Y cuando apareciere el Príncipe de los pastores, vosotros recibiréis la corona incorruptible de gloria. (1 Pedro 5:1-4)

Algunos de los creyentes que fueron arrebatados estaban esperando ese día y recibieron la corona de la justicia.

> Por lo demás, me está guardada la corona de justicia, la cual me dará el Señor, juez justo, en aquel día; y no sólo á mí, sino también á todos los que aman su venida. (2 Timoteo 4:8)

Si te quedas atrás y pones tu salvación en las manos de Jesús, tú también podrías obtener una corona y gobernar con Jesús durante el período milenario. Esta es ciertamente una corona especial y una que es muy difícil de conseguir. Tendrás que ser martirizado por tu fe inquebrantable en Jesús durante el período de la tribulación. No puedes adorar al Anticristo, la "bestia", y no puedes recibir su marca. Si eres fiel a Jesús hasta que mueras, obtendrás la corona de la vida. Y también llegarás a reinar con Jesús durante su reino milenario en la tierra. Véase también Apocalipsis 7:9, 13-14 en el capítulo 7.2.

> Y vi tronos, y se sentaron sobre ellos, y les fué dado juicio; y vi las almas de los degollados por el testimonio de Jesús, y por la palabra de Dios, y que no habían adorado la bestia, ni á su imagen, y que no recibieron la señal en sus frentes, ni en sus manos, y vivieron y reinaron con Cristo mil años. (Apocalipsis 20:4)

> No tengas ningún temor de las cosas que has de padecer. He aquí, el diablo ha de enviar algunos de vosotros á la cárcel, para que seáis probados, y tendréis tribulación de diez días. Sé fiel hasta la muerte, y yo te daré la corona de la vida. (Apocalipsis 2:10)

Te unirás a una compañía honorable. Muchos de los discípulos de Jesús murieron por su fe. En los versículos siguientes, puedes ver que Santiago fue asesinado por una "espada" que se describe como "cuchillo". Jesús le dijo a Pedro que moriría por crucifixión, lo cual se describe con "extenderás tus manos". Esteban fue "apedreado" hasta la muerte. Todos ellos eran discípulos de Jesús que murieron por su fe.

> Y EN el mismo tiempo el rey Herodes echó mano á maltratar algunos de la iglesia. Y mató á cuchillo á Jacobo, hermano de Juan. (Hechos 12:1-2)

> De cierto, de cierto te digo: Cuando eras más mozo, te ceñías, é ibas donde querías; mas cuando ya fueres viejo, extenderás tus manos, y te ceñirá otro, y te llevará á donde no quieras. (Juan 21:18)

> Duros de cerviz, é incircuncisos de corazón y de oídos, vosotros resistís siempre al Espíritu Santo: como vuestros padres, así también vosotros. ¿A cuál de los profetas no persiguieron vuestros padres? y mataron á los que antes anunciaron la venida del Justo, del cual vosotros ahora habéis sido entregadores y matadores; Que recibisteis la ley por disposición de ángeles, y no la guardasteis. Y oyendo estas cosas, regañaban de sus corazones, y crujían los dientes contra él. [...] Y apedrearon á Esteban. (Hechos 7:51-54, 59)

Lo más importante de todo es que Jesús murió por su fe inquebrantable en la capacidad de Dios para salvarte a través de su muerte. Jesús fue martirizado para salvar tu alma. No fue fácil para él. Sabía que iba a ser crucificado; para eso vino a la tierra. Sabía lo que iba a tener que soportar. Jesús es el que habla en estos versículos.

> Ahora está turbada mi alma; ¿y qué diré? Padre, sálvame de esta hora. Mas por esto he venido en esta hora. (Juan 12:27)

> Entonces llegó Jesús con ellos á la aldea que se

> llama Gethsemaní. [...] Entonces Jesús les dice: Mi alma está muy triste hasta la muerte; quedaos aquí, y velad conmigo. Y yéndose un poco más adelante, se postró sobre su rostro, orando, y diciendo: Padre mío, si es posible, pase de mí este vaso; empero no como yo quiero, sino como tú. (Mateo 26:36, 38-39)

Jesús tenía un cuerpo completamente humano. Sintió dolor al igual que nosotros.

> Porque mejor es que padezcáis haciendo bien, si la voluntad de Dios así lo quiere, que haciendo mal. Porque también Cristo padeció una vez por los injustos, para llevarnos á Dios, siendo á la verdad muerto en la carne, pero vivificado en espíritu. (1 Pedro 3:17-18)

Jesús venció, y sus discípulos martirizados vencieron porque tenían el Espíritu Santo viviendo dentro de ellos. Si pones tu fe en Jesús, tú también puedes vencer.

Ahora que entiendes los propósitos de Dios para el rapto, espero que llegues a conocerlo y a confiar en él como resultado. Elige creer que Jesús te ama y murió por ti. Acepta su don de salvación.

Capítulo 8 – Preguntas y respuestas sobre el Rapto

Sé que todavía debes tener muchas preguntas sobre lo que ha pasado y la razón. A continuación, están las respuestas a algunas preguntas que pensé que me harías si pudieras.

8.1. ¿Por qué me han dejado atrás?

8.1.1. ¿Soy una buena persona?

No, no eres una buena persona. Las personas que fueron arrebatadas tampoco fueron llevadas porque ser buenas personas. Recuerda que la Biblia nos dice que nadie es una buena persona.

> No hay quien haga lo bueno, no hay ni aun uno. (Romanos 3:12)

> Por cuanto todos pecaron, y están distituídos de la gloria de Dios. (Romanos 3:23)

Tienes que darte cuenta de que Dios, y no los humanos, es el juez de lo que es bueno. Si los humanos lo determinaran, cada uno tendría un criterio diferente. Entonces, ¿dónde estaríamos? ¿De quién sería el estándar que se utilizaría? Simplemente no funciona. No somos pequeños dioses. En cambio, Dios es el estándar. Dios dice que hay que ser perfecto para estar en su presencia y vivir en el cielo. No somos perfectos y Dios lo sabe. Por eso envió a Jesús, su hijo. El castigo por el pecado es la muerte. Dios puso los pecados de todos sobre Jesús y lo crucificó por nuestros pecados. Jesús murió para salvar a todos. Dios resucitó a Jesús para mostrar que la muerte fue conquistada. Dios hizo esto para mostrarte cuánto te ama. Sólo tienes que reconciliarte con Dios eligiendo creer.

De modo que si alguno está en Cristo, nueva

criatura es: las cosas viejas pasaron; he aquí todas son hechas nuevas. Y todo esto es de Dios, el cual nos reconcilió á sí por Cristo; y nos dió el ministerio de la reconciliación. Porque ciertamente Dios estaba en Cristo reconciliando el mundo á sí, no imputándole sus pecados, y puso en nosotros la palabra de la reconciliación. Así que, somos embajadores en nombre de Cristo, como si Dios rogase por medio nuestro; os rogamos en nombre de Cristo: Reconciliaos con Dios. Al que no conoció pecado, hizo pecado por nosotros, para que nosotros fuésemos hechos justicia de Dios en él. (2 Corintios 5:17-21)

Dios no arrebató a la gente por sus acciones; sino de lo que creían que Dios hacía por ellos.

8.1.2. ¿Creo en Dios?

Creer en Dios es sólo una parte de lo que se requiere. Verás, incluso los demonios creen.

> Tú dices tener fe porque crees que hay un solo Dios. ¡Bien hecho! Aun los demonios lo creen y tiemblan aterrorizados. (Santiago 2:19 NTV)

También debes reconocer que eres un pecador y por lo tanto no puedes vivir en el cielo con Dios hasta que no resuelvas tu problema de pecado.

> Mas vuestras iniquidades han hecho división entre vosotros y vuestro Dios, y vuestros pecados han hecho ocultar su rostro de vosotros. (Isaías 59:2)

Debes creer que Dios envió a su hijo Jesús a morir por tus pecados. Ese es el único camino al cielo; a través de Jesús.

> NO se turbe vuestro corazón; creéis en Dios, creed también en mí. [...] Jesús le dice: Yo soy el camino, y la verdad, y la vida: nadie viene al

Padre, sino por mí. (Juan 14:1, 6)

8.1.3. ¿Y si crecí en un hogar cristiano?

Ser un creyente requiere que tomes una decisión personal sobre Jesús. Otra persona no puede tomar esa decisión por ti. Lo mejor que otra persona puede hacer para ayudarte a ser creyente es orar por ti. Al orar por ti, le están pidiendo a Dios que te ayude a conocerlo a él y lo que Jesús hizo por ti. Tú eres responsable ante Dios por tu propio pecado. Nadie más lo es.

> Jehová mandó, diciendo: No matarán á los padres por los hijos, ni á los hijos por los padres: mas cada uno morirá por su pecado. (2 Reyes 14:6)

> Porque escrito está: Vivo yo, dice el Señor, que á mí se doblará toda rodilla, Y toda lengua confesará á Dios. De manera que, cada uno de nosotros dará á Dios razón de sí. (Romanos 14:11-12)

En esta Escritura, aprendemos que nuestro corazón tiene que estar bien con Dios, y ese cambio se produce a partir del Espíritu de Dios. Ese es el Espíritu Santo que los creyentes reciben cuando ponen su fe en Jesús.

> Pues no se es un verdadero judío solo por haber nacido de padres judíos ni por haber pasado por la ceremonia de la circuncisión. No, un verdadero judío es aquel que tiene el corazón recto a los ojos de Dios. La verdadera circuncisión no consiste meramente en obedecer la letra de la ley, sino que es un cambio en el corazón, producido por el Espíritu. Y una persona con un corazón transformado busca la aprobación de Dios, no la de la gente. (Romanos 2:28-29 NTV)

Jesús se acerca a cada persona y llama a la puerta de su corazón. Cada persona debe elegir abrir la puerta e invitarle a entrar.

> He aquí, yo estoy á la puerta y llamo: si alguno oyere mi voz y abriere la puerta, entraré á él, y cenaré con él, y él conmigo. Al que venciere, yo le daré que se siente conmigo en mi trono; así como yo he vencido, y me he sentado con mi Padre en su trono. (Apocalipsis 3:20-21)

Consideremos a Judas. Fue uno de los doce discípulos originales de Jesús. Vivió y viajó con Jesús, escuchó todas sus enseñanzas y vio todos los milagros. Tuvo un asiento en primera fila. Judas no se salvó porque no creyó. Estaba rodeado de Jesús, pero nunca puso su fe en él. No tuvo esa relación personal con Jesús que es necesaria para la salvación. Como Judas no creía, Satanás pudo poseerlo y hacer que traicionara a Jesús. En la segunda escritura, Jesús es el que se sienta a la mesa con sus discípulos.

> Y entró Satanás en Judas, por sobrenombre Iscariote, el cual era uno del número de los doce; Y fué, y habló con los príncipes de los sacerdotes, y con los magistrados, de cómo se lo entregaría. (Lucas 22:3-4)

> Y como fué la tarde del día, se sentó á la mesa con los doce. Y comiendo ellos, dijo: De cierto os digo, que uno de vosotros me ha de entregar. [...] A la verdad el Hijo del hombre va, como está escrito de él, mas ¡ay de aquel hombre por quien el Hijo del hombre es entregado! bueno le fuera al tal hombre no haber nacido. Entonces respondiendo Judas, que le entregaba, dijo. ¿Soy yo, Maestro? Dícele: Tú lo has dicho. (Mateo 26:20-21, 24-25)

Jesús les dijo a sus discípulos que hubiera sido mejor para su traidor no haber nacido. Debido a que Judas "creció" con Jesús, no creyó en él. Así que su residencia eterna es el lago de fuego.

8.1.4. ¿Y si fui bautizado?

Ser bautizado no te salvará. Eso significaría que

hiciste algo para llegar al cielo. No puedes ganar tu camino al cielo. Es por la fe que entras, no por tus obras. Se trata de lo que Dios hizo por ti. Como dice la segunda Escritura aquí, somos justificados por la fe.

> Porque por gracia sois salvos por la fe; y esto no de vosotros, pues es don de Dios: No por obras, para que nadie se gloríe. (Efesios 2:8-9)

> ¿QUÉ, pues, diremos que halló Abraham nuestro padre según la carne? Que si Abraham fué justificado por la obras, tiene de qué gloriarse; mas no para con Dios. Porque ¿qué dice la Escritura? Y creyó Abraham á Dios, y le fué atribuído á justicia. [...] Y no solamente por él fué escrito que le haya sido imputado; Sino también por nosotros, á quienes será imputado, esto es, á los que creemos en el que levantó de los muertos á Jesús Señor nuestro, [...] JUSTIFICADOS pues por la fe, tenemos paz para con Dios por medio de nuestro Señor Jesucristo. (Romanos 4:1-3, 23-24, 5:1)

Si estás apoyado en algo más que la fe para salvarte, como puede ser el bautismo o circuncisión, entonces no eres salvo.

> ¡Presten atención! Yo, Pablo, les digo lo siguiente: si dependen de la circuncisión para hacerse justos ante Dios, entonces Cristo no les servirá de nada. [...] Pues, si ustedes pretenden hacerse justos ante Dios por cumplir la ley, ¡han quedado separados de Cristo! Han caído de la gracia de Dios. Sin embargo, los que vivimos por el Espíritu esperamos con anhelo recibir por la fe la justicia que Dios nos ha prometido. Pues, una vez que depositamos nuestra fe en Cristo Jesús, de nada sirve estar o no circuncidado. Lo importante es la fe que se expresa por medio del amor. (Gálatas 5:2, 4-6 NTV)

La Biblia dice que debes bautizarte, pero no para

salvar tu alma. Los creyentes deben bautizarse para demostrar su fe y mostrar la decisión que tomaron de creer en Jesús. De la misma manera que tienes una ceremonia de boda para celebrar y demostrar la relación que tienes con tu cónyuge, el bautismo celebra y muestra la relación que tienes con Jesús. Pedro, uno de los discípulos de Jesús, nos dice que el bautismo es una respuesta a Dios desde una conciencia limpia. Sólo se obtiene una conciencia limpia una vez que se deposita la fe en Jesús.

> El agua del diluvio simboliza el bautismo que ahora los salva a ustedes—no por quitarles la suciedad del cuerpo, sino porque responden a Dios con una conciencia limpia—y es eficaz por la resurrección de Jesucristo. (1 Pedro 3:21 NTV)

Un buen ejemplo de la Biblia es el ladrón que estaba junto a Jesús en la cruz. Jesús le dijo que estaría en el paraíso con él ese día, sin embargo, nunca se bautizó, y murió después de que Jesús murió. Se salvó gracias a su fe. Esta Escritura es un relato de la crucifixión de Jesús con dos criminales.

> Y llevaban también con él otros dos, malhechores, á ser muertos. Y como vinieron al lugar que se llama de la Calavera, le crucificaron allí, y á los malhechores, uno á la derecha, y otro á la izquierda. [...] Y uno de los malhechores que estaban colgados, le injuriaba, diciendo: Si tú eres el Cristo, sálvate á ti mismo y á nosotros. Y respondiendo el otro, reprendióle, diciendo: ¿Ni aun tú temes á Dios, estando en la misma condenación? Y nosotros, á la verdad, justamente padecemos; porque recibimos lo que merecieron nuestros hechos: mas éste ningún mal hizo. Y dijo á Jesús: Acuérdate de mí cuando vinieres á tu reino. Entonces Jesús le dijo: De cierto te digo, que hoy estarás conmigo en el paraíso. (Lucas 23:32-33, 39-43)

Otro punto de la Biblia es que Jesús no bautizó a

nadie. Si eso fuera algo que se requiriera para entrar en el cielo, ¿no crees que Jesús habría ido por todas partes bautizando a todo el mundo? El apóstol Pablo nos lo explica porque él tampoco iba por ahí bautizando a la gente. Es porque ambos fueron enviados a predicar la Buena Nueva porque eso es lo que salva a la gente.

> Porque no me envió Cristo á bautizar, sino á predicar el evangelio: no en sabiduría de palabras, porque no sea hecha vana la cruz de Cristo. (1 Corintios 1:17)

Entrar en el cielo, ser considerado un creyente, vivir en la eternidad con Dios, y ser salvado se trata de una sola cosa: su creencia de que Jesús murió por sus pecados.

8.1.5. ¿Y si asistí a la iglesia?

La salvación no tiene que ver con lo que has hecho o, como lo llama la Biblia, con tus obras. No puedes ganarte el camino al cielo. Véase Efesios 2:8-9 en el capítulo 8.1.4.

El camino al cielo es creer que Jesús es el camino. Véase Juan 14:6 en el capítulo 8.1.2.

Si asististe a la iglesia y aprendiste sobre Dios, Jesús, y tal vez incluso el rapto, eso no significa que hayas depositado tu fe en Jesús. Para ser salvo, necesitas tener una relación con Jesús. Esta Escritura está hablando de Jesús cuando dice "en el cual".

> En el cual esperasteis también vosotros en oyendo la palabra de verdad, el evangelio de vuestra salud: en el cual también desde que creísteis, fuisteis sellados con el Espíritu Santo de la promesa. (Efesios 1:13)

Una vez que crees en Jesús, eres sellado con su Espíritu Santo, y tú y Jesús se convierten en uno. Tal y como describe esta Escritura. En esta Escritura, Jesús es el que ora.

> [Rezo] Para que todos sean una cosa; como tú, oh Padre, en mí, y yo en ti, que también ellos sean en nosotros una cosa: para que el mundo crea que tú me enviaste. Y yo, la gloria que me diste les he dado; para que sean una cosa, como también nosotros somos una cosa. Yo en ellos, y tú en mí, para que sean consumadamente una cosa; que el mundo conozca que tú me enviaste, y que los has amado, como también á mí me has amado. (Juan 17:21-23)

El acto de asistir a la iglesia no te salvará. Es lo que escuchas y lees en la iglesia y llegas a creer sobre Jesús lo que te salvará. Debes poner tu fe en Jesús para ser salvado.

8.1.6. ¿Y si he leído la Biblia?

Ser conocedor de la Biblia, Dios, Jesús, etc. no te salvará. Tienes que nacer de nuevo. Hay un gran ejemplo de esto en la Biblia. Su nombre era Nicodemo. Era un fariseo, un hombre muy educado y estudiado en las Escrituras judías. Probablemente él mismo era un maestro de las Escrituras. Le preguntó a Jesús qué había que hacer para salvarse. Esto es lo que Jesús le dijo.

> Respondió Jesús, y díjole: De cierto, de cierto te digo, que el que no naciere otra vez, no puede ver el reino de Dios. Dícele Nicodemo: ¿Cómo puede el hombre nacer siendo viejo? ¿puede entrar otra vez en el vientre de su madre, y nacer? Respondió Jesús: De cierto, de cierto te digo, que el que no naciere de agua y del Espíritu, no puede entrar en el reino de Dios. Lo que es nacido de la carne, carne es; y lo que es nacido del Espíritu, espíritu es. (Juan 3:3-6)

Jesús no le dijo que fuera a leer las Escrituras y a memorizar todo. No, Jesús le dijo que necesitaba nacer de nuevo del Espíritu. Eso es una referencia al Espíritu Santo de Dios. Y tú eres lleno del Espíritu

Santo una vez que has puesto tu fe en Jesús.

8.1.7. ¿Y si he sido voluntario en la iglesia?

Ser voluntario en la iglesia o hacer otras buenas obras en el nombre de Dios o de Jesús no te convierte en un creyente, y no salvará tu alma. En esta Escritura, Jesús es el que habla, y aborda este problema exacto: las personas que han hecho buenas obras en nombre de Jesús, pero no pueden entrar en el cielo. Jesús dijo que no los conocía. Por supuesto que sabía quiénes eran, pero quiere decir que no tenía una relación con ellos.

> No todo el que me dice: Señor, Señor, entrará en el reino de los cielos: mas el que hiciere la voluntad de mi Padre que está en los cielos. Muchos me dirán en aquel día: Señor, Señor, ¿no profetizamos en tu nombre, y en tu nombre lanzamos demonios, y en tu nombre hicimos mucho milagros? Y entonces les protestaré: Nunca os conocí; apartaos de mí, obradores de maldad. (Mateo 7:21-23)

Recuerda que la salvación tiene que ver con la gracia de Dios y su amor por ti. No se trata de tus logros o de lo mucho que trabajas para él. Se trata de creer y tener una relación con Jesús. Ese es el único trabajo que Dios requiere de ti; que creas en Jesús.

> Jesús les dijo: —La única obra que Dios quiere que hagan es que crean en quien él ha enviado. (Juan 6:29 NTV)

Entonces serás contado como justo porque crees.

> Empero al que obra, no se le cuenta el salario por merced, sino por deuda. Mas al que no obra, pero cree en aquél que justifica al impío, la fe le es contada por justicia. (Romanos 4:4-5)

8.1.8. ¿Y si doné dinero a la obra de Dios?

Donar dinero a una iglesia o a otras organizaciones que hacen el trabajo de Dios no te llevará al cielo. No puedes comprar o ganar tu camino a la presencia de Dios. En estas dos Escrituras, Jesús es el que habla a los fariseos. Ellos también daban dinero, pero no tenían en cuenta lo más importante: la fe.

> ¡Ay de vosotros, escribas y Fariseos, hipócritas! porque diezmáis la menta y el eneldo y el comino, y dejasteis lo que es lo más grave de la ley, es á saber, el juicio y la misericordia y la fe: esto era menester hacer, y no dejar lo otro. (Mateo 23:23)

> «¡Qué aflicción les espera, fariseos! Pues se cuidan de dar el diezmo sobre el más mínimo ingreso de sus jardines de hierbas, pero pasan por alto la justicia y el amor de Dios. Es cierto que deben diezmar, pero sin descuidar las cosas más importantes». (Lucas 11:42 NTV)

El hecho de que usted dé a la obra de Dios no significa que conozca a Jesús y crea que murió por sus pecados. Véase Mateo 7:21-23 en el capítulo 8.1.7. Jesús es el que habla en esta Escritura también, y dice que muchas personas que hicieron buenas obras en su nombre no entrarán en el cielo. Es porque él nunca los conoció. El Espíritu Santo de Jesús nunca vivió dentro de ellos porque nunca depositaron su fe en Jesús.

Necesitas hacer una elección entre adorar a Dios y adorar al dinero. Sé, especialmente hoy, que parece que el dinero puede resolver todos tus problemas. Estoy de acuerdo en que ciertamente puede resolver muchos de tus problemas terrenales. El problema con ese enfoque es que tu vida en tu cuerpo actual en la tierra es solo un vapor comparado con la eternidad. Tener dinero puede dificultar que te des cuenta de que necesitas a Dios en tu vida. Un joven rico se acercó a Jesús un día y le preguntó qué tenía que hacer para obtener la vida eterna. Esto es lo que Jesús le dijo.

> Y he aquí, uno llegándose le dijo: Maestro bueno, ¿qué bien haré para tener la vida eterna? [...] Dícele Jesús: Si quieres ser perfecto, anda, vende lo que tienes, y da lo á los pobres, y tendrás tesoro en el cielo; y ven, sígueme. Y oyendo el mancebo esta palabra, se fué triste, porque tenía muchas posesiones. Entonces Jesús dijo á sus discípulos: De cierto os digo, que un rico difícilmente entrará en el reino de los cielos. (Mateo 19:16, 21-23)

Jesús le dijo que vendiera todas sus cosas, las diera a los pobres y luego viniera a seguirle. Jesús quería ver a quién o qué amaba más. Como el rico se fue triste, parece que amaba más sus cosas que a Jesús. Esto es porque es imposible adorar tanto a Dios como al dinero. Es uno o el otro. En esta Escritura, "Mammón" significa dinero o tesoro.

> Ninguno puede servir á dos señores; porque ó aborrecerá al uno y amará al otro, ó se llegará al uno y menospreciará al otro: no podéis servir á Dios y á Mammón. (Mateo 6:24)

Ríndete a Dios, y él te proveerá. Recuerda que lo único que Dios requiere de ti para ser salvo es que creas en Jesús. Véase Efesios 2:8-9 y Juan 6:29 en el capítulo 8.1.7.

Cuando decides creer en Jesús, entonces el dinero que estás donando para la obra de Dios no será en vano. Estarás dando desde un corazón limpio que ha sido lavado por el Espíritu Santo. Estarás guardando un tesoro en el cielo.

> No os hagáis tesoros en la tierra, donde la polilla y el orín corrompe, y donde ladronas minan y hurtan; Mas haceos tesoros en el cielo, donde ni polilla ni orín corrompe, y donde ladrones no minan ni hurtan: Porque donde estuviere vuestro tesoro, allí estará vuestro corazón. (Mateo 6:19-21)

8.2. ¿Por qué fueron arrebatadas estas personas?

8.2.1. ¿Por qué fueron arrebatadas personas que no parecían cristianas?

Los cristianos, las personas que han puesto su fe salvadora en la muerte y resurrección de Jesús, no deben tener un aspecto determinado. Vendrán de todas las clases sociales, todas las culturas, todas las naciones y todas las razas. Estas dos Escrituras ilustran esta verdad. La primera Escritura tiene lugar justo después del rapto, así que es una buena descripción de la gente arrebatada. La segunda Escritura tiene lugar después del rapto, durante la tribulación, y es una buena descripción de la gente salvada durante la tribulación.

> Y uno de los ancianos me dice: No llores: he aquí el león de la tribu de Judá, la raíz de David, que ha vencido para abrir el libro, y desatar sus siete sellos. [...] Y cantaban un nuevo cántico, diciendo: Digno eres de tomar el libro, y de abrir sus sellos; porque tú fuiste inmolado, y nos has redimido para Dios con tu sangre, de todo linaje y lengua y pueblo y nación. (Apocalipsis 5:5, 9)

> Después de estas cosas miré, y he aquí una gran compañía, la cual ninguno podía contar, de todas gentes y linajes y pueblos y lenguas, que estaban delante del trono y en la presencia del Cordero, vestidos de ropas blancas, y palmas en sus manos; Y clamaban en alta voz, diciendo: Salvación á nuestro Dios que está sentado sobre el trono, y al Cordero. (Apocalipsis 7:9-10)

Observa que ambas Escrituras muestran a personas que eran salvas de toda tribu, lengua, pueblo y nación. Eso es mucha diversidad. Las personas que fueron arrebatadas no van a lucir todas de una manera particular. Todos serán diferentes.

Ahora bien, el hecho de que alguien se vista de una

manera determinada no significa que se adhiera a una religión concreta. Si tienes una vecina que juras que es musulmana porque lleva un hijab sobre el pelo, eso no significa necesariamente que siga la fe musulmana. Ella puede haberlo llevado por cualquier razón, como la aceptación cultural, la tradición, o incluso porque le gustaba. Si la persona fue arrebatada, puedo decirte que significa que creyó en la verdad de Dios sobre Jesús. Cualquiera que invoque su nombre será salvo. No importa lo que hayan creído de antemano.

> Que si confesares con tu boca al Señor Jesús, y creyeres en tu corazón que Dios le levantó de los muertos, serás salvo. Porque con el corazón se cree para justicia; mas con la boca se hace confesión para salud. Porque la Escritura dice: Todo aquel que en él creyere, no será avergonzado. Porque no hay diferencia de Judío y de Griego: porque el mismo que es Señor de todos, rico es para con todos los que le invocan: Porque todo aquel que invocare el nombre del Señor, será salvo. (Romanos 10:9-13)

8.2.2. ¿Y los bebés y niños pequeños?

Seguramente te preguntarás por qué se llevaron a los bebés y a los niños pequeños si no habían depositado su fe en Jesús. Estarás pensando que claramente eran demasiado jóvenes para tomar una decisión como esa. Ahora la Biblia no habla de esto específicamente, así que estoy haciendo una suposición de que esto ha sucedido. La Biblia nos dice que todos nacemos pecadores y todos requerimos un salvador.

> Cuando Adán pecó, el pecado entró en el mundo. El pecado de Adán introdujo la muerte, de modo que la muerte se extendió a todos, porque todos pecaron. [...] Así es, un solo pecado de Adán trae condenación para todos, pero un solo acto de justicia de Cristo trae una relación correcta con Dios y vida nueva para todos. (Romanos 5:12, 18 NTV)

Sin embargo, creo que hay una edad en la que Jesús nos hace responsables de entender el evangelio. Esa edad probablemente difiere para cada persona basada en la forma en que Dios hizo a cada uno de nosotros. Si los bebes y los niños pequeños fueron arrebatados, es porque Dios no los hizo responsables de entender el evangelio.

Consideremos lo que dice la Biblia con respecto a los niños. El primer hijo del rey David murió poco después de nacer. Aprendemos que él sabía que ese niño estaba con Dios en el cielo porque estaba seguro de que lo volvería a ver. Este pequeño bebé no fue responsabilizado por creer o tener fe.

> Mas David viendo á sus siervos hablar entre sí, entendió que el niño era muerto; por lo que dijo David á sus siervos: ¿Es muerto el niño? Y ellos respondieron: Muerto es. Entonces David se levantó de tierra, y lavóse y ungióse, y mudó sus ropas, y entró á la casa de Jehová, y adoró. Y después vino á su casa, y demandó, y pusiéronle pan, y comió. Y dijéronle sus siervos: ¿Qué es esto que has hecho? Por el niño, viviendo aún, ayunabas y llorabas; y él muerto, levantástete y comiste pan. Y él respondió: Viviendo aún el niño, yo ayunaba y lloraba, diciendo: ¿Quién sabe si Dios tendrá compasión de mí, por manera que viva el niño? Mas ahora que ya es muerto, ¿para qué tengo de ayunar? ¿podré yo hacerle volver? Yo voy á él, mas él no volverá á mí. (2 Samuel 12:19-23)

En la Biblia también aprendemos que Dios tiene un Libro de la Vida en el que escribe el nombre de cada persona.

> Mi embrión vieron tus ojos, Y en tu libro estaban escritas todas aquellas cosas Que fueron luego formadas, Sin faltar una de ellas. (Salmos 139:16)

Dios borra el nombre de una persona cuando ésta

ha endurecido su corazón contra Dios y se niega a creer en la gracia salvadora de Jesús. En la primera Escritura, Jesús está hablando. Y la última Escritura fue escrita por el Rey David.

> El que venciere, será vestido de vestiduras blancas; y no borraré su nombre del libro de la vida, y confesaré su nombre delante de mi Padre, y delante de sus ángeles. (Apocalipsis 3:5)

> Entonces volvió Moisés á Jehová, y dijo: Ruégote, pues este pueblo ha cometido un gran pecado, porque se hicieron dioses de oro, Que perdones ahora su pecado, y si no, ráeme ahora de tu libro que has escrito. Y Jehová respondió á Moisés: Al que pecare contra mí, á éste raeré yo de mi libro. (Éxodo 32:31-33)

> Acércate á mi alma, redímela: Líbrame á causa de mis enemigos. [...] Porque persiguieron al que tú heriste; Y cuentan del dolor de los que tú llagaste. Pon maldad sobre su maldad, Y no entren en tu justicia. Sean raídos del libro de los vivientes, Y no sean escritos con los justos. (Salmos 69:18, 26-28)

Esto nos dice que todos comienzan inicialmente en el Libro de la Vida. Sólo cuando somos capaces de rechazar a Dios somos eliminados de él. Los bebés y los niños pequeños ciertamente no son capaces de rechazar a Dios.

Entonces, ¿a qué edad se responsabiliza a los niños? La Biblia no lo presenta. Sin embargo, afirma que los niños podrán comer alimentos sólidos antes de ser capaces de rechazar el mal.

> «Cuando ese hijo tenga edad suficiente para escoger lo correcto y rechazar lo malo, estará comiendo yogur y miel». (Isaías 7:15 NTV)

Cuando Moisés liberó a los israelitas de la esclavitud de Egipto y se dirigieron a la tierra prometida, vemos que los niños pequeños que no tenían conocimiento del bien o del mal llegaron a entrar en esa tierra prometida.

> Y también contra mí se airó Jehová por vosotros, diciendo: Tampoco tú entrarás allá: Josué hijo de Nun, que está delante de ti, él entrará allá: anímale; porque él la hará heredar á Israel. Y vuestros chiquitos, de los cuales dijisteis serán por presa, y vuestros hijos que no saben hoy bueno ni malo, ellos entrarán allá, y á ellos la daré, y ellos la heredarán. (Deuteronomio 1:37-39)

Luego, durante el ministerio de Jesús, nos dijo que dejáramos que los niños pequeños se acercaran a él, porque el cielo les pertenece.

> Jesús dijo: Dejad á los niños, y no les impidáis de venir á mí; porque de los tales es el reino de los cielos. (Mateo 19:14)

Consuélate sabiendo que cualquier niño pequeño que desapareció durante el rapto está ahora con nuestro Padre Celestial.

8.2.3. ¿Y las personas que eran claramente malvadas?

Es posible que te cueste creer que Dios sólo se llevó a los cristianos en el rapto porque los criminales, asesinos, violadores y demás están entre los desaparecidos. Entonces, ¿por qué Dios se los llevaría? ¿O qué pasó realmente? No pudo ser el rapto de Dios.

Dios tomó o arrebató a todos los que depositaron su fe de salvación en Jesús. Eso significa que creyeron que Dios envió a Jesús, su Hijo, a la Tierra para morir por sus pecados y que después Dios lo resucitó de entre los muertos. Jesús murió por los pecados de todos y por todos los pecados. Abarca los pecados de los criminales, asesinos, violadores, todos. No existe pecado lo suficientemente grande que no pueda ser vencido por Jesús. No hay ninguna persona, no importa lo que haya hecho, que esté más allá de la gracia salvadora de Jesús. Dios ama a todos y envió a Jesús a morir por todos.

El apóstol Pablo nos lo explica. Enumera toda clase de personas pecadoras y luego dice lo más importante: "esto erais algunos" pero "ya sois justificados en el nombre del Señor Jesús". Pablo llegó a decir que él era el peor de los pecadores, y que sabía que Jesús también había muerto por él.

> ¿No sabéis que los injustos no poseerán el reino de Dios? No erréis, que ni los fornicarios, ni los idólatras, ni los adúlteros, ni los afeminados, ni los que se echan con varones, Ni los ladrones, ni los avaros, ni los borrachos, ni los maldicientes, ni los robadores, heredarán el reino de Dios. Y esto erais algunos: mas ya sois lavados, mas ya sois santificados, mas ya sois justificados en el nombre del Señor Jesús, y por el Espíritu de nuestro Dios. (1 Corintios 6:9-11)

> Habiendo sido antes blasfemo y perseguidor é injuriador: mas fuí recibido á misericordia, porque lo hice con ignorancia en incredulidad. Mas la gracia de nuestro Señor fué más abundante con la fe y amor que es en Cristo Jesús. Palabra fiel y digna de ser recibida de todos: que Cristo Jesús vino al mundo para salvar á los pecadores, de los cuales yo soy el primero. (1 Timoteo 1:13-15)

Si Dios arrebató a alguien etiquetado como criminal, asesino, o similar, entonces al igual que el apóstol Pablo, era algo que fueron en el pasado. Llegaron a conocer a Jesús y a creer que murió por sus pecados.

8.2.4. ¿Y la gente que no actuó como cristiana?

Cualquier persona que se desvaneció fue tomada por Dios porque era un creyente en la obra que Jesús hizo para salvarlos. Desafortunadamente, la gente que ha puesto su fe en Jesús a menudo no actúa como tal.

Todos somos pecadores; es nuestra naturaleza. El apóstol Pablo habló de esta guerra dentro de los creyentes; el deseo de hacer el bien contra nuestra naturaleza pecaminosa.

> Y yo sé que en mí (es á saber, en mi carne) no mora el bien: porque tengo el querer, mas efectuar el bien no lo alcanzo. Porque no hago el bien que quiero; mas el mal que no quiero, éste hago. Y si hago lo que no quiero, ya no obro yo, sino el mal que mora en mí. Así que, queriendo yo hacer el bien, hallo esta ley: Que el mal está en mí. Porque según el hombre interior, me deleito en la ley de Dios: Mas veo otra ley en mis miembros, que se rebela contra la ley de mi espíritu, y que me lleva cautivo á la ley del pecado que está en mis miembros. ¡Miserable hombre de mí! ¿quién me librará del cuerpo de esta muerte? Gracias doy á Dios, por Jesucristo Señor nuestro. Así que, yo mismo con la mente sirvo á la ley de Dios, mas con la carne á la ley del pecado. (Romanos 7:18-25)

> Digo pues: Andad en el Espíritu, y no satisfagáis la concupiscencia de la carne. Porque la carne codicia contra el Espíritu, y el Espíritu contra la carne: y estas cosas se oponen la una á la otra, para que no hagáis lo que quisieres. (Gálatas 5:16-17)

Los creyentes tienen el Espíritu Santo de Jesús viviendo dentro de ellos, ayudándoles a aprender sobre Dios, y a amar a otros incondicionalmente. Pero los creyentes siguen pecando. Todos vivimos en un mundo caído y pecaminoso, y es fácil quedar atrapado en los caminos mundanos. Se necesita trabajo arduo y disciplina para caminar en la luz con Dios cada día.

Es lamentable que la persona que tienes en mente y fue arrebatada no te haya mostrado el amor de Jesús. Oro para que no se lo tomes en cuenta ni permitas que te disuada de comprender el amor de Dios y la gracia salvadora que Dios tiene para ti.

8.3. ¿Por qué no fueron arrebatadas estas personas?

8.3.1. ¿Algunos cristianos?

Existen muchas razones por las que alguien puede referirse a sí mismo como cristiano. Puede ser porque su familia es cristiana, porque fue a la iglesia algunas veces, o porque hizo un montón de obras en el nombre de Jesús. Si la persona es dejada atrás, es posible que no hayan puesto su fe en Jesucristo antes del rapto. No tenían esa relación personal con él que se requiere. No habían nacido de nuevo.

Jesús le advirtió a la gente sobre esto. Dijo que se necesita más "que hacer buenas obras en su nombre" para entrar en el cielo. Jesús tiene que conocerte. Eso significa que su Espíritu Santo tiene que habitar dentro de ti. Eso sólo ocurre una vez que has puesto tu fe en él. Véase Mateo 7:21-23 en el capítulo 8.1.7.

Estas personas se quedaron atrás porque no creyeron lo que el apóstol Pablo nos dice en el siguiente texto sobre Jesús.

> ADEMAS os declaro, hermanos, el evangelio que os he predicado, el cual también recibisteis, en el cual también perseveráis; Por el cual asimismo, si retenéis la palabra que os he predicado, sois salvos, si no creísteis en vano. Porque primeramente os he enseñado lo que asimismo recibí: Que Cristo fué muerto por nuestros pecados conforme á las Escrituras; Y que fué sepultado, y que resucitó al tercer día, conforme á las Escrituras; Y que apareció á Cefas, y después á los doce. Después apareció á más de quinientos hermanos juntos; de los cuales muchos viven aún, y otros son muertos. Después apareció á Jacobo; después á todos los apóstoles. Y el postrero de todos, como á un abortivo, me apareció á mí. (1 Corintios 15:1-8)

8.3.2. ¿Y algunos predicadores cristianos?

Realmente es un hecho lamentable. Los pastores y predicadores cristianos son probablemente personas que han leído y estudiado la Palabra de Dios. La mayoría son bastante conocedores de las Escrituras. Aquellos que son dejados atrás pueden haber quedado atrapados en seguir la ley en lugar de creer en la gracia salvadora de Jesús. Nunca le pidieron a Jesús que los perdonara y entrara en su vida. Es como el texto que leímos donde Jesús advierte a la gente. El dijo que algunas personas que hicieron obras poderosas en su nombre como profetizar y expulsar demonios no entrarían al cielo porque Jesús no los conocía. Ahora sabemos que Jesús lo sabe todo, así que quiso decir que no tenía una relación con estas personas. Su Espíritu Santo no residía en ellos. Véase Mateo 7:21-23 en el capítulo 8.1.7.

Esto es exactamente lo que les ocurrió a los fariseos y saduceos durante el ministerio de Jesús. Eran grandes eruditos de las escrituras judías. Habrían conocido la Palabra de Dios al dedillo. Algunos de ellos incluso les enseñaban las Escrituras a sus propios discípulos. Sin embargo, no conocieron a Jesús ni creyeron en lo que hizo por ellos. Se perdieron por completo el mensaje de las Escrituras porque estaban enfocados en ganarse el camino al cielo. Jesús es el que habla aquí.

> ¡Ay de vosotros, escribas y Fariseos, hipócritas! porque sois semejantes á sepulcros blanqueados, que de fuera, á la verdad, se muestran hermosos, mas de dentro están llenos de huesos de muertos y de toda suciedad. Así también vosotros de fuera, á la verdad, os mostráis justos á los hombres; mas de dentro, llenos estáis de hipocresía é iniquidad. (Mateo 23:27-28)

El apóstol Pablo nos arroja algo de luz sobre esto. Nos dice que la ley, el cumplimiento de las normas, no puede salvarnos. Sólo la fe en Jesucristo nos hace justos.

> Y ser hallado en él, no teniendo mi justicia, que es por la ley, sino la que es por la fe de Cristo, la justicia que es de Dios por la fe. (Filipenses 3:9)

> Porque lo que era imposible á la ley, por cuanto era débil por la carne, Dios enviando á su Hijo en semejanza de carne de pecado, y á causa del pecado, condenó al pecado en la carne. (Romanos 8:3)

Si eres dejado atrás, sé cauteloso al escuchar a cualquiera que diga que fue un predicador cristiano antes del rapto. Como no creyeron en Jesús antes del rapto, se perdieron el claro mensaje de Dios sobre cómo ser salvos. No estoy segura de que puedan explicarte la Biblia. Esperemos que se hayan dado cuenta de su error y hayan puesto su fe en Jesús ahora. Hicieron un buen trabajo ocultando esto antes del rapto, así que no va a ser fácil saber si realmente son genuinos después. Así que sé cauteloso. Recuerda que los ángeles caídos pueden hacerse pasar por ángeles de luz. Esta persona podría tener el espíritu del anticristo y enseñar un montón de mentiras.

8.4. ¿Están bien los arrebatados?

8.4.1. ¿Qué pasó con los arrebatados?

Por supuesto que están bien. Se encontraron con Jesús en las nubes, y actualmente están con Jesús y Dios en el cielo.

> Porque el mismo Señor con aclamación, con voz de arcángel, y con trompeta de Dios, descenderá del cielo; y los muertos en Cristo resucitarán primero: Luego nosotros, los que vivimos, los que quedamos, juntamente con ellos seremos arrebatados en las nubes á recibir al Señor en el aire, y así estaremos siempre con el Señor. (1 Tesalonicenses 4:16-17)

Cuando fueron arrebatados, también obtuvieron

nuevos cuerpos aptos para la vida celestial. Se transformaron en un instante y ahora tienen cuerpos inmortales.

> Pero permítanme revelarles un secreto maravilloso. ¡No todos moriremos, pero todos seremos transformados! Sucederá en un instante, en un abrir y cerrar de ojos, cuando se toque la trompeta final. Pues, cuando suene la trompeta, los que hayan muerto resucitarán para vivir por siempre. Y nosotros, los que estemos vivos, también seremos transformados. Pues nuestros cuerpos mortales tienen que ser transformados en cuerpos que nunca morirán; nuestros cuerpos mortales deben ser transformados en cuerpos inmortales. (1 Corintios 15:51-53 NTV)

Cuando Jesús resucitó, obtuvo un nuevo cuerpo inmortal y glorificado. Aquí hay algunas cosas que aprendemos sobre su cuerpo. Su cuerpo era de carne y hueso. Los discípulos podían tocarlo y sentir que era real. Jesús también podía alimentarse.

> Que decían: Ha resucitado el Señor verdaderamente, y ha aparecido á Simón. [...] Y entre tanto que ellos hablaban estas cosas, él se puso en medio de ellos, y les dijo: Paz á vosotros. Entonces ellos espantados y asombrados, pensaban que veían espíritu. Mas él les dice: ¿Por qué estáis turbados, y suben pensamientos á vuestros corazones? Mirad mis manos y mis pies, que yo mismo soy: palpad, y ved; que el espíritu ni tiene carne ni huesos, como veis que yo tengo. Y en diciendo esto, les mostró las manos y los pies. Y no creyéndolo aún ellos de gozo, y maravillados, díjoles: ¿Tenéis aquí algo de comer? Entonces ellos le presentaron parte de un pez asado, y un panal de miel. Y él tomó, y comió delante de ellos. (Lucas 24:34, 36-43)

En este relato después de que Jesús fue resucitado, vemos que Jesús podía caminar a través de las paredes o simplemente aparecer de la nada. Ahora no estoy seguro de que las personas que fueron arrebatadas serán capaces de hacer esto con sus nuevos cuerpos, pero Jesús podía y él es el único ejemplo que tenemos de alguien con un nuevo cuerpo.

> Y como fué tarde aquel día, el primero de la semana, y estando las puertas cerradas donde los discípulos estaban juntos por miedo de los Judíos, vino Jesús, y púsose en medio, y díjoles: Paz á vosotros. (Juan 20:19)

8.4.2. ¿Dónde están los arrebatados y qué hacen?

Las personas que fueron arrebatadas están actualmente en el cielo con Dios y Jesús. La Biblia nos dice que hay algunos eventos que suceden para ellos justo después del rapto. El tribunal de Cristo y el banquete de bodas.

Uno de los primeros eventos que sucede para ellos en el cielo es el Tribunal de Cristo. Este es un tiempo de recompensas. La Biblia nos dice que todos seremos juzgados por lo que hemos hecho en la tierra. Para aquellos que han puesto su fe en Jesús, no hay ningún juicio de pecados porque Jesús tomó eso en sí mismo. En cambio, hay un juicio de obras donde se pueden ganar tesoros y coronas. En el siguiente texto verás que algunas de las personas arrebatadas ganaron una corona, la corona de justicia.

> Por lo demás, me está guardada la corona de justicia, la cual me dará el Señor, juez justo, en aquel día; y no sólo á mí, sino también á todos los que aman su venida. (2 Timoteo 4:8)
> Y si alguno edificare sobre este fundamento oro, plata, piedras preciosas, madera, heno, hojarasca; La obra de cada uno será manifestada: porque el día la declarará; porque por el fuego será manifestada; y la obra de cada uno cuál sea, el fuego hará la prueba. Si permaneciere la obra de alguno que sobreedificó, recibirá recompensa. Si la obra de alguno fuere quemada, será perdida: él

empero será salvo, mas así como por fuego. (1 Corintios 3:12-15)

En la Biblia, las personas que fueron arrebatadas son a menudo llamadas la novia de Cristo. El matrimonio en la tierra está destinado a ser un ejemplo de nuestra relación con Jesús. En la tierra, tenemos la relación más cercana e íntima con nuestro cónyuge. Ese es el mismo tipo de relación que debemos tener con Jesús, una que es cercana e íntima. El banquete de bodas en el cielo celebra esa relación con Jesús. Sólo las personas que ponen su fe en Jesús antes del rapto son incluidas en este evento especial. En la segunda escritura, el "Cordero" es una referencia a Jesús y "su esposa" son los creyentes que fueron arrebatados o resucitados en el rapto.

> Os he desposado á un marido, para presentaros como una virgen pura á Cristo. (2 Corintios 11:2)

> Gocémonos y alegrémonos y démosle gloria; porque son venidas las bodas del Cordero, y su esposa se ha aparejado. Y le fué dado que se vista de lino fino, limpio y brillante: porque el lino fino son las justificaciones de los santos. (Apocalipsis 19:7-8)

8.4.3. Los arrebatados, ¿pueden observarnos?

La pregunta más importante aquí es si las personas que murieron pueden verme o al menos saber lo que está sucediendo en la Tierra. La Biblia nos da varios ejemplos de los que podemos aprender. Sabemos que hay gozo en el cielo cuando un pecador se arrepiente. Esto implica que la gente en el cielo sabe cuándo alguien pone su fe en Jesús. En esta Escritura, Jesús habla sobre el gozo en el cielo.

> Os digo, que así habrá más gozo en el cielo de un pecador que se arrepiente, que de noventa y nueve justos, que no necesitan arrepentimiento. ¿O qué mujer que tiene diez dracmas, si perdiere

> una dracma, no enciende el candil, y barre la casa, y busca con diligencia hasta hallarla? Y cuando la hubiere hallado, junta las amigas y las vecinas, diciendo: Dadme el parabién, porque he hallado la dracma que había perdido. Así os digo que hay gozo delante de los ángeles de Dios por un pecador que se arrepiente. (Lucas 15:7-10)

También vemos que las personas que mueren después del rapto, durante el período de la tribulación que ponen su fe en Jesús, preguntan a Dios cuando va a vengar su muerte y juzgar a la gente en la tierra. Esto implica que esas personas en el cielo saben que Dios no los ha vengado todavía. El "Cordero" se refiere a Jesús.

> Y cuando él abrió el quinto sello, vi debajo del altar las almas de los que habían sido muertos por la palabra de Dios y por el testimonio que ellos tenían. Y clamaban en alta voz diciendo: ¿Hasta cuándo, Señor, santo y verdadero, no juzgas y vengas nuestra sangre de los que moran en la tierra? (Apocalipsis 6:9-10)

En otro ejemplo, vemos a toda la población del cielo regocijándose por la destrucción de la ciudad de Babilonia poco antes de la segunda venida de Jesús. La "gran ramera" es una referencia a esa ciudad. Esto nos dice que todos en el cielo están al tanto de algunos eventos que ocurren en la Tierra.

> DESPUÉS de estas cosas oí una gran voz de gran compañía en el cielo, que decía: Aleluya: Salvación y honra y gloria y potencia al Señor Dios nuestro Porque sus juicios son verdaderos y justos; porque él ha juzgado á la grande ramera, que ha corrompido la tierra con su fornicación, y ha vengado la sangre de sus siervos de la mano de ella. Y otra vez dijeron: Aleluya. Y su humo subió para siempre jamás. (Apocalipsis 19:1-3)

El último ejemplo que voy a dar es una conversación entre el rey Saúl y un profeta de Dios que ya había fallecido, Samuel. El rey Saúl se había rebelado contra Dios y no estaba obteniendo respuestas de Dios a través de sus profetas o sueños, así que encontró un psíquico al que utilizó para comunicarse con los muertos. Sí, realmente lo hizo. Veamos cómo sucedió.

> Y consultó Saúl á Jehová; pero Jehová no le respondió, ni por sueños, ni por Urim, ni por profetas. Entonces Saúl dijo á sus criados: Buscadme una mujer que tenga espíritu de pythón, para que yo vaya á ella, y por medio de ella pregunte. Y sus criados le respondieron: He aquí hay una mujer en Endor que tiene espíritu de pythón. [...] La mujer entonces dijo: ¿A quién te haré venir? Y él respondió: Hazme venir á Samuel. [...] Y él le dijo: ¿Cuál es su forma? Y ella respondió: Un hombre anciano viene, cubierto de un manto. Saúl entonces entendió que era Samuel, y humillando el rostro á tierra, hizo gran reverencia. Y Samuel dijo á Saúl: ¿Por qué me has inquietado haciéndome venir? Y Saúl respondió: Estoy muy congojado; pues los Filisteos pelean contra mí, y Dios se ha apartado de mí, y no me responde más, ni por mano de profetas, ni por sueños: por esto te he llamado, para que me declares qué tengo de hacer. Entonces Samuel dijo: ¿Y para qué me preguntas á mí, habiéndose apartado de ti Jehová, y es tu enemigo? Jehová pues ha hecho como habló por medio de mí; pues ha cortado Jehová el reino de tu mano, y lo ha dado á tu compañero David. Como tú no obedeciste á la voz de Jehová, ni cumpliste el furor de su ira sobre Amalec, por eso Jehová te ha hecho esto hoy. Y Jehová entregará á Israel también contigo en manos de los Filisteos: y mañana seréis conmigo, tú y tus hijos: y aun el campo de Israel entregará Jehová en manos de los Filisteos. (1 Samuel 28:6-7, 11, 14-19)

En la conversación, aprendemos que Samuel, el

profeta de Dios que había fallecido, sabía que el Señor había dejado a Saúl, sabía que el Señor le dijo a Saúl que le iba a dar su reino a David, y sabía que Saúl se negó a destruir a los amalecitas. Lo que es aún más impactante es que Samuel sabía que Saúl iba a ser derrotado al día siguiente y que él y sus hijos morirían y estarían con Samuel. Claramente Samuel sabía lo que estaba sucediendo en la Tierra. Pero también tenía algún conocimiento de los eventos futuros que obviamente recibió de Dios.

Basándonos en estos ejemplos, podemos saber que la gente en el cielo sí tiene conocimiento de lo que ocurre en la Tierra. Sin embargo, no están observando como un acosador espeluznante, por así decirlo. Su conocimiento probablemente se base en lo que Dios o un ángel le ha dicho.

8.5. ¿Veré de nuevo a los arrebatados?

Bueno, todo depende de ti. Si pones tu fe en Jesús y crees que murió por tus pecados, entonces sí, verás a los arrebatados de nuevo. Como creyente, si mueres antes de la segunda venida de Jesús, los verás en el cielo. Morirás como un santo de la tribulación; uno que se salva del sufrimiento y de la "grande tribulación".

> Después de estas cosas miré, y he aquí una gran compañía, la cual ninguno podía contar, de todas gentes y linajes y pueblos y lenguas, que estaban delante del trono y en la presencia del Cordero, vestidos de ropas blancas, y palmas en sus manos; [...] Y respondió uno de los ancianos, diciéndome: Estos que están vestidos de ropas blancas, ¿quiénes son, y de dónde han venido? Y yo le dije: Señor, tú lo sabes. Y él me dijo: Estos son los que han venido de grande tribulación, y han lavado sus ropas, y las han blanqueado en la sangre del Cordero. (Apocalipsis 7:9, 13-14)

Si sobrevives a través de la tribulación como un creyente, entonces los verás de nuevo en la segunda venida de Jesús y en el período milenario durante el reinado de Jesús en la tierra. En esta Escritura, vemos lo que sucede en la segunda venida de Jesús. Después de que Satanás sea atado, Jesús separa a los creyentes que no recibieron la marca y no adoraron al Anticristo. Ellos son las ovejas que viven con Jesús en su reino en la Tierra. Las personas que fueron arrebatadas estarán con él allí.

> Y cuando el Hijo del hombre venga en su gloria, y todos los santos ángeles con él, entonces se sentará sobre el trono de su gloria. Y serán reunidas delante de él todas las gentes: y los apartará los unos de los otros, como aparta el pastor las ovejas de los cabritos. Y pondrá las ovejas á su derecha, y los cabritos á la izquierda. Entonces el Rey dirá á los que estarán á su derecha: Venid, benditos de mi Padre, heredad el reino preparado para vosotros desde la fundación del mundo. [...] Entonces dirá también á los que estarán á la izquierda: Apartaos de mí, malditos, al fuego eterno preparado para el diablo y para sus ángeles. (Mateo 25:31-34, 41)

Si eliges no creer, entonces no, no los verás de nuevo. Los arrebatados siempre estarán donde está Jesús, ya sea en el cielo, o en la Tierra con él en el reino milenario. Cuando mueras, o si estás vivo cuando Jesús regrese, terminarás en el lago de fuego que fue creado para Satanás. En la Escritura anterior, tú eres representado por la cabra.

3° Parte:
Hay esperanza para ti

Capítulo 9 – Cómo salvarse

Así es. Todavía hay esperanza para ti. El hecho de que te hayan dejado atrás no significa que no puedas ser salvado. En la 1° Parte de este libro, compartí un breve resume de cómo ser salvo. Aquí ampliaré esas verdades.

9.1. Vivirás por la eternidad

Puedes dejar de buscar la fuente de la juventud. Cada uno de nosotros va a vivir por la eternidad. Así es, vas a ser un inmortal. Cuando tu cuerpo resucite se levantará imperecedero. Durará para siempre.

> Así también es la resurrección de los muertos. Se siembra en corrupción se levantará en incorrupción. (1 Corintios 15:42)

Dios incluso puso la eternidad en tu corazón para que conocieras esta verdad y anhelaras estar con él.

> Aun el mundo dió en su corazón. (Eclesiastés 3:11)

Incluso puedes elegir dónde quieres pasar la eternidad. Las opciones son el cielo o el infierno. Dios creó ambos lugares, y al contrario de lo que puedas creer, también gobierna ambos lugares.

> Jehová afirmó en los cielos su trono; Y su reino domina sobre todos. (Salmos 103:19)

> Tu reino es reino de todos los siglos, Y tu señorío en toda generación y generación. (Salmos 145:13)

En esta Escritura, aprendemos lo que sucede

cuando Jesús regresa en su segunda venida. Jesús es el "Hijo del Hombre" y el "Rey". Él va a separar a los creyentes de los incrédulos. Los creyentes son "ovejas" y los incrédulos son "cabrtos". Dios y Jesús viven en el cielo al igual que los que creen y son considerados justos. El cielo se llama "Reino". En cuanto al infierno, Dios creó este lago de fuego como castigo eterno para Satanás y los demás ángeles caídos. El infierno no fue creado para ti.

> Y cuando el Hijo del hombre venga en su gloria, y todos los santos ángeles con él, entonces se sentará sobre el trono de su gloria. Y serán reunidas delante de él todas las gentes: y los apartará los unos de los otros, como aparta el pastor las ovejas de los cabritos. Y pondrá las ovejas á su derecha, y los cabritos á la izquierda. Entonces el Rey dirá á los que estarán á su derecha: Venid, benditos de mi Padre, heredad el reino preparado para vosotros desde la fundación del mundo. [...] Entonces dirá también á los que estarán á la izquierda: Apartaos de mí, malditos, al fuego eterno preparado para el diablo y para sus ángeles: [...] E irán éstos al tormento eterno, y los justos á la vida eterna. (Mateo 25:31-34, 41, 46)

Aunque Dios creó el infierno para los ángeles caídos, es el destino predeterminado para los incrédulos.

> Mas á los temerosos é incrédulos, á los abominables y homicidas, á los fornicarios y hechiceros, y á los idólatras, y á todos los mentirosos, su parte será en el lago ardiendo con fuego y azufre, que es la muerte segunda. (Apocalipsis 21:8)

Eso es porque o estás a favor de Jesús o estás en contra de él. Tienes que elegir activamente vivir en el cielo. Dios nos dio instrucciones claras para llegar al cielo que son fáciles de seguir. En esta Escritura, Jesús está hablando. Dice que vengas a él, y que él dará descanso a tu alma.

> Venid á mí todos los que estáis trabajados y cargados, que yo os haré descansar. Llevad mi yugo sobre vosotros, y aprended de mí, que soy manso y humilde de corazón; y hallaréis descanso para vuestras almas. Porque mi yugo es fácil, y ligera mi carga. (Mateo 11:28-30)

9.2. El cielo es para los que han sido hechos justos

Dios creó todo, incluido tú, el cielo, el infierno, la tierra y todo lo que hay en ella.

> EN el principio crió Dios los cielos y la tierra. (Génesis 1:1)

Desde que Dios creó el cielo, él hizo las reglas con respecto a quién puede vivir allí. Él es el juez al que todos debemos rendir cuentas.

> Dios es el único que juzga; él decide quién se levantará y quién caerá. (Salmos 75:7 NTV)

> No hay nada en toda la creación que esté oculto a Dios. Todo está desnudo y expuesto ante sus ojos; y es a él a quien rendimos cuentas. (Hebreos 4:13 NTV)

Además, Dios es el único capacitado para dictar las normas porque es perfecto, santo y justo. En él no hay oscuridad. Cada decisión que toma es perfecta y justa.

> No hay santo como Jehová. (1 Samuel 2:2)

> Y este es el mensaje que oímos de él, y os anunciamos: Que Dios es luz, y en él no hay ningunas tinieblas. (1 Juan 1:5)
> Porque el nombre de Jehová invocaré: Engrandeced á nuestro Dios. El es la Roca, cuya obra es perfecta, Porque todos sus caminos son

> rectitud: Dios de verdad, y ninguna iniquidad en él: Es justo y recto. (Deuteronomio 32:3-4)

Entonces, ¿cuáles son las reglas de Dios para entrar en el cielo? Sólo hay una regla. Debes ser perfecto y sin pecado, como lo es Dios. Dios no puede ni siquiera mirar el mal.

> ¿No eres tú desde el principio, oh Jehová, Dios mío, Santo mío? [...] Muy limpio eres de ojos para ver el mal, ni puedes ver el agravio. (Habacuc 1:12-13)

> Sed, pues, vosotros perfectos, como vuestro Padre que está en los cielos es perfecto. (Mateo 5:48)

¿Recuerdas a los fariseos de los que hemos hablado en algunos capítulos anteriores? Eran uno de los grupos de líderes judíos a los que Jesús se enfrentaba a menudo por su estricta adhesión a la ley. Trataban de ganarse el camino al cielo. Jesús dice que incluso su nivel de dedicación para seguir las reglas de Dios no es lo suficientemente bueno. Jesús es el que habla aquí:

> Porque os digo, que si vuestra justicia no fuere mayor que la de los escribas y de los Fariseos, no entraréis en el reino de los cielos. (Mateo 5:20)

Entonces, ¿cómo puedes ser lo suficientemente bueno, ser perfecto? Ese es el problema. No puedes. Es imposible que alcances la perfección por ti mismo. Dios sabe que es imposible para nosotros también, y es exactamente por eso que envió a Jesús. Jesús es el único que ha vivido que es perfecto. Eso es porque es Dios en la carne. Dios hizo un camino para que nosotros, personas imperfectas y pecadoras, podamos vivir en el cielo. Eso es teniendo nuestro nombre escrito en el Libro de la Vida del Cordero. Jesús es el "Cordero", así que es el Libro de la Vida de Jesús.

> No entrará en ella ninguna cosa sucia, ó que hace

abominación y mentira; sino solamente los que están escritos en el libro de la vida del Cordero. (Apocalipsis 21:27)

Como ves, Dios ha delegado en Jesús su decisión sobre quién entra en el cielo. Esto es porque Dios y Jesús son uno, y Jesús sólo puede hacer la voluntad de Dios. Así que Jesús es el juez de tu justicia. En esta primera escritura, Jesús está hablando de sí mismo y de su Padre, Dios. En el segundo versículo, Jesús es el que ordenó a los discípulos que predicaran en todas partes.

> Respondió entonces Jesús, y díjoles: De cierto, de cierto os digo: No puede el Hijo hacer nada de sí mismo, sino lo que viere hacer al Padre: porque todo lo que él hace, esto también hace el Hijo juntamente. [...] Porque como el Padre levanta los muertos, y les da vida, así también el Hijo á los que quiere da vida. Porque el Padre á nadie juzga, mas todo el juicio dió al Hijo; [...] No puedo yo de mí mismo hacer nada: como oigo, juzgo: y mi juicio es justo; porque no busco mi voluntad, mas la voluntad del que me envió, del Padre. (Juan 5:19, 21-22, 30)

> «Y él nos ordenó que predicáramos en todas partes y diéramos testimonio de que Jesús es a quien Dios designó para ser el juez de todos, de los que están vivos y de los muertos». (Hechos 10:42 NTV)

Y esto es lo bueno que vas a aprender más adelante en este capítulo, Jesús puede otorgar su perfección y justicia a quien él desee. Así es como te vuelves perfecto y como entras al cielo.

9.3. Tu problema es el pecado

Aunque todos creamos que somos buenas personas y que todo lo malo que hemos hecho es superado por lo bueno, ese es nuestro pensamiento pecaminoso, humano y deseoso. Somos cualquier cosa menos perfectos, santos y justos. Somos un grupo de pecadores.

> ¿Qué pues? ¿Somos mejores que ellos? En ninguna manera: porque ya hemos acusado á Judíos y á Gentiles, que todos están debajo de pecado. Como está escrito: No hay justo, ni aun uno; No hay quien entienda, No hay quien busque á Dios; Todos se apartaron, á una fueron hechos inútiles; No hay quien haga lo bueno, no hay ni aun uno. (Romanos 3:9-12)

Bien, ¿qué es exactamente un pecado? Es una transgresión de la ley de Dios o una rebelión contra Dios. Cuando pecamos, hemos ofendido a Dios.

> Todo el que peca viola la ley de Dios, porque todo pecado va en contra de la ley de Dios. (1 Juan 3:4 NTV)

Eres un pecador. Si crees que no has pecado, lo has hecho por pensar que eres perfecto. La Biblia está llena de leyes y mandatos de Dios. Mira esta lista que describe la naturaleza pecaminosa y observa cómo estás a la altura.

> Y manifiestas son las obras de la carne, que son: adulterio, fornicación, inmundicia, disolución, Idolatría, hechicerías, enemistades, pleitos, celos, iras, contiendas, disensiones, herejías, Envidias, homicidios, borracheras, banqueteos, y cosas semejantes á éstas: de las cuales os denuncio, como ya os he anunciado, que los que hacen tales cosas no heredarán el reino de Dios. (Gálatas 5:19-21)

¿Has mentido alguna vez, has tenido celos de algo que tiene tu amigo, has faltado al respeto a tus padres, has dicho una palabrota, has deseado en tu corazón a alguien, te has emborrachado, te has enfadado con alguien que te ha cortado el paso en el tráfico, o has tenido relaciones sexuales fuera del matrimonio? Esos son otros ejemplos que la Biblia expone como comportamiento pecaminoso.

Mira esta Escritura sobre los dos mandamientos más importantes de la Biblia. ¿Amas a Dios con todo tu corazón, alma, mente y fuerzas? ¿Puedes decir honestamente que amas a tu prójimo, que es cualquier ser humano, como te amas a ti mismo?

> Y llegándose uno de los escribas, que los había oído disputar, y sabía que les había respondido bien, le preguntó: ¿Cuál es el primer mandamiento de todos? Y Jesús le respondió: El primer mandamiento de todos es: Oye, Israel, el Señor nuestro Dios, el Señor uno es. Amarás pues al Señor tu Dios de todo tu corazón, y de toda tu alma, y de toda tu mente, y de todas tus fuerzas; este es el principal mandamiento. Y el segundo es semejante á él: Amarás á tu prójimo como á ti mismo. No hay otro mandamiento mayor que éstos. (Marcos 12:28-31)

Ciertamente, ¡todos hemos pecado!

> Por cuanto todos pecaron, y están distituídos de la gloria de Dios. (Romanos 3:23)

Tal vez sea la primera vez que alguien te dice que eres un pecador. Si es así, deja que eso se asimile por un momento. Es absolutamente cierto, y es la primera verdad para ser salvado. Cada uno de nosotros es un pecador.

Si todavía piensas que eres perfecto y que nunca has pecado, pues desgraciadamente todos nacemos con pecado. Todos heredamos el pecado de Adán y Eva. Así es, el pecado es genético.

Adán fue el primer ser humano que Dios creó, y luego creó a Eva para que fuera su ayudante y compañera. Vivían en el jardín del Edén y caminaban con Dios. Dios sólo tenía una regla para ellos: no comer del Árbol del Conocimiento del Bien y del Mal. Eso es todo. Sólo una regla. Dios dijo que morirían si comían de ese árbol. En estos versículos, el "hombre" es Adán.

> Formó, pues, Jehová Dios al hombre del polvo de la tierra, y alentó en su nariz soplo de vida; y fué el hombre en alma viviente. Y había Jehová Dios plantado un huerto en Edén al oriente, y puso allí al hombre que había formado. [...] Tomó, pues, Jehová Dios al hombre, y le puso en el huerto de Edén, para que lo labrara y lo guardase. Y mandó Jehová Dios al hombre, diciendo: De todo árbol del huerto comerás; Mas del árbol de ciencia del bien y del mal no comerás de él; porque el día que de él comieres, morirás. (Génesis 2:7-8, 15-17)

Satanás, un ángel creado por Dios que pecó y fue arrojado a la tierra, es tu enemigo. Odia todo lo que Dios ama. Dios te ama, por eso Satanás te odia. Satanás sabía que Dios les dio a Adán y a Eva esta regla, y estaba decidido a verlos romperla. Así que un día Satanás se acercó a Eva y le dijo que no moriría si comía del árbol. En cambio, sería como Dios, conociendo el bien y el mal. En estos versículos, "la serpiente" es Satanás, "la mujer" es Eva y "su marido" es Adán.

> EMPERO la serpiente era astuta, más que todos los animales del campo que Jehová Dios había hecho; la cual dijo á la mujer: ¿Conque Dios os ha dicho: No comáis de todo árbol del huerto? Y la mujer respondió á la serpiente: Del fruto de los árboles del huerto comemos; Mas del fruto del árbol que está en medio del huerto dijo Dios: No comeréis de él, ni le tocaréis, porque no muráis. Entonces la serpiente dijo á la mujer: No moriréis; Mas sabe Dios que el día que comiereis de él, serán abiertos vuestros ojos, y seréis como dioses sabiendo el bien y el mal. Y vió la mujer que el árbol era bueno para comer, y que era agradable á los ojos, y árbol codiciable para alcanzar la sabiduría; y tomó de su fruto, y comió; y dió también á su marido, el cual comió

así como ella. Y fueron abiertos los ojos de entrambos, y conocieron que estaban desnudos. (Génesis 3:1-7)

¿Ves lo que pasó? Satanás tergiversó lo que Dios dijo y le mintió a Eva. Desafortunadamente, Eva le creyó a Satanás y comió del árbol. Lo que es peor es que ella le dio la fruta a Adán y él también comió de ella, sin hacer preguntas. Mientras que Eva fue engañada, tentada y pecó, Adán simplemente desobedeció y pecó.

Desde que Adán y Eva pecaron, ya no eran dignos de vivir en el jardín con Dios. Dios los expulsó del jardín. Aunque no murieron físicamente ese día, la muerte sí entró en sus vidas. Murieron una muerte espiritual porque ya no tenían la relación perfecta con Dios. También morirían una muerte física ya que sus cuerpos ahora envejecerían. El "hombre" se refiere a Adán.

> Y llamó Jehová Dios al hombre, y le dijo: ¿Dónde estás tú? Y él respondió: Oí tu voz en el huerto, y tuve miedo, porque estaba desnudo; y escondíme. Y díjole: ¿Quién te enseñó que estabas desnudo? ¿Has comido del árbol de que yo te mandé no comieses? [...] Y dijo Jehová Dios: He aquí el hombre es como uno de Nos sabiendo el bien y el mal: ahora, pues, porque no alargue su mano, y tome también del árbol de la vida, y coma, y viva para siempre: Y sacólo Jehová del huerto de Edén, para que labrase la tierra de que fué tomado. (Génesis 3:9-11, 22-23)

Por tanto puedes ver que heredaste el pecado de Adán.

> Cuando Adán pecó, el pecado entró en el mundo. El pecado de Adán introdujo la muerte, de modo que la muerte se extendió a todos, porque todos pecaron. [...] Así es, un solo pecado de Adán trae condenación para todos, pero un solo acto de justicia de Cristo trae una relación correcta con Dios y vida nueva para todos. (Romanos 5:12, 18 NTV)

Si todavía piensas que no eres un pecador, te estás engañando a ti mismo y llamando a Dios mentiroso.

> Si dijéremos que no tenemos pecado, nos engañamos á nosotros mismos, y no hay verdad en nosotros. Si confesamos nuestros pecados, él es fiel y justo para que nos perdone nuestros pecados, y nos limpie de toda maldad. Si dijéremos que no hemos pecado, lo hacemos á él mentiroso, y su palabra no está en nosotros. (1 Juan 1:8-10)

Dios sabe que eres un pecador. Él sabe todo sobre ti.

> OH Jehová, tú me has examinado y conocido. Tú has conocido mi sentarme y mi levantarme, Has entendido desde lejos mis pensamientos. Mi senda y mi acostarme has rodeado, Y estás impuesto en todos mis caminos. Pues aun no está la palabra en mi lengua, Y he aquí, oh Jehová, tú la sabes toda. Detrás y delante me guarneciste, Y sobre mí pusiste tu mano. Más maravillosa es la ciencia que mi capacidad; Alta es, no puedo comprenderla. ¿Adónde me iré de tu espíritu? ¿Y adónde huiré de tu presencia? (Salmos 139:1-7)

Incluso si todavía no crees que eres un pecador, ¿sabes quién más sabe que eres un pecador? Satanás lo sabe. Así como Satanás estaba observando a Adán y Eva en el jardín, él y sus cohortes de ángeles caídos te están observando a ti. Ellos han estado observando a los humanos por miles de años y conocen nuestra naturaleza pecaminosa mejor que nosotros. Satanás ha estado acumulando una enorme lista de pecados para acusarte ante Dios. Recuerda que él te odia, y quiere que recibas el mismo castigo que Dios le dio a él por pecar.

¿Recuerdas que en un capítulo anterior vimos la conversación entre Dios y Satanás con respecto a Job? Satanás había estado observando a Job. Dijo que Job maldeciría la cara de Dios si de repente ya no era bendecido. En estos versículos, "los hijos de Dios" se refiere a los ángeles.

> Y un día vinieron los hijos de Dios á presentarse delante de Jehová, entre los cuales vino también Satán. Y dijo Jehová á Satán: ¿De dónde vienes? Y respondiendo Satán á Jehová, dijo: De rodear la tierra, y de andar por ella. Y Jehová dijo á Satán: ¿No has considerado á mi siervo Job, que no hay otro como él en la tierra, varón perfecto y recto, temeroso de Dios, y apartado de mal? Y respondiendo Satán á Jehová, dijo: ¿Teme Job á Dios de balde? ¿No le has tú cercado á él, y á su casa, y á todo lo que tiene en derredor? Al trabajo de sus manos has dado bendición; por tanto su hacienda ha crecido sobre la tierra. Mas extiende ahora tu mano, y toca á todo lo que tiene, y verás si no te blasfema en tu rostro. (Job 1:6-11)

Satanás y su ejército demoníaco hacen estas mismas acusaciones contra ti ante Dios. Como dice esta Escritura, él acusa a la gente ante Dios día y noche. En esta Escritura, Satanás es "el acusador".

> Y oí una grande voz en el cielo que decía: Ahora ha venido la salvación, y la virtud, y el reino de nuestro Dios, y el poder de su Cristo; porque el acusador de nuestros hermanos ha sido arrojado, el cual los acusaba delante de nuestro Dios día y noche. (Apocalipsis 12:10)

9.4. El pecado tiene consecuencias

Nuestro problema de pecado es una noticia terrible para nosotros porque el pecado tiene varias consecuencias. Dios dijo que los pecadores no pueden vivir en el cielo. Esto es porque el pecado nos separa de Dios. Recuerda que tienes que ser perfecto para vivir en el cielo con Dios porque Dios es perfecto y santo. Solo se necesita un pecado o iniquidad para mantenerte fuera del cielo y que tu nombre sea borrado del Libro de la Vida. Deberías darte cuenta ya de que tienes muchos más pecados que uno solo. No mereces vivir en el cielo porque eres un pecador. Véase también Apocalipsis 21:27 en el capítulo 9.2. El "Cordero" es una referencia a Jesús.

> Mas vuestras iniquidades han hecho división entre vosotros y vuestro Dios, y vuestros pecados han hecho ocultar su rostro de vosotros. (Isaías 59:2)

> Y Jehová respondió á Moisés: Al que pecare contra mí, á éste raeré yo de mi libro. (Éxodo 32:33)

Por tanto, si los pecadores no pueden vivir en el cielo, eso significa que estamos destinados a vivir en el otro lugar, el infierno. Esta es la peor consecuencia. Dios tiene un castigo para el pecado. Es la eternidad en el infierno, una segunda muerte que dura para siempre. La segunda escritura aquí es una descripción del juicio final para la humanidad y los muertos están de pie ante "el trono" de Dios.

> Porque la paga del pecado es muerte: mas la dádiva de Dios es vida eterna en Cristo Jesús Señor nuestro. (Romanos 6:23)

> Y vi los muertos, grandes y pequeños, que estaban delante de Dios; y los libros fueron abiertos: y otro libro fué abierto, el cual es de la vida: y fueron juzgados los muertos por las cosas que estaban escritas en los libros, según sus obras. Y el mar dió los muertos que estaban en él; y la muerte y el infierno dieron los muertos que estaban en ellos; y fué hecho juicio de cada uno según sus obras. Y el infierno y la muerte fueron lanzados en el lago de fuego. Esta es la muerte segunda. Y el que no fué hallado escrito en el libro de la vida, fué lanzado en el lago de fuego. (Apocalipsis 20:12-15)

Satanás fue el primer pecador, no Adán. Dios creó

el infierno como castigo para Satanás. El infierno es donde van los ángeles caídos y las personas que están eternamente separadas de Dios. Es donde van los ángeles caídos y la gente que está muerta para Dios. El infierno es el cementerio eterno. En esta Escritura, vemos a Jesús en su segunda venida. Él envía a los pecadores que no han puesto su fe en él al lago de fuego, y declara exactamente eso. El fuego eterno es para el diablo. En el siguiente texto el "Hijo del Hombre" es Jesús.

> Y cuando el Hijo del hombre venga en su gloria, y todos los santos ángeles con él, entonces se sentará sobre el trono de su gloria. [...] Entonces dirá [...] Apartaos de mí, malditos, al fuego eterno preparado para el diablo y para sus ángeles. (Mateo 25:31, 41)

Sabes tan bien como yo que es imposible seguir todos los mandatos de Dios. La pecaminosidad está en nuestra naturaleza. Dado que los pecadores merecen la muerte, el lago de fuego y el castigo eterno, es evidente que tenemos un problema con las peores consecuencias eternas.

9.5. Dios te ama

Ahora llegamos a la gran noticia. ¡Dios te ama!

> ALABAD á Jehová, naciones todas; Pueblos todos, alabadle. Porque ha engrandecido sobre nosotros su misericordia; Y la verdad de Jehová es para siempre. Aleluya. (Salmos 117:1-2)

El amor de Dios por nosotros es tan fuerte que nada puede separarnos de él. Ni la muerte, ni los malvados ángeles caídos, ni otras personas, ni nuestro propio pecado, ni ninguna otra cosa. El amor de Dios por nosotros es puro, incondicional e inquebrantable.

> ¿Quién nos apartará del amor de Cristo? tribulación? ó angustia? ó persecución? ó

> hambre? ó desnudez? ó peligro? ó cuchillo? Como está escrito: Por causa de ti somos muertos todo el tiempo: Somos estimados como ovejas de matadero. Antes, en todas estas cosas hacemos más que vencer por medio de aquel que nos amó. Por lo cual estoy cierto que ni la muerte, ni la vida, ni ángeles, ni principados, ni potestades, ni lo presente, ni lo por venir, Ni lo alto, ni lo bajo, ni ninguna criatura nos podrá apartar del amor de Dios, que es en Cristo Jesús Señor nuestro. (Romanos 8:35-39)

Porque Dios te ama, te creó para el cielo para que pudieras estar con él por la eternidad. Recuerda que antes te dije que Dios puso la eternidad en nuestros corazones. Es porque Dios quiere que sepamos dónde está nuestro hogar. Nuestro hogar legítimo es con Dios en el cielo. Ahí es donde todo comenzó antes de que el pecado entrara en escena. Adán y Eva vivían con Dios en el jardín del Edén. En esta Escritura, aprendemos que Dios tiene una ciudad preparada para nosotros ahora mismo en el cielo. Abraham anhelaba vivir en esta ciudad celestial construida por Dios.

> Por la fe Abraham, [...] habitó en la tierra prometida como en tierra ajena, morando en cabañas con Isaac y Jacob, herederos juntamente de la misma promesa: Porque esperaba ciudad con fundamentos, el artífice y hacedor de la cual es Dios. Por la fe también la misma Sara, siendo estéril, recibió fuerza para concebir simiente; y parió aun fuera del tiempo de la edad, porque creyó ser fiel el que lo había prometido. Por lo cual también, de uno, y ése ya amortecido, salieron como las estrellas del cielo en multitud, y como la arena inmunerable que está á la orilla de la mar. Conforme á la fe murieron todos éstos sin haber recibido las promesas, sino mirándolas de lejos, y creyéndolas, y saludándolas, y confesando que eran peregrinos y advenedizos sobre la tierra. Porque los que esto dicen, claramente dan á entender que buscan una patria. Que si se

acordaran de aquella de donde salieron, cierto tenían tiempo para volverse: Empero deseaban la mejor, es á saber, la celestial; por lo cual Dios no se avergüenza de llamarse Dios de ellos: porque les había aparejado ciudad. (Hebreos 11:8-16)

¿Estás esperando la ciudad en el cielo que Dios construyó para ti? ¿No quieres verla y ver la habitación que ha preparado sólo para ti? Dios ha hecho esto para ti porque te ama. El hizo un camino para que descanses en tu hogar celestial cuando resolvió tu problema de pecado.

9.6. Dios resolvió el problema de tu pecado

La razón por la que Dios está preparando un lugar para ti en el cielo, a pesar de que mereces ir al infierno por pecar contra él, es porque resolvió tu problema de pecado. Dios hizo un camino para que puedas vivir por la eternidad en el cielo. Dios te ama tanto que envió a su hijo a recibir tu castigo por el pecado. Así es. Dios vio tu pecado, lo contó contra su hijo en su lugar, y su hijo murió por ti. Porque ese es el castigo por el pecado, la muerte. Además, vas a aprender que el hijo de Dios es Dios en la carne. Deja que eso se entienda por un momento. Eso significa que Dios murió por ti para que puedas pasar toda la eternidad con él prodigándote bendiciones. Es difícil comprender un amor como el de Dios.

<u>Entonces, ¿quién es el Hijo de Dios?</u>
Jesucristo es el "Hijo" de Dios. En esta Escritura, aprendemos que Dios ha nombrado a su hijo heredero de todo y que Dios hizo el mundo por medio de él. Su hijo también irradia la gloria de Dios. Es la "imagen misma" de la "sustancia" de Dios. Eso significa que es Dios en la carne. También vemos que su hijo nos purificó de nuestros pecados y después se sentó a la derecha de Dios. Dios es "la Majestad". Todos los ángeles adoran al hijo de Dios.

[Dios], en estos postreros días nos ha hablado por

> el Hijo, al cual constituyó heredero de todo, por el cual asimismo hizo el universo: El cual siendo el resplandor de su gloria, y la misma imagen de su sustancia, y sustentando todas las cosas con la palabra de su potencia, habiendo hecho la purgación de nuestros pecados por sí mismo, se sentó á la diestra de la Majestad en las alturas, Hecho tanto más excelente que los ángeles, cuanto alcanzó por herencia más excelente nombre que ellos. Porque ¿á cuál de los ángeles dijo Dios jamás: Mi hijo eres tú, Hoy yo te he engendrado? Y otra vez: Yo seré á él Padre, Y él me será á mí hijo? Y otra vez, cuando introduce al Primogénito en la tierra, dice: Y adórenle todos los ángeles de Dios. (Hebreos 1:2-6)

Jesús es Dios en la carne. Recuerda que Dios es todopoderoso, es decir, omnipotente. Dios lo sabe todo y es omnisciente. Dios está presente en todos los lugares todo el tiempo, por lo que es omnipresente. Él creó todo lo que existe. Puede manifestarse de la forma que quiera: como Espíritu Santo, como hombre, como zarza ardiente, etc. No está confinado a estar en un lugar a la vez como nosotros. Puede actuar dentro o fuera del espacio y del tiempo. Al fin y al cabo, él los creó. Como Dios en la carne, Jesús se sometió a la muerte en la cruz por ti porque te ama.

> Haya, pues, en vosotros este sentir que hubo también en Cristo Jesús: El cual, siendo en forma de Dios, no tuvo por usurpación ser igual á Dios: Sin embargo, se anonadó á sí mismo, tomando forma de siervo, hecho semejante á los hombres; Y hallado en la condición como hombre, se humilló á sí mismo, hecho obediente hasta la muerte, y muerte de cruz. Por lo cual Dios también le ensalzó á lo sumo, y dióle un nombre que es sobre todo nombre; Para que en el nombre de Jesús se doble toda rodilla de los que están en los cielos, y de los que en la tierra, y de los que debajo de la tierra; Y toda lengua confiese que Jesucristo es el Señor, á la gloria de

Dios Padre. (Filipenses 2:5-11)

Ahora bien, Jesús no bajó del cielo, aterrizó en la Tierra como un hombre y luego comenzó a predicar el evangelio. No, en la Escritura anterior nos dice que Jesús se humilló y fue obediente. Jesús nació y creció igual que nosotros. Jesús tuvo que vivir como nosotros, sometido a todas las tentaciones que tenemos. Tuvo que hacer eso para demostrar que es completamente obediente a Dios, perfecto y sin pecado. Esta Escritura de abajo es un relato del nacimiento de Jesús. Revela que Jesús no fue concebido por medios humanos. Nació de una virgen y fue concebido por el Espíritu Santo de Dios.

> Y el nacimiento de Jesucristo fué así: Que siendo María su madre desposada con José, antes que se juntasen, se halló haber concebido del Espíritu Santo. Y José su marido, como era justo, y no quisiese infamarla, quiso dejarla secretamente. Y pensando él en esto, he aquí el ángel del Señor le aparece en sueños, diciendo: José, hijo de David, no temas de recibir á María tu mujer, porque lo que en ella es engendrado, del Espíritu Santo es. Y parirá un hijo, y llamarás su nombre JESUS, porque él salvará á su pueblo de sus pecados. (Mateo 1:18-21)

Eso significa que Jesús es totalmente Dios y totalmente humano.

> Pues en Cristo habita toda la plenitud de Dios en un cuerpo humano. (Colosenses 2:9 NTV)

<u>¿Y qué hizo Jesús exactamente?</u>

Afortunadamente, Jesús vino a rescatarte. Dios envió a su hijo Jesús a la tierra para vivir la vida sin pecado que tú no puedes. Dios entonces puso todo tu comportamiento pecaminoso sobre Jesús y lo crucificó por ello. Jesús tuvo que morir porque Dios dijo que la pena por el pecado es la muerte. Jesús tomó tus pecados y murió en tu lugar. Murió para que puedas vivir con él y con Dios en el cielo. Jesús hizo eso para demostrar cuánto te ama. Todas estas Escrituras hablan de Jesús y de cómo murió por tus pecados.

> Al que no conoció pecado, hizo pecado por nosotros, para que nosotros fuésemos hechos justicia de Dios en él. (2 Corintios 5:21)

> Porque primeramente os he enseñado lo que asimismo recibí: Que Cristo fué muerto por nuestros pecados conforme á las Escrituras; Y que fué sepultado, y que resucitó al tercer día, conforme á las Escrituras. (1 Corintios 15:3-4)

> El cual mismo llevó nuestros pecados en su cuerpo sobre el madero, para que nosotros siendo muertos á los pecados, vivamos á la justicia: por la herida del cual habéis sido sanados. (1 Pedro 2:24)

> HIJITOS míos, estas cosas os escribo, para que no pequéis; y si alguno hubiere pecado, abogado tenemos para con el Padre, á Jesucristo el justo; Y él es la propiciación por nuestros pecados: y no solamente por los nuestros, sino también por los de todo el mundo. (1 Juan 2:1-2)

> Palabra fiel y digna de ser recibida de todos: que Cristo Jesús vino al mundo para salvar á los pecadores. (1 Timoteo 1:15)

<u>¿Cómo pudo Jesús tomar mi pecado?</u>
Hay algunas razones por las que Jesús pudo tomar tu pecado. Primero, él es Dios, y eso significa que ciertamente es capaz de tomar tu pecado ya que es todopoderoso y omnisciente. Él sabía todos los pecados que ibas a cometer antes de que nacieras. Los cargó todos sobre sí mismo.

En segundo lugar, como Jesús es también plenamente humano, eso significa que puede sustituir a un humano. Recuerda que se sometió a todas las tentaciones y sentimientos que tenemos nosotros. También tuvo que ser humano para poder morir por nosotros, ya que ese es nuestro castigo por el pecado. En estos versículos, Jesús es "el Hijo".

> Debido a que los hijos de Dios son seres humanos—hechos de carne y sangre—el Hijo también se hizo de carne y sangre. Pues solo como ser humano podía morir y solo mediante la muerte podía quebrantar el poder del diablo, quien tenía el poder sobre la muerte. Únicamente de esa manera el Hijo podía libertar a todos los que vivían esclavizados por temor a la muerte. También sabemos que el Hijo no vino para ayudar a los ángeles, sino que vino para ayudar a los descendientes de Abraham. (Hebreos 2:14-16 NTV)

Por último, como humano, Jesús nunca pecó. Vivió una vida perfecta que nosotros no podemos vivir. Sólo pudo hacerlo porque también es plenamente Dios. Jesús fue nuestro sustituto perfecto. Esta Escritura trata de Jesús, el "sumo sacerdote", y de cómo era idóneo para esta tarea.

> Mas éste, por cuanto permanece para siempre, tiene un sacerdocio inmutable: Por lo cual puede también salvar eternamente á los que por él se allegan á Dios, viviendo siempre para interceder por ellos. Porque tal pontífice nos convenía: santo, inocente, limpio, apartado de los pecadores, y hecho más sublime de los cielos; Que no tiene necesidad cada día, como los otros sacerdotes, de ofrecer primero sacrificios por sus pecados, y luego por los del pueblo: porque esto lo hizo una sola vez, ofreciéndose á sí mismo. (Hebreos 7:24-27)

En tiempos pasados, el pueblo de Dios sacrificaba animales para expiar sus pecados. Es más, tenían que sacrificar esos animales continuamente. Con Jesús, todo eso desapareció. Esos sacrificios ya no son necesarios. Eran sólo un presagio de lo que vendría con Jesús. Jesús fue sacrificado una vez por todos.

> PORQUE la ley, teniendo la sombra de los bienes venideros, no la imagen misma de las cosas, nunca puede, por los mismos sacrificios que ofrecen continuamente cada año, hacer perfectos á los que se allegan. [...] Empero en estos sacrificios cada año se hace conmemoración de los pecados. Porque la sangre de los toros y de los machos cabríos no puede quitar los pecados. Por lo cual, entrando en el mundo, dice: sacrificio y presente no quisiste; Mas me apropiaste cuerpo: [...] En la cual voluntad somos santificados por la ofrenda del cuerpo de Jesucristo hecha una sola vez. (Hebreos 10:1, 3-5, 10)

Es el sudor y la sangre de Jesús lo que salva tu alma. La paga del pecado es la muerte, y la vida se encuentra en la sangre. Por lo tanto, para que la paga del pecado sea pagada, se requiere sangre.

> Porque la vida de la carne en la sangre está: y yo os la he dado para expiar vuestras personas sobre el altar: por lo cual la misma sangre expiará la persona. (Levítico 17:11)

Es la sangre de Jesús la que lavó tus pecados.

> Sin embargo, Cuando Dios nuestro Salvador dio a conocer su bondad y amor, él nos salvó, no por las acciones justas que nosotros habíamos hecho, sino por su misericordia. Nos lavó, quitando nuestros pecados, y nos dio un nuevo nacimiento y vida nueva por medio del Espíritu Santo. (Tito 3:4-5 NTV)

<u>¿Cómo murió Jesús por mí?</u>
Es importante que comprendas que la muerte de Jesús no fue una muerte ordinaria. Recuerda que su muerte es la muerte que tú mereces. Así que es importante que entiendas todo el peso de lo que hizo

por ti. Fue crucificado. Esta es una de las formas más horribles de morir. Los persas fueron los primeros en practicar la crucifixión, pero los romanos la perfeccionaron para provocar el máximo dolor y prolongar la muerte. Leamos el relato de la crucifixión de Jesús por Juan, uno de sus discípulos que fue testigo.

> ASI que, entonces tomó Pilato á Jesús, y le azotó. Y los soldados entretejieron de espinas una corona, y pusiéron la sobre su cabeza, y le vistieron de una ropa de grana; Y decían: ¡Salve, Rey de los Judíos! y dábanle de bofetadas. [...] Y salió Jesús fuera, llevando la corona de espinas y la ropa de grana. Y díceles Pilato: He aquí el hombre. Y como le vieron los príncipes de los sacerdotes, y los servidores, dieron voces diciendo: Crucifícale, crucifícale. Díceles Pilato: Tomadle vosotros, y crucificadle; porque yo no hallo en él crimen. Respondiéronle los Judíos: Nosotros tenemos ley, y según nuestra ley debe morir, porque se hizo Hijo de Dios. [...] Así que entonces lo entregó á ellos para que fuese crucificado. Y tomaron á Jesús, y le llevaron. [...] Donde le crucificaron, y con él otros dos, uno á cada lado, y Jesús en medio. Y escribió también Pilato un título, que puso encima de la cruz. Y el escrito era: JESUS NAZARENO, REY DE LOS JUDIOS. [...] Y como los soldados hubieron crucificado á Jesús, tomaron sus vestidos, é hicieron cuatro partes (para cada soldado una parte); y la túnica; mas la túnica era sin costura, toda tejida desde arriba. Y dijeron entre ellos: No la partamos, sino echemos suertes sobre ella, de quién será; para que se cumpliese la Escritura, que dice: Partieron para sí mis vestidos, Y sobre mi vestidura echaron suertes. Y los soldados hicieron esto. [...] Después de esto, sabiendo Jesús que todas las cosas eran ya cumplidas, para que la Escritura se cumpliese, dijo: Sed tengo. Y estaba allí un vaso lleno de vinagre: entonces ellos hinchieron una esponja de

> vinagre, y rodeada á un hisopo, se la llegaron á la boca. Y como Jesús tomó el vinagre, dijo: Consumado es. Y habiendo inclinado la cabeza, dió el espíritu. Entonces los Judíos, por cuanto era la víspera de la Pascua, para que los cuerpos no quedasen en la cruz en el sábado, pues era el gran día del sábado, rogaron á Pilato que se les quebrasen las piernas, y fuesen quitados. Y vinieron los soldados, y quebraron las piernas al primero, y asimismo al otro que había sido crucificado con él. Mas cuando vinieron á Jesús, como le vieron ya muerto, no le quebraron las piernas: Empero uno de los soldados le abrió el costado con una lanza, y luego salió sangre y agua. (Juan 19:1-3, 5-7, 16, 18-19, 23-24, 28-34)

He aquí una descripción médica de la crucifixión de un médico moderno, el Dr. C. Truman Davis.[1] El calvario de Jesús comenzó en el jardín de Getsemaní, donde estaba tan estresado sabiendo lo que se avecinaba que sudó gotas de sangre, denominado hematidrosis. Es cuando los pequeños capilares de las glándulas sudoríparas se rompen. En esta escritura, Jesús está hablando:

> Diciendo: Padre, si quieres, pasa este vaso de mí; empero no se haga mi voluntad, sino la tuya. Y le apareció un ángel del cielo confortándole. Y estando en agonía, oraba más intensamente: y fué su sudor como grandes gotas de sangre que caían hasta la tierra. (Lucas 22:42-44)

A continuación, leemos que Pilato mandó azotar a Jesús. A Jesús lo desnudaron y le ataron las manos por encima de la cabeza a un poste. Un soldado romano utilizó entonces un azote o flagelo para azotarlo. Tenía tiras de cuero con cuentas de plomo unidas a los extremos de cada una. Se le azotaba la espalda, los hombros y las piernas. Las tiras primero cortaban la piel y luego las venas. Como te puedes imaginar, causó mucho sangrado. Literalmente le arrancaba la carne. Su piel colgaba en largas cintas. El soldado se detuvo cuando Jesús parecía estar cerca de la muerte.

> Entonces Pilato mandó azotar a Jesús con un látigo que tenía puntas de plomo. (Juan 19:1 NTV)

La cruz en la que fue clavado Jesús tenía forma de T. La viga principal estaba sujeta al suelo. Así que Jesús se vio obligado a llevar la viga de la cruz desde la prisión hasta el lugar de la crucifixión. Probablemente pesaba más de 50 kg. Como te puedes imaginar, no llegó muy lejos antes de ser incapaz de llevarlo, así que un soldado romano eligió a un espectador para que lo llevara por él. Jesús, a punto de morir, caminó 650 metros hasta el lugar de la crucifixión. Caminó seis campos y medio de fútbol americano.

> Y llevándole, tomaron á un Simón Cireneo, que venía del campo, y le pusieron encima la cruz para que la llevase tras Jesús. (Lucas 23:26)

Entonces Jesús fue clavado en la cruz. Los grandes clavos de hierro que lo sujetaron a la cruz fueron clavados en los huesos de sus muñecas. Con las rodillas ligeramente dobladas, su pie izquierdo fue presionado contra el derecho y un clavo fue clavado en el arco de ambos pies. Ahora Jesús está crucificado. Mientras estaba colgado, se hundía cada vez más. Para aliviar el dolor insoportable, intentaba levantarse, poniendo su peso en el clavo que le atravesaba los pies y experimentando una vez más la agonía. Sus músculos acabaron por fatigarse. Incapaz de empujarse hacia arriba, no podía respirar. Luego vino su tormento final cuando el líquido llenó la membrana alrededor de su corazón, aplastándolo. Después de la muerte de Jesús, un soldado romano le atravesó el costado y salió sangre y agua. Jesús murió literalmente de un corazón roto. Aquí hay un salmo sobre Jesús y este calvario.

> Heme escurrido como aguas, Y todos mis huesos se descoyuntaron: Mi corazón fué como cera, Desliéndose en medio de mis entrañas. (Salmos 22:14)

Él murió en esa cruz por ti. ¿Sabes lo que dijo Jesús mientras lo clavaban en la cruz? Le pidió a Dios, el padre, que perdonara a las personas que le hicieron esto.

> Y como vinieron al lugar que se llama de la Calavera, le crucificaron allí, y á los malhechores, uno á la derecha, y otro á la izquierda. Y Jesús decía: Padre, perdónalos, porque no saben lo que hacen. Y partiendo sus vestidos, echaron suertes. (Lucas 23:33-34)

Esa horrible descripción de una muerte torturada es la muerte que mereces. Tú eres la razón por la que Jesús estuvo en esa cruz. Pero Jesús te perdonó tus pecados que lo pusieron allí. ¿Estás empezando a entender la profundidad de lo que Jesús hizo por ti?

Morir por tus pecados fue sólo la mitad de lo que hizo Jesús. Verás, Jesús sólo estuvo muerto unos días. Veamos lo que sucedió cuando las mujeres llegaron a su tumba tres días después.

> Y LA víspera de sábado, que amanece para el primer día de la semana, vino María Magdalena, y la otra María, á ver el sepulcro. Y he aquí, fué hecho un gran terremoto: porque el ángel del Señor, descendiendo del cielo y llegando, había revuelto la piedra, y estaba sentado sobre ella. Y su aspecto era como un relámpago, y su vestido blanco como la nieve. Y de miedo de él los guardas se asombraron, y fueron vueltos como muertos. Y respondiendo el ángel, dijo á las mujeres: No temáis vosotras; porque yo sé que buscáis á Jesús, que fué crucificado. No está aquí; porque ha resucitado, como dijo. Venid, ved el lugar donde fué puesto el Señor. [...] Entonces ellas, saliendo del sepulcro con temor y gran gozo, fueron corriendo á dar las nuevas á sus discípulos. Y mientras iban á dar las nuevas á sus discípulos, He aquí, Jesús les sale al encuentro, diciendo: Salve. Y ellas se llegaron y abrazaron sus pies, y le adoraron. (Mateo 28:1-6, 8-9)

¡Jesús venció a la muerte y se levantó de la tumba!

> Pero Dios sabía lo que iba a suceder y su plan predeterminado se llevó a cabo cuando Jesús fue traicionado. Con la ayuda de gentiles sin ley, ustedes lo clavaron en la cruz y lo mataron; pero Dios lo liberó de los terrores de la muerte y lo volvió a la vida, pues la muerte no pudo retenerlo bajo su dominio. (Hechos 2:23-24 NTV)

Sólo Dios tiene el poder sobre la vida y la muerte. Al hacer eso, Jesús demostró que es Dios. Demostró que sí tiene el poder de quitar tus pecados.

> Dios prometió esa Buena Noticia hace tiempo por medio de sus profetas en las sagradas Escrituras. La Buena Noticia trata de su Hijo. En su vida terrenal, él fue descendiente del rey David, y quedó demostrado que era el Hijo de Dios cuando fue resucitado de los muertos mediante el poder del Espíritu Santo. Él es Jesucristo nuestro Señor. Por medio de Cristo, Dios nos ha dado a nosotros, como apóstoles, el privilegio y la autoridad de anunciar por todas partes a los gentiles lo que Dios ha hecho por ellos, a fin de que crean en él y lo obedezcan, lo cual dará gloria a su nombre. (Romanos 1:2-5 NTV)

Después de que Jesús resucitó, ministró a la gente durante muchos días y luego partió de vuelta al cielo. Allí es donde está ahora, a la derecha de Dios. El "Señor" es Jesús.

> Y el Señor, después que les habló, fué recibido arriba en el cielo, y sentóse á la diestra de Dios. (Marcos 16:19)

Jesús deshizo los acontecimientos que comenzaron en el jardín con Adán, Eva y Satanás. Este era el plan de Dios desde el principio. Satanás ha sido derrotado.

¿Por qué Jesús sufrió este terrible destino por mí? ¡Amor! Jesús, Dios en la carne, tuvo el poder de bajarse de esa cruz y alejarse. El amor por ti es lo que lo mantuvo allí. Mira esta Escritura. Jesús está en el jardín de Getsemaní siendo arrestado. Es antes de su crucifixión. Vemos a Jesús decir que podía llamar a más de 12 legiones de ángeles para que vinieran por él. ¿Sabes lo que es una legión? En aquella época eran 5.000 hombres. Eso significa que Jesús podría haber llamado a más de 60.000 ángeles para rescatarlo.[2] Pero no lo hizo.

> Y Jesús le dijo: Amigo, ¿á qué vienes? Entonces llegaron, y echaron mano á Jesús, y le prendieron. Y he aquí, uno de los que estaban con Jesús, extendiendo la mano, sacó su espada, é hiriendo á un siervo del pontífice, le quitó la oreja. Entonces Jesús le dice: Vuelve tu espada á su lugar; porque todos los que tomaren espada, á espada perecerán. ¿Acaso piensas que no puedo ahora orar á mi Padre, y él me daría más de doce legiones de ángeles? ¿Cómo, pues, se cumplirían las Escrituras, que así conviene que sea hecho? (Mateo 26:50-54)

Jesús no necesitó llamar a ningún ángel para que lo rescaten. Él tenía el poder de salvarse a sí mismo si quería. El punto es que no lo hizo. Sufrió ese terrible destino en la cruz voluntariamente. Jesús es el que habla aquí:

> Por eso me ama el Padre, porque yo pongo mi vida, para volverla á tomar. Nadie me la quita, mas yo la pongo de mí mismo. Tengo poder para ponerla, y tengo poder para volverla á tomar. (Juan 10:17-18)

El amor por ti es lo que mantuvo a Jesús en esa cruz. No había mejor manera de que Jesús demostrara cuánto te ama. Estos versículos son las palabras de Jesús.

Como el Padre me amó, también yo os he amado:

estad en mi amor. [...] Este es mi mandamiento: Que os améis los unos á los otros, como yo os he amado. Nadie tiene mayor amor que este, que ponga alguno su vida por sus amigos. (Juan 15:9, 12-13)

El amor. Dios te ama y quiere pasar la eternidad contigo. Recuerda que te creó de forma única y maravillosa. Este no es un amor ordinario como el que experimentamos los humanos. Amamos a otra persona porque la consideramos atractiva, y por nuestro amor esperamos amor a cambio. Tendemos a poner esos mismos atributos en Dios. Pero Dios no ama así. El amor de Dios es un amor incondicional. Jesús murió por nosotros, pecadores indignos. Así es como nos ama. El amor de Dios no tiene límites. Es infinito, igual que él.

> Porque de tal manera amó Dios al mundo, que ha dado á su Hijo unigénito, para que todo aquel que en él cree, no se pierda, mas tenga vida eterna. (Juan 3:16)

> Empero Dios, que es rico en misericordia, por su mucho amor con que nos amó, Aun estando nosotros muertos en pecados, nos dió vida juntamente con Cristo; por gracia sois salvos; Y juntamente nos resucitó, y asimismo nos hizo sentar en los cielos con Cristo Jesús. (Efesios 2:4-6)
> Porque Cristo, cuando aún éramos flacos, á su tiempo murió por los impíos. Ciertamente apenas muere algun por un justo: con todo podrá ser que alguno osara morir por el bueno. Mas Dios encarece su caridad para con nosotros, porque siendo aún pecadores, Cristo murió por nosotros. (Romanos 5:6-8)

9.7. Puedes ser salvo

Ahora que sabes lo que Dios y Jesús hicieron por ti, aceptarlo y ser salvo es realmente sencillo. Todo lo que tienes que hacer es creer.

Creer que Jesús es el Hijo de Dios.

> Creáis que Jesús es el Cristo, el Hijo de Dios; y para que creyendo, tengáis vida en su nombre. (Juan 20:31)

Cree que Jesús murió por tus pecados y que después resucitó de la tumba.

> Por el cual asimismo, si retenéis la palabra que os he predicado, sois salvos, si no creísteis en vano. Porque primeramente os he enseñado lo que asimismo recibí: Que Cristo fué muerto por nuestros pecados conforme á las Escrituras. (1 Corintios 15:2-3)

> Pues Dios ofreció a Jesús como el sacrificio por el pecado. Las personas son declaradas justas a los ojos de Dios cuando creen que Jesús sacrificó su vida al derramar su sangre. Ese sacrificio muestra que Dios actuó con justicia cuando se contuvo y no castigó a los que pecaron en el pasado. (Romanos 3:25 NTV)

Cree que Jesús es el camino al cielo porque Jesús mismo es la verdad. Sólo puedes tener vida eterna a través de Jesús.

> Jesús le dice: Yo soy el camino, y la verdad, y la vida: nadie viene al Padre, sino por mí. (Juan 14:6)

Cree que Dios hizo esto por ti como un regalo. Sólo requiere fe de tu parte. No hay nada que puedas hacer para ganarlo.

> Porque por gracia sois salvos por la fe; y esto no de vosotros, pues es don de Dios. (Efesios 2:8)

¡Creer!, fue lo que hizo el criminal en la cruz junto a Jesús. Por eso está en el cielo con Jesús. El paraíso es el cielo. Veamos la conversación que tuvo Jesús con ambos criminales.

> Y uno de los malhechores que estaban colgados, le injuriaba, diciendo: Si tú eres el Cristo, sálvate á ti mismo y á nosotros. Y respondiendo el otro, reprendióle, diciendo: ¿Ni aun tú temes á Dios, estando en la misma condenación? Y nosotros, á la verdad, justamente padecemos; porque recibimos lo que merecieron nuestros hechos: mas éste ningún mal hizo. Y dijo á Jesús: Acuérdate de mí cuando vinieres á tu reino. Entonces Jesús le dijo: De cierto te digo, que hoy estarás conmigo en el paraíso. (Lucas 23:39-43)

El criminal sabía que era un pecador. Sabía que merecía morir por sus actos ilícitos.

> Y nosotros, á la verdad, justamente padecemos; porque recibimos lo que merecieron nuestros hechos: mas éste ningún mal hizo. (Lucas 23:41)

El criminal sabía que Jesús era el Señor, que Jesús iba a su Reino celestial, y que Jesús tenía el poder de salvarlo.

> Y dijo á Jesús: Acuérdate de mí cuando vinieres á tu reino. (Lucas 23:42)

Puedes llegar al cielo de la misma manera que lo hizo el criminal. No se trata de lo buena persona que seas, de la frecuencia con la que vayas a la iglesia, de la iglesia a la que vayas, de si has sido bautizado o del éxito que tengas. Sólo tienes que creer.

Tener fe y creer parece tan sencillo, pero es increíblemente difícil, ¿no es así? Es difícil porque nuestra naturaleza humana quiere ganársela. Así es como conseguimos y logramos cualquier cosa en la tierra, con nuestro propio sudor y sangre. Pero no es así como funciona en el reino de Dios. Entrar en el cielo es un regalo que Dios te ha dado. No es algo que se pueda ganar.

> Porque por gracia sois salvos por la fe; y esto no

de vosotros, pues es don de Dios: No por obras, para que nadie se gloríe. (Efesios 2:8-9)

Sé que puede que no estés convencido. Yo tampoco lo estaba al principio. De hecho, no creí hasta los 30 años. ¿Qué me hizo cambiar de opinión? Dejé de confiar en los rumores, en las opiniones y creencias de otras personas, y busqué mi propio entendimiento. Empecé a asistir a la iglesia para poder entender lo que decía la Biblia y tomar mi propia decisión. Durante varios meses, el predicador nos llevó a través del libro de Juan en el Nuevo Testamento. Durante este tiempo, aprendí todo sobre Jesús y lo que hizo por mí. Cuando terminamos de leer el libro, ya era una creyente.

Eso inició mi viaje, pero son las promesas cumplidas de Dios las que me han mantenido en este camino y me han hecho pasar de ser un creyente a un conocedor. Así es, un conocedor. No sólo creo en Dios y en lo que hizo a través de Jesús. Lo sé. Lo sé porque he visto que Dios cumple sus promesas. Lo sé porque he visto de primera mano que Dios responde a oraciones imposibles. Oraciones que sólo he pedido en mis pensamientos a Dios.

Para vivir con Dios para siempre, lo único que hay que hacer es aceptar el regalo que nos ofrece a cada uno de nosotros. Jesús, Dios en la carne, es ese regalo. ¿Has aceptado su regalo? ¿Crees en Jesús y en lo que hizo por ti?

¿Crees que eres un pecador?

¿Crees que tu pecado te separa de Dios?

¿Quieres apartarte de tu pecado?

¿Crees que Dios envió a su Hijo Jesús para que asumiera tus pecados y muriera por ti?

¿Crees que Jesús resucitó de la tumba y reina con Dios en el cielo?

¿Le entregas tu salvación a Jesús?

¿Quieres que Jesús entre en tu vida y te ayude a ser justo?

9.8. ¡El momento es ahora!

Quiero animarte a que te acerques a Dios ahora

mismo. No hay mejor momento que el presente. El mañana no está garantizado para ti.

> Y no sabéis lo que será mañana. Porque ¿qué es vuestra vida? Ciertamente es un vapor que se aparece por un poco de tiempo, y luego se desvanece. (Santiago 4:14)

> En tiempo aceptable te he oído, Y en día de salud te he socorrido: he aquí ahora el tiempo aceptable; he aquí ahora el día de salud. (2 Corintios 6:2)

No esperes a no sentir vergüenza para acercarte a Dios. No esperes a arreglar tus problemas, a tener un corazón limpio o a dejar tu comportamiento pecaminoso. No tienes el poder de hacerte justo. Es una batalla que nunca ganarás. Acércate a Dios ahora mismo.

> Si oyereis su voz hoy, No endurezcáis vuestros corazones. (Hebreos 4:7)

No se avergüenza de ti. No está decepcionado contigo. No hay condenación para los que creen en Jesús.

> AHORA pues, ninguna condenación hay para los que están en Cristo Jesús, los que no andan conforme á la carne, mas conforme al espíritu. Porque la ley del Espíritu de vida en Cristo Jesús me ha librado de la ley del pecado y de la muerte. (Romanos 8:1-2)

No importa lo que hayas hecho. Él te perdonará. Recuerda que te ama incondicionalmente.

> Presenta tus confesiones y vuélvete al Señor. Dile: «Perdona todos nuestros pecados y recíbenos con bondad para que podamos ofrecerte nuestras alabanzas». [...] El Señor dice: «Entonces yo los sanaré de su falta de fe; mi amor no tendrá límites, porque mi enojo habrá desaparecido para siempre». (Hosea 14:2, 4 NTV)

> "El Señor es lento para enojarse y está lleno de amor inagotable y perdona toda clase de pecado y rebelión". (Números 14:18 NTV)

Ora para aceptar a Jesús

Si estás listo para creer, entonces eleva una oración a Dios. Orar es simplemente hablar con Dios y ser honesto con él. Repite lo siguiente en oración, sabiendo que lo sientes desde lo más profundo de tu corazón.

"Querido Señor Jesús,

Sé que soy un pecador. Por favor, perdona mis pecados. Creo que eres el hijo de Dios y que has muerto por mis pecados. También creo que resucitaste de la tumba y que reinas en el cielo con Dios. Quiero apartarme de mis pecados y seguirte como mi Señor y Salvador. Por favor, ayúdame entrando en mi corazón y en mi vida. Gracias por hacer un camino para que yo viva contigo en el cielo por la eternidad. En el nombre de Jesús, amén".

9.9. ¡Felicidades! Eres un hijo de Dios

Si crees y oras para que Jesús entre en tu vida, tienes la mayor recompensa. ¡Ahora eres un hijo de Dios!

> Todo el que cree que Jesús es el Cristo ha llegado a ser un hijo de Dios. (1 Juan 5:1 NTV)

¡Has vuelto a nacer oficialmente!

> Respondió Jesús, y díjole: De cierto, de cierto te digo, que el que no naciere otra vez, no puede ver el reino de Dios. Dícele Nicodemo: ¿Cómo puede el hombre nacer siendo viejo? ¿puede entrar otra vez en el vientre de su madre, y nacer? Respondió Jesús: De cierto, de cierto te digo, que el que no naciere de agua y del Espíritu, no puede entrar en el reino de Dios. Lo que es nacido de la carne, carne es; y lo que es nacido del Espíritu, espíritu es. (Juan 3:3-6)

Tú también eres un heredero, junto con Jesús.

Puedes heredar todo lo que Dios ha preparado para sus hijos: el cielo y la vida eterna. En estos versículos, Jesús es el "Hijo" de Dios.

> Y por cuanto sois hijos, Dios envió el Espíritu de su Hijo en vuestros corazones, el cual clama: Abba, Padre. Así que ya no eres más siervo, sino hijo, y si hijo, también heredero de Dios por Cristo. (Gálatas 4:6-7)

Consuélate sabiendo que nada, absolutamente nada, ni siquiera Satanás mismo, puede quitarte esto. Recuerda siempre quién eres ahora, un hijo de Dios. Véase Romanos 8:35-39 en el capítulo 9.5. "Ángeles", "principados" y "potestades" se refieren a Satanás y a su cohorte de ángeles caídos.

Dios te ha sellado con su Espíritu Santo. Tienes el poder de Dios y de Jesús viviendo dentro de ti. Jesús está contigo dondequiera que vayas.

> Para que seamos para alabanza de su gloria, nosotros que antes esperamos en Cristo. En el cual esperasteis también vosotros en oyendo la palabra de verdad, el evangelio de vuestra salud: en el cual también desde que creísteis, fuisteis sellados con el Espíritu Santo de la promesa, Que es las arras de nuestra herencia, para la redención de la posesión adquirida para alabanza de su gloria. (Efesios 1:12-14)

4° Parte:
No te dejes engañar

Capítulo 10 – Te están mintiendo

En la primera parte de este libro mencioné que te encontrarás con una cantidad de engaños y mentiras sin precedentes. Puedes combatir los fuertes engaños conociendo la verdad. Necesitas estar alerta y pedirle a Dios sabiduría. Lee la Biblia, cuestiona lo que escuchas, lo que lees, lo que te dicen, y busca las cosas en la Biblia. Sólo porque alguien diga que algo está en la Biblia no significa que lo esté. Y, sólo porque hayan citado una Escritura, no significa que la hayan utilizado correctamente. Podrían utilizarla fuera de contexto o no explicarla correctamente. Comprueba si la verdad ha sido tergiversada.

La vieja táctica de Satanás es torcer la Palabra de Dios. Él conoce la Biblia mejor que cualquiera de nosotros. Ha tenido miles de años para estudiarla y ha vivido la historia que describe. Lo primero que hizo Satanás en el jardín con Eva fue engañarla torciendo la Palabra de Dios y mintiéndole. Desafortunadamente, ella no conocía la Palabra de Dios lo suficientemente bien como para combatir su mentira. Veamos lo que sucedió. En estas Escrituras, el "hombre" es Adán, la "mujer" es Eva, y la "serpiente" es Satanás.

> Y mandó Jehová Dios al hombre, diciendo: De todo árbol del huerto comerás; Mas del árbol de ciencia del bien y del mal no comerás de él; porque el día que de él comieres, morirás. (Génesis 2:16-17)

> EMPERO la serpiente era astuta, más que todos los animales del campo que Jehová Dios había hecho; la cual dijo á la mujer: ¿Conque Dios os ha dicho: No comáis de todo árbol del huerto? Y

la mujer respondió á la serpiente: Del fruto de los árboles del huerto comemos; Mas del fruto del árbol que está en medio del huerto dijo Dios: No comeréis de él, ni le tocaréis, porque no muráis. Entonces la serpiente dijo á la mujer: No moriréis; Mas sabe Dios que el día que comiereis de él, serán abiertos vuestros ojos, y seréis como dioses sabiendo el bien y el mal. Y vió la mujer que el árbol era bueno para comer, y que era agradable á los ojos, y árbol codiciable para alcanzar la sabiduría; y tomó de su fruto, y comió; y dió también á su marido, el cual comió así como ella. (Génesis 3:1-6)

Satanás primero preguntó, ¿Dios realmente dijo que no comieran de ningún árbol? ¿Ves cómo torció la Palabra de Dios? Él sabía que eso no era lo que Dios decía. Dios dijo que podían comer de todos los árboles, excepto de uno. Entonces Eva añadió que ni siquiera podía tocar el fruto del árbol del centro del jardín. Ella no recordaba muy bien la Palabra de Dios. Satanás terminó su tentación mintiendo a Eva. Le dijo que no moriría. Eva no confiaba en Dios, y Satanás la convenció de que Dios le estaba ocultando algo. Ella decidió creer las mentiras de Satanás.

Tu enemigo, Satanás, no quiere que sepas la verdad. Estos son algunos engaños que debes esperar. Date cuenta de que Satanás hará que estas mentiras parezcan bastante convincentes. En la primera Escritura, "este hombre" es una referencia al Anticristo. En la segunda Escritura, el "dragón" es Satanás, y la "bestia" es el Anticristo.

> Ese hombre vendrá a hacer la obra de Satanás con poder, señales y milagros falsos. Se valdrá de toda clase de mentiras malignas para engañar a los que van rumbo a la destrucción, porque se niegan a amar y a aceptar la verdad que los salvaría. Por lo tanto, Dios hará que ellos sean engañados en gran manera y creerán esas mentiras. Entonces serán condenados por deleitarse en la maldad en lugar de creer en la

verdad. (2 Tesalonicenses 2:9-12 NTV)

Y el dragón le dio a la bestia su propio poder y trono y gran autoridad. Vi que una de las cabezas de la bestia parecía estar herida de muerte, ¡pero la herida mortal sanó! Todo el mundo se maravilló de este milagro y dio lealtad a la bestia. Adoraron al dragón por haberle dado semejante poder a la bestia y también adoraron a la bestia. [...] A la bestia se le permitió decir grandes blasfemias contra Dios. [...] Y abrió la boca con terribles blasfemias contra Dios, maldiciendo su nombre y su habitación, es decir, a los que habitan en el cielo. (Apocalipsis 13:2-6 NTV)

Falso poder, falsas señales y falsos milagros. El poder del Anticristo parecerá real, pero no lo es. Es falso. Mentirá sobre Dios, sobre el nombre de Dios, sobre el hijo de Dios, Jesús, sobre el cielo y sobre los cristianos o arrebatados que viven allí. Hablará "blasfemias", lo que significa que calumniará, hablará mal y vilipendiará a Dios.

Como se te advierte de antemano, no tienes que dejarte engañar.

Capítulo 11 – Mentiras sobre lo que sucedió y sus razones

Habrá explicaciones tanto espirituales como lógicas de lo que ocurrió con los millones de personas que desaparecieron y las razones detrás de esto.

En cuanto a las mentiras espirituales, habrá explicaciones que afirmen que los desaparecidos fueron llevados a otro planeta o a la nave nodriza. Sí, hablo totalmente en serio. Dirán que es porque no estábamos iluminados y había que eliminarlos. Se les oirá decir que la vida será mejor sin nosotros.

Te comparto un ejemplo, una cita de Barbara Marciniak, una popular autora de la nueva era, para ayudar a entender mejor mi punto de vista. "Las personas que abandonan el planeta durante el tiempo de los cambios en la Tierra ya no encajan aquí, y están deteniendo la armonía de la Tierra. Cuando llegue el momento en que quizás 20 millones de personas abandonen el planeta de una sola vez, habrá un tremendo cambio de conciencia para los que se queden".[3]

Ahora bien, algunos de la nueva era pueden estar en desacuerdo y afirmar que fuimos arrebatados para poder ser iluminados y luego regresar y enseñar a todos los que quedaron atrás. Ya sea que piensen que los arrebatados fueron iluminados o no, esto es una mentira espiritual. Date cuenta de que es parte del engaño de la nueva era de Satanás.

Por supuesto, habrá una explicación de abducción alienígena. Te dirán que fuimos llevados para la iluminación, para la experimentación, para ser una raza esclava, para ayudar a salvar la tierra, o para ayudar a salvar a la humanidad de algún apocalipsis. Nuestra cultura está obsesionada con la vida extraterrestre. No me cabe duda de que la gente ha tenido experiencias muy reales con extraterrestres y ha sido testigo de todo tipo de signos y maravillas como resultado de esos encuentros. El volumen de datos y pruebas que tenemos sobre estos encuentros es demasiado abrumador para refutarlo.⁴ Sin embargo, hay una verdad importante aquí que Satanás no quiere que sepas.

El pastor Billy Crone ha investigado mucho sobre los ovnis y los extraterrestres.⁵ Las siguientes afirmaciones son un resumen de lo que ha descubierto.⁶ Los extraterrestres mienten como demonios. Los extraterrestres viajan como demonios. Los extraterrestres enseñan como los demonios. Los extraterrestres se comunican como demonios. Los extraterrestres poseen como los demonios. Los extraterrestres son reprendidos por el nombre de Jesús como los demonios.

Sí, has leído bien. ¡Los extraterrestres son demonios! No quiero que seas más engañado más sobre esto. Creo que esta es una de las mentiras verdaderamente perversas de Satanás. Es importante que seas capaz de reconocer este engaño y lo veas por lo que realmente es. Vamos a ver cada una de esas afirmaciones con más detalle, pero primero tienes que entender lo que son los demonios.

La Biblia nos dice que los demonios son ángeles caídos. Todo comenzó con el rey de los demonios, Satanás. Cuando Satanás pecó y se rebeló contra Dios, fue arrojado a la tierra junto con todos los demás ángeles que le siguieron, véase Apocalipsis 12:4-9. En estas Escrituras, Satanás es el "querubín grande" y "Lucero".

> En Edén, en el huerto de Dios estuviste: [...] Tú, querubín grande, cubridor: y yo te puse; en el santo monte de Dios estuviste; [...] Perfecto eras en todos tus caminos desde el día que fuiste criado, hasta que se halló en ti maldad. A causa de la multitud de tu contratación fuiste lleno de iniquidad, y pecaste: por lo que yo te eché del monte de Dios. [...] Yo te arrojaré por tierra; delante de los reyes te pondré para que miren en ti. (Ezequiel 28:13-17)

> ¡Cómo caiste del cielo, oh Lucero, hijo de la mañana! Cortado fuiste por tierra, tú que

debilitabas las gentes. (Isaías 14:12)

Cuando los discípulos de Jesús se asombraron de que pudieran expulsar demonios en su nombre, Jesús les dijo que había visto a Satanás caer del cielo. En estos versículos, Jesús es "Señor".

> Y volvieron los setenta con gozo, diciendo: Señor, aun los demonios se nos sujetan en tu nombre. Y les dijo: Yo veía á Satanás, como un rayo, que caía del cielo. (Lucas 10:17-18)

Aunque los ángeles caídos habitan ahora en la Tierra, todavía tienen acceso a comunicarse con Dios en el cielo. De hecho, tienen que obtener el permiso de Dios para interactuar con nosotros los humanos. Mira esta conversación entre Dios y Satanás con respecto a Job. "Los hijos de Dios" se refiere a los ángeles.

> Y un día vinieron los hijos de Dios á presentarse delante de Jehová, entre los cuales vino también Satán. Y dijo Jehová á Satán: ¿De dónde vienes? Y respondiendo Satán á Jehová, dijo: De rodear la tierra, y de andar por ella. Y Jehová dijo á Satán: ¿No has considerado á mi siervo Job, que no hay otro como él en la tierra, varón perfecto y recto, temeroso de Dios, y apartado de mal? Y respondiendo Satán á Jehová, dijo: ¿Teme Job á Dios de balde? ¿No le has tú cercado á él, y á su casa, y á todo lo que tiene en derredor? Al trabajo de sus manos has dado bendición; por tanto su hacienda ha crecido sobre la tierra. Mas extiende ahora tu mano, y toca á todo lo que tiene, y verás si no te blasfema en tu rostro. Y dijo Jehová á Satán: He aquí, todo lo que tiene está en tu mano: solamente no pongas tu mano sobre él. (Job 1:6-12)

Satanás es muy real al igual que su ejército de ángeles caídos. Viene un día en el que estos ángeles caídos serán expulsados del cielo. Esto sucede en el rapto. Ellos perderán su acceso a Dios entonces.

Habrá un incremento significativo en la actividad alienígena (demoníaca) desde ese día en adelante. Eso es porque ellos sabrán que les queda un periodo de tiempo muy corto. Estarán llenos de rabia. Ellos saben cómo termina esta historia. Todos terminarán en el lago de fuego (Apocalipsis 20:10, Mateo 25:41).

> Y fué lanzado fuera aquel gran dragón, la serpiente antigua, que se llama Diablo y Satanás, el cual engaña á todo el mundo; fué arrojado en tierra, y sus ángeles fueron arrojados con él. Y oí una grande voz en el cielo que decía: Ahora ha venido la salvación, y la virtud, y el reino de nuestro Dios, y el poder de su Cristo; porque el acusador de nuestros hermanos ha sido arrojado, el cual los acusaba delante de nuestro Dios día y noche. Y ellos le han vencido por la sangre del Cordero, y por la palabra de su testimonio; y no han amado sus vidas hasta la muerte. Por lo cual alegraos, cielos, y los que moráis en ellos. ¡Ay de los moradores de la tierra y del mar! porque el diablo ha descendido á vosotros, teniendo grande ira, sabiendo que tiene poco tiempo. (Apocalipsis 12:9-12)

Ahora que entiendes quiénes son los demonios, consideremos cada uno de esos puntos acerca de que los extraterrestres son como demonios.

Los extraterrestres mienten como demonios. Los extraterrestres afirman que son una especie evolucionada y con mayor educación. Esta es la mentira de la evolución. Sabemos que es una mentira porque Dios creó todo con un propósito único. Tú no eres un accidente de la evolución. No evolucionaste de un lodo espacial. Fuiste creado a imagen y semejanza de Dios para su gloria. ¿Quién dice Dios que nos engaña con mentiras? Es el propio padre de la mentira, Satanás. Siempre está al acecho buscando a alguien a quien pueda engañar. En estos versículos, Satanás es "el diablo".

> Vosotros de vuestro padre el diablo sois, y los

> deseos de vuestro padre queréis cumplir. Él, homicida ha sido desde el principio, y no permaneció en la verdad, porque no hay verdad en él. Cuando habla mentira, de suyo habla; porque es mentiroso, y padre de mentira. (Juan 8:44)
>
> Sed templados, y velad; porque vuestro adversario el diablo, cual león rugiente, anda alrededor buscando á quien devore. (1 Pedro 5:8)

Los extraterrestres viajan como demonios. Los extraterrestres intentan hacernos creer que son una especie avanzada por su forma de viajar. Los ovnis y los extraterrestres suelen aparecer de la nada, como si vinieran de otra dimensión. Hay todo tipo de avistamientos de platillos volantes y otros vehículos de alta tecnología que parecen aparecer de la nada. ¿Quién nos dice la Biblia que tiene la capacidad de viajar entre dimensiones? Son los ángeles. Ellos tienen acceso a la dimensión espiritual, celestial, y tienen acceso a nuestra dimensión en la tierra. Recuerda que los demonios son ángeles caídos. En esta Escritura, vemos que el profeta, Eliseo, oró para que los ojos de su siervo fueran abiertos a la dimensión espiritual. Dios abrió sus ojos, y vio lo que el profeta podía ver, una montaña llena de ángeles con carros de fuego. Los ángeles están de hecho entre nosotros, sólo que no los vemos típicamente porque están en una dimensión diferente.

> Y levantándose de mañana el que servía al varón de Dios, para salir, he aquí el ejército que tenía cercada la ciudad, con gente de á caballo y carros. Entonces su criado le dijo: ¡Ah, señor mío! ¿qué haremos? Y él le dijo: No hayas miedo: porque más son los que están con nosotros que los que están con ellos. Y oró Eliseo, y dijo: Ruégote, oh Jehová, que abras sus ojos para que vea. Entonces Jehová abrió los ojos del mozo, y miró: y he aquí que el monte estaba lleno de gente de á caballo, y de carros de fuego alrededor

de Eliseo. (2 Reyes 6:15-17)

Los extraterrestres enseñan como demonios y promueven la espiritualidad antibíblica de la nueva era. Estas son algunas de las cosas que los demonios disfrazados enseñan: la gente es un pequeño dios, la gente necesita adorar la tierra, Jesús era un extraterrestre, el pecado no existe por lo que la gente no necesita ser salva, Jesús realmente estaba diciendo que la gente puede convertirse en Cristo, la gente necesita unirse en un gobierno mundial, y Lucifer, que sabes que es el diablo, es realmente el héroe que te salvará. Un gobierno unificado, ¿eh? Eso es exactamente lo que el Anticristo va a establecer después del rapto. ¿Recuerdas quién mora dentro del Anticristo? Es Satanás. ¿Honestamente crees que una especie evolucionada viajaría por toda la galaxia para enseñar estas tonterías y hablar mal de Jesús? Uno pensaría que nos enseñarían algo útil para resolver un problema global, como la cura de una enfermedad. ¿A quién llama la Biblia para que enseñe todo tipo de maldades a la gente? Una vez más, es Satanás y los ángeles caídos.

> Ahora bien, el Espíritu Santo nos dice claramente que en los últimos tiempos algunos se apartarán de la fe verdadera; seguirán espíritus engañosos y enseñanzas que provienen de demonios. (1 Timoteo 4:1 NTV)

> Estoy maravillado de que tan pronto os hayáis traspasado del que os llamó á la gracia de Cristo, á otro evangelio: No que hay otro, sino que hay algunos que os inquietan, y quieren pervertir el evangelio de Cristo. Mas aun si nosotros ó un ángel del cielo os anunciare otro evangelio del que os hemos anunciado, sea anatema. (Gálatas 1:6-8)

Los extraterrestres se comunican con nosotros como lo hacen los demonios. Los extraterrestres quieren que la gente esté en un estado alterado de conciencia para poder comunicarse con ellos. Eso me suena. Eso es lo que la espiritualidad de la nueva era enseña con la meditación trascendental, la canalización y las lecturas psíquicas. La Palabra de Dios prohíbe directamente este tipo de prácticas y la comunicación con el reino espiritual. Dios sabe que, si haces esas cosas, estarás hablando con demonios, y no quiere que seas engañado Ahora, ¿por qué un extraterrestre querría que la gente hiciera algo que Dios prohíbe directamente en la Biblia? ¿Por qué no pueden usar un método de comunicación de alta tecnología si son una especie tan evolucionada? Porque ese alienígena es un demonio que te odia, que quiere que peques y que no quiere que conozcas la verdad de Dios.

> Cuando hubieres entrado en la tierra que Jehová tu Dios te da, no aprenderás á hacer según las abominaciones de aquellas gentes. No sea hallado en ti quien haga pasar su hijo ó su hija por el fuego, ni practicante de adivinaciones, ni agorero, ni sortílego, ni hechicero, Ni fraguador de encantamentos, ni quien pregunte á pitón, ni mágico, ni quien pregunte á los muertos. Porque es abominación á Jehová cualquiera que hace estas cosas, y por estas abominaciones Jehová tu Dios las echó de delante de ti. (Deuteronomio 18:9-12)

Los extraterrestres poseen a la gente como lo hacen los demonios. El pastor Crone comparte un encuentro con extraterrestres en el que un hombre fue poseído por un extraterrestre que vio en su propiedad.[7] Los testigos dijeron que el hombre comenzó a gruñir, agitando sus brazos, y el olor a azufre estaba presente. ¿Adivina quién más desea poseer a la gente? ¡Los demonios! Jesús y los discípulos incluso expulsaron a los demonios de las personas que estaban poseídas. En la primera Escritura, Jesús es el que expulsa al demonio. La segunda escritura es Jesús hablando de un espíritu inmundo.

> Y como fué ya tarde, trajeron á él muchos endemoniados: y echó los demonios con la palabra, y sanó á todos los enfermos. (Mateo 8:16)

> Cuando el espíritu inmundo ha salido del hombre, anda por lugares secos, buscando reposo, y no lo halla. Entonces dice: Me volveré á mi casa de donde salí: y cuando viene, la halla desocupada, barrida y adornada. Entonces va, y toma consigo otros siete espíritus peores que él, y entrados, moran allí; y son peores las cosas; últimas del tal hombre que las primeras: así también acontecerá á esta generación mala. (Mateo 12:43-45)

Las personas poseídas por el demonio en la Biblia también actuaron y se infligieron daño. Los demonios siguen a Satanás que es un asesino. Ellos quieren hacerte daño. ¿Y adivina quién huele a azufre? Así es, ¡los demonios! Su morada es el infierno, el lago de fuego, que huele a azufre, consulta Apocalipsis 20:10. En esta Escritura, vemos a un "hombre con un espíritu impuro" acercarse a Jesús. Eso significa que estaba poseído por un espíritu impuro.

> Y salido él del barco, luego le salió al encuentro, de los sepulcros, un hombre con un espíritu inmundo, Que tenía domicilio en los sepulcros, y ni aun con cadenas le podía alguien atar; Porque muchas veces había sido atado con grillos y cadenas, mas las cadenas habían sido hechas pedazos por él, y los grillos desmenuzados; y nadie le podía domar. Y siempre, de día y de noche, andaba dando voces en los montes y en los sepulcros, é hiriéndose con las piedras. Y como vió á Jesús de lejos, corrió, y le adoró. Y clamando á gran voz, dijo: ¿Qué tienes conmigo, Jesús, Hijo del Dios Altísimo? Te conjuro por Dios que no me atormentes. Porque le decía: Sal de este hombre, espíritu inmundo. Y le preguntó: ¿Cómo te llamas? Y respondió diciendo: Legión me llamo; porque somos muchos. [...] Y vienen á Jesús, y ven

> al que había sido atormentado del demonio, y que había tenido la legión, sentado y vestido, y en su juicio cabal; y tuvieron miedo. (Marcos 5:2-9, 15)

Muchas personas que han tenido encuentros con extraterrestres han visto seres reales y físicos. Todos hemos visto fotos de los extraterrestres grises y de los hombrecitos verdes. ¿Sabías que los ángeles pueden adoptar una apariencia física?

> No olvidéis la hospitalidad, porque por ésta algunos, sin saberlo, hospedaron ángeles. (Hebreos 13:2)

> Porque éstos son falsos apóstoles, obreros fraudulentos, trasfigurándose en apóstoles de Cristo. Y no es maravilla, porque el mismo Satanás se transfigura en ángel de luz. Así que, no es mucho si también sus ministros se transfiguran como ministros de justicia; cuyo fin será conforme á sus obras. (2 Corintios 11:13-15)

> LLEGARON, pues, los dos ángeles á Sodoma á la caída de la tarde: y Lot estaba sentado á la puerta de Sodoma. Y viéndolos Lot, levantóse á recibirlos, é inclinóse hacia el suelo. (Génesis 19:1)

Los extraterrestres son reprendidos por el nombre de Jesús. Esto es lo que el investigador de abducciones alienígenas Joe Jordan tiene que decir sobre las personas que han experimentado abducciones: "A través de la investigación de los testimonios de los casos se encontró que algunos de los que experimentaron esto fueron capaces de detener o terminar la experiencia. Se reconoció que el método utilizado por los experimentadores cristianos era común. Se demostró que la experiencia podía detenerse o terminarse invocando el nombre y la autoridad de Jesucristo. No como una palabra mágica, sino por su lealtad y relación personal con Él". Tiene más de cien testimonios publicados en su página web.[8] Bueno, eso es interesante, ¿no? Ahora, ¿por qué en la tierra un extranjero respondería a la autoridad de Jesucristo? ¡Porque es un demonio! Todos los ángeles están bajo la autoridad de Jesús.

> Y estaba en la sinagoga un hombre que tenía un espíritu de un demonio inmundo, el cual exclamó á gran voz, Diciendo: Déjanos, ¿qué tenemos contigo Jesús Nazareno? ¿has venido á destruirnos? Yo te conozco quién eres, el Santo de Dios. Y Jesús le increpó, diciendo: Enmudece, y sal de él. Entonces el demonio, derribándole en medio, salió de él, y no le hizo daño alguno. Y hubo espanto en todos, y hablaban unos á otros, diciendo: ¿Qué palabra es ésta, que con autoridad y potencia manda á los espíritus inmundos, y salen? (Lucas 4:33-36)

> Y aconteció, que yendo nosotros á la oración, una muchacha que tenía espíritu pitónico, nos salió al encuentro, la cual daba grande ganancia á sus amos adivinando. Esta, siguiendo á Pablo y á nosotros, daba voces, diciendo: Estos hombres son siervos del Dios Alto, los cuales os anuncian el camino de salud. Y esto hacía por muchos días; mas desagradando á Pablo, se volvió y dijo al espíritu: Te mando en el nombre de Jesucristo, que salgas de ella. Y salió en la misma hora. (Hechos 16:16-18)

> Jesucristo: El cual está á la diestra de Dios, habiendo subido al cielo; estando á él sujetos los ángeles, y las potestades, y virtudes. (1 Pedro 3:21-22)

Los extraterrestres quieren que la gente los adore. Los extraterrestres tienen los mismos objetivos que Satanás, y Satanás quiere ser como Dios. Más que nada, estos alienígenas quieren ser adorados. Nosotros hemos hecho exactamente eso, ¿no es así? Mira cómo los hemos glorificado en nuestra cultura a través de películas y libros. ¿Sabed qué película ocupa actualmente el cuarto lugar en la taquilla nacional de todos los tiempos en Estados Unidos? Es *"E.T.: El Extraterrestre"*. Se estrenó en 1982 y ha ganado casi 1.300 millones de dólares.[9] Mira cuántas religiones falsas hemos creado para que la gente adore a los extraterrestres. Hasta agosto de 2019, dos millones de personas han dicho que van a asistir al evento Storm Area 51 en Nevada en otoño de 2019 y otros 1,4 millones están interesados.[10] Dos millones de personas. Eso equivale a toda el área metropolitana de Indianápolis.[11] Mucha gente está obsesionada con los extraterrestres.

Esta Escritura está hablando de Satanás cuyo nombre es "Lucifer". Puedes ver que él desea ser Dios.

> ¡Cómo caiste del cielo, oh Lucero, hijo de la mañana! Cortado fuiste por tierra, tú que debilitabas las gentes. Tú que decías en tu corazón: Subiré al cielo, en lo alto junto á las estrellas de Dios ensalzaré mi solio, y en el monte del testimonio me sentaré, á los lados del aquilón; Sobre las alturas de las nubes subiré, y seré semejante al Altísimo. (Isaías 14:12-14)

Durante el ministerio de Jesús, éste fue tentado por Satanás. Mira lo que Satanás trató de hacerle a Jesús.

> Otra vez le pasa el diablo á un monte muy alto, y le muestra todos los reinos del mundo, y su gloria, Y dícele: Todo esto te daré, si postrado me adorares. Entonces Jesús le dice: Vete, Satanás, que escrito está: Al Señor tu Dios adorarás y á él solo servirás. (Mateo 4:8-10)

Así es, Satanás quería que Jesús lo adorara. Recuerda que Jesús es Dios en la carne. Así que Satanás no sólo quiere ser como Dios, quiere reemplazar a Dios. Quiere que Dios lo adore. En estas Escrituras de abajo, puedes ver a través de la historia que la gente adoraba a los demonios.

> No destruyeron los pueblos Que Jehová les dijo;

> Antes se mezclaron con las gentes, Y aprendieron sus obras. Y sirvieron á sus ídolos; Los cuales les fueron por ruina. Y sacrificaron sus hijos y sus hijas á los demonios. (Salmos 106:34-37)

> Y dejó al Dios que le hizo, Y menospreció la Roca de su salud. Despertáronle á celos con los dioses ajenos; Ensañáronle con abominaciones. Sacrificaron á los diablos, no á Dios; A dioses que no habían conocido, A nuevos dioses venidos de cerca, Que no habían temido vuestros padres. (Deuteronomio 32:15-17)

Aquí, el apóstol Pablo nos dice que no debemos adorar nada más que a Dios. Cuando sustituimos a Dios por otra cosa, esa otra cosa es un demonio.

> Empero estas cosas fueron en figura de nosotros, para que no codiciemos cosas malas, como ellos codiciaron. Ni seáis honradores de ídolos, como algunos de ellos, según está escrito: Sentóse el pueblo á comer y á beber, y se levantaron á jugar. [...] Por tanto, amados míos, huid de la idolatría. [...] Mirad á Israel según la carne: los que comen de los sacrificios ¿no son partícipes con el altar? ¿Qué pues digo? ¿Que el ídolo es algo? ¿ó que sea algo lo que es sacrificado á los ídolos? Antes digo que lo que los Gentiles sacrifican, á los demonios lo sacrifican, y no á Dios: y no querría que vosotros fueseis partícipes con los demonios. No podéis beber la copa del Señor, y la copa de los demonios: no podéis ser partícipes de la mesa del Señor, y de la mesa de los demonios. (1 Corintios 10:6-7, 14, 18-21)

¿Todavía te cuesta creer que los extraterrestres son realmente un engaño de Satanás? Mira lo que dicen estos investigadores seculares.

Un famoso investigador de ovnis y astrofísico, el Dr. Jacques Vallee, conocido por sus investigaciones que inspiraron la película de Steven Spielberg *"Encuentros cercanos del tercer tipo"*, dijo lo siguiente sobre los ovnis en una entrevista: "El fenómeno se presenta en un entorno de manifestaciones que incluyen una mayor conciencia de sincronicidades, sonidos y luces paranormales y, en ocasiones, coincidencias absurdas similares a las descritas en la literatura poltergeist".[12]

El investigador y autor de ovnis, John Keel, dijo lo siguiente "Los ovnis no parecen existir como objetos tangibles y fabricados. No se ajustan a las leyes naturales de nuestro entorno. No parecen ser más que transmutaciones que se adaptan a nuestra capacidad de comprensión. Los miles de contactos con las entidades indican que son mentirosos y artistas del engaño. Las manifestaciones OVNI parecen ser, en general, meras variaciones menores del antiguo fenómeno demonológico".[13]

Similar a Poltergeist. ¿De verdad? Eso es posesión demoníaca. La verdad que Satanás no quiere que sepas es que los extraterrestres son en realidad demonios. Los demonios son ángeles caídos, al igual que Satanás. Reflexiona sobre esta verdad por un minuto y entiende todo su peso. Satanás te ha estado engañando durante mucho tiempo haciéndose pasar por un extraterrestre. Sabemos que a Satanás le gusta disfrazarse de ángel de luz. No sería difícil para él ser un extraterrestre. Refiérase a 2 Corintios 11:13-15 anteriormente en este capítulo. Estos demonios han usado el viejo truco de los lobos con piel de oveja para engañarte.

> Y guardaos de los falsos profetas, que vienen á vosotros con vestidos de ovejas, mas de dentro son lobos rapaces. Por sus frutos los conoceréis. ¿Cógense uvas de los espinos, ó higos de los abrojos? Así, todo buen árbol lleva buenos frutos; mas el árbol maleado lleva malos frutos. (Mateo 7:15-17)

Pues ya no. No te dejes engañar más. ¡Las personas que fueron arrebatadas NO fueron abducidas por extraterrestres!

La explicación de la abducción alienígena será una píldora difícil de tragar para algunos, así que no es la única mentira que vas a escuchar. Puede que oigas que los desaparecidos estaban infectados con algún patógeno contagioso y que fueron arrebatados o destruidos para proteger a la humanidad. Quizá oigas que los desaparecidos fueron vaporizados por algún arma sofisticada. Te dirán que fue un ataque terrorista. No importa quién digan que es el enemigo: un país específico, Dios, una enfermedad o lo que sea. Los líderes mundiales lo utilizarán como catalizador para unir a la gente contra este enemigo común.

¿Cree que esto es bastante inverosímil? ¿Recuerdas la escena de la película *"Capitán América: El Soldado de Invierno"* en la que los Hellicarriers estaban equipados con armas avanzadas que podían matar a millones de personas al instante? Se llamaba Proyecto Insight. Ahora imaginen ese Hellicarrier equipado con armas que pudieran vaporizar a la gente. Parecería que todo el mundo desapareciera. Las armas láser que pueden vaporizar objetos ya no son ciencia ficción. Mira estos titulares.

La nueva pistola láser de China puede lanzar un rayo silencioso y carbonizante[14]

La Fuerza Aérea de EE. UU. probó con éxito un sistema láser para derribar misiles[15]

Los líderes pueden incluso decirte que los desaparecidos forman parte de algún proyecto secreto de exploración espacial y que fueron reubicados fuera de la Tierra. Que están ayudando a determinar la viabilidad de otro planeta. Que fueron elegidos individualmente en base a un complejo conjunto de datos. Que lo mantuvieron en secreto por el bien de todos. Después de todo, la humanidad está en juego. Ya hay grandes empresas trabajando en proyectos para colonizar la Luna y Marte. Estos son algunos titulares recientes que muestran cómo esta mentira respecto a lo que ocurrió con los arrebatados no sería demasiado difícil de creer para la gente que se quedó atrás.

Colonizar la Luna podría ser la clave para salvar la Tierra, dice Jeff Bezos[16]

¡Transpórtame, Scotty! Los investigadores teletransportan una partícula de luz seis kilómetros[17]

También oirás mentiras que parecen absurdas. Algunos dirán que hay una sofisticada IA informática o una raza alienígena de alta tecnología que controla tu realidad. Que vives en un mundo de videojuegos generado por computadoras. Se llama la hipótesis de la simulación, y los científicos han estado estudiando esto durante años. Dicen que los que desaparecieron consumieron una píldora roja al igual que Neo en la película *The Matrix*. Si no conoces esa película, el protagonista, Neo, se tragó una píldora roja que le despertó de su mundo de realidad virtual. Entonces descubrió que unos alienígenas de alta tecnología tenían el control, utilizaban a los humanos para obtener poder y los mantenían en una realidad simulada llamada Matrix. O le dirán que los arrebatados fueron sacados de la simulación por algún defecto, como si fuéramos personajes no-personales. Tengo la horrible sensación de que mucha gente tratará de "desenchufarse", por así decirlo, cuando escuchen esta mentira de vivir en una realidad virtual. Querrán seguir los pasos del héroe de la película Neo. Esto es una mentira puramente demoníaca y conducirá a los desafortunados suicidios de muchas personas.

¿No me crees? Mira estos titulares recientes.

Elon Musk dice que podríamos vivir en una simulación. Así es como podríamos saber si tiene razón[18]

El fundador de Comma.AI, George Hotz, quiere liberar a la humanidad de la simulación de la IA[19]

Tendrás algunos destellos de verdad cuando escuches a muchos líderes decir que Dios hizo esto. La mentira que vomitan es que Dios está enfadado con la humanidad porque hemos estropeado el planeta. Tuvo que eliminar a algunas personas para que los que quedaran pudieran arreglar el planeta y prosperar. Incluso pueden decir que Dios eliminó a las personas que no estaban iluminadas espiritualmente y que impedían la paz mundial. También los oirás decir que Dios hizo esto porque ama a los que quedaron atrás. Hay dos verdades clave en esta mentira - sí, Dios hizo esto, y sí, Dios los ama.

He aquí algunos titulares que demuestran cómo proliferan estas mentiras en la actualidad.

Parece que Dios no nos salvará del calentamiento global[20]

Vaciar la mitad de la Tierra de sus humanos. Es la única manera de salvar el planeta[21]

Tienes que saber que Dios controla el planeta. Él sabe exactamente lo que está sucediendo y por qué, porque es él quien hace que suceda. No creas la mentira de que Dios no controla su creación.

> EN el principio crió Dios los cielos y la tierra. (Génesis 1:1)

> El que hizo la tierra con su potencia, el que puso en orden el mundo con su saber, y extendió los cielos con su prudencia; A su voz se da muchedumbre de aguas en el cielo, y hace subir las nubes de lo postrero de la tierra; hace los relámpagos con la lluvia, y saca el viento de sus depósitos. (Jeremías 10:12-13)

> Jehová marcha entre la tempestad y turbión, y las nubes son el polvo de sus pies. Él amenaza á la mar, y la hace secar, y agosta todos los ríos: [...] Los montes tiemblan de él, y los collados se deslíen; y la tierra se abrasa á su presencia, y el mundo, y todos los que en él habitan. (Nahum 1:3-5)

Estoy segura de que oirás aún más mentiras que las que he expuesto aquí. Espero que esto te ayude a cuestionar lo que te dicen. Evalúa todo contra la Palabra de Dios. Lo que no oirás decir a los líderes y a las noticias es lo que la Palabra de Dios dice que ocurrió. Aquellos que creyeron que Jesús murió por sus pecados fueron llevados al cielo en el rapto.

Capítulo 12 – Mentiras sobre la economía y la marca

Este líder, el Anticristo, ascenderá al poder durante un tiempo de gran caos como el mundo nunca ha visto antes. La economía global será un caos. Millones de personas en la fuerza de trabajo y millones de consumidores desapareciendo lo harán. Habrá un saqueo masivo de las propiedades y tiendas ahora vacías. El robo de identidad se disparará a nuevos niveles. Para resolver los numerosos problemas que aquejan a la economía mundial, el líder aplicará una solución que implica una nueva moneda mundial y un control estricto sobre quién puede comprar y vender bienes con esa nueva moneda.

Ya has aprendido que el Anticristo tendrá autoridad sobre todos en el planeta. También controla quién puede comprar y vender con su marca. Verás, él obligará a todos a obtener una marca en su mano derecha o en la frente. Esta marca es lo que permite a una persona comprar o vender. Ambas Escrituras están describiendo al Anticristo que es la "bestia".

> También le fué dada potencia sobre toda tribu y pueblo y lengua y gente. (Apocalipsis 13:7)

> Y hacía que á todos, á los pequeños y grandes, ricos y pobres, libres y siervos, se pusiese una marca en su mano derecha, ó en sus frentes: Y que ninguno pudiese comprar ó vender, sino el que tuviera la señal, ó el nombre de la bestia, ó el número de su nombre. (Apocalipsis 13:16-17)

La moneda única mundial no se declara explícitamente. Sin embargo, se infiere de sus acciones. Para controlar quién puede comprar y vender, debe controlar el sistema monetario. La moneda es el corazón de un sistema monetario. Una nueva moneda y forma de comprar y vender será implementada poco después de que el Anticristo llegue al poder. No preveo que esto sea solo otra nueva forma de papel o moneda. No es fácil controlar esos o monitorear a la gente que los usa. Y los criminales se han vuelto buenos en falsificarlos. No, estoy convencida de que será una moneda digital.

Quizás hayas oído hablar o leído sobre la tecnología *blockchain*. Es la tecnología de registro que está detrás del bitcoin y otras criptomonedas. Los *blockchain* almacenan información digital sobre las transacciones. Están vinculados entre sí, de modo que cada bloque contiene un hash criptográfico del bloque anterior. Esto hace que sea muy difícil alterar los datos una vez que se ha realizado una transacción. Mientras que las criptodivisas más populares han utilizado una red descentralizada de computadoras entre pares para registrar las transacciones, las criptodivisas del sector privado están en fase de desarrollo y llegarán pronto. Esta tecnología está preparando el camino para una moneda digital controlada por el gobierno que el Anticristo utilizará como su arma económica.[22] Echa un vistazo a estos titulares y mira lo que está sucediendo hoy.

La audaz propuesta de Facebook de crear una criptodivisa mundial[23]

Bitcoin no será una moneda de reserva mundial. Pero está abriendo la caja[24]

Tanto Facebook como Walmart acaban de anunciar que están desarrollando criptodivisas. Son dos de las mayores empresas del planeta. Facebook tiene 2.400 millones de usuarios activos en junio de 2019.[25] Walmart tiene 265 millones de clientes cada semana en todas sus tiendas globales.[26] Ahora bien, ¿con cuántas otras empresas y a su vez sus empleados y clientes crees que trabajan Facebook y Walmart cada día? Seguro que el número es asombroso. Si estas dos empresas pueden tener un impacto tan dramático en la forma en que la gente de todo el mundo compra y vende, no es difícil darse cuenta de lo fácil que será para el Anticristo poner en marcha una moneda digital para que pueda seguir todos sus movimientos.

No se me ocurre mejor manera de exigir la adoración y la lealtad del mundo, que es exactamente lo que busca el Anticristo.

Sé que estas soluciones parecen inofensivas en la superficie, pero son todo lo contrario. Hubo un tiempo en nuestro pasado en el que todas las personas de la tierra se reunieron en una ciudad, con un idioma y una economía y construyeron la enorme Torre de Babel para llegar al cielo. La gente desafió el mandato de Dios de salir y multiplicarse porque decidieron que podían alcanzar el cielo y ser dioses. Una vez más, algo similar sucederá. Esta Torre de Babel moderna será la unidad económica y monetaria. Esta vez, la rebelión global será en la forma de adorar voluntariamente a un falso dios que tiene el control de toda la economía. El líder utilizará la moneda global y el estricto control sobre ella como su arma de adoración. Cualquiera que se niegue a usar la moneda y obtener su marca no podrá comprar o vender. Él impide que la gente que está en contra de él participe en la economía. Como ves, un líder global y una moneda mundial nunca funcionarán en las manos de los pecadores o de Satanás.

La Escritura anterior nos dice que el Anticristo requerirá que cualquiera que participe en la economía usando la moneda global reciba una marca ya sea en su mano o en su frente. La Biblia no nos da los detalles de lo que implica esa marca, pero es probable que sea algo de alta tecnología, como un chip implantado o un código de barras. Estos titulares nos muestran que no estamos muy lejos de que esta tecnología se convierta en la corriente principal.

Elon Musk quiere colocar un chip a tu cerebro: ¿Es el biohacking una cuestión de comodidad o un cambio hacia la marca de la bestia?[27]

Tengo la marca de la bestia - y contendrá mi Bitcoin[28]

Hay mucha especulación sobre esta marca debido a esta Escritura en particular. Dice que la marca es el número del nombre del Anticristo, 666. Esto ha llevado a muchas personas a utilizar la Gematría, numerología hebrea que asigna números a las letras, para averiguar quién podría ser. Hay todo tipo de problemas que surgen con esa metodología. ¿En qué idioma se aplica la Gematría? ¿Al inglés? Probablemente no, porque la Biblia no fue escrita originalmente en inglés. Entonces, ¿tal vez en hebreo? Pero el Nuevo Testamento fue escrito en griego. ¿Y entonces qué se hace con los nombres en inglés? ¿Hay que traducirlos primero a otro idioma y luego aplicar la Gematría? No, Dios no nos manda a hacer locuras para entender su verdad. La Escritura dice que se requiere sabiduría para entender.

> Y que ninguno pudiese comprar ó vender, sino el que tuviera la señal, ó el nombre de la bestia, ó el número de su nombre. Aquí hay sabiduría. El que tiene entendimiento, cuente el número de la bestia; porque es el número de hombre: y el número de ella, seiscientos sesenta y seis. (Apocalipsis 13:17-18)

Así que tenemos que ser sabios y ser capaces de discernir la verdad. Como menciona Skip Heitzig en su libro *You Can Understand the Book of Revelation*, podría referirse al "hombre último". Dios creó a Adán en el sexto día y descansó en el séptimo. Dios designó seis días para el trabajo del hombre y el día siete para el descanso. Dios dijo a la gente que trabajara la tierra durante seis años y luego la dejara descansar en el año siete. El seis es el número del hombre. Skip afirma que el seis repetido tres veces podría ser un intento de dar al hombre un estatus divino, como Dios, ya que hay tres miembros en la trinidad de Dios.[29] Eso tiene sentido porque sabemos que Satanás quiere copiar y falsificar lo que Dios ha hecho.

Sin embargo, la Biblia también nos dice que el Espíritu Santo de Dios enseña a los creyentes todas las cosas (Juan 14:26). Como innumerables personas han intentado discernir esto, puede ser tan simple como saber que esto será revelado a los creyentes vivos en ese momento. Al igual que el período de 70 años fue revelado a Daniel en el momento adecuado (Daniel 9).

Sea cual sea la marca, sepa que es demoníaca y sellará su destino eterno. Tomar la marca solidifica su lealtad al líder mundial, el Anticristo, y por lo tanto a Satanás. No hay vuelta atrás de esto. No adores al líder mundial tomando su marca. Si lo haces, Dios es claro que tu destino eterno es el infierno, una vida eterna de tormento con todos los ángeles caídos. En estos versículos, la "bestia" se refiere al Anticristo y el "Cordero" se refiere a Jesús.

> Y el tercer ángel los siguió, diciendo en alta voz: Si alguno adora á la bestia y á su imagen, y toma la señal en su frente, ó en su mano, Este también beberá del vino de la ira de Dios, el cual está echado puro en el cáliz de su ira; y será atormentado con fuego y azufre delante de los santos ángeles, y delante del Cordero: Y el humo del tormento de ellos sube para siempre jamás. Y los que adoran á la bestia y á su imagen, no tienen reposo día ni noche, ni cualquiera que tomare la señal de su nombre. (Apocalipsis 14:9-11)

Rehúsa adorar a Satanás y rehúsa tomar su marca. En su lugar, séllate con el Espíritu Santo de Dios. Esta Escritura se refiere a Jesús cuando dice "en él [...] creía".

> En el cual esperasteis también vosotros en oyendo la palabra de verdad, el evangelio de vuestra salud: en el cual también desde que creísteis, fuisteis sellados con el Espíritu Santo de la promesa, Que es las arras de nuestra herencia, para la redención de la posesión adquirida para alabanza de su gloria. (Efesios 1:13-14)

Sé que la vida no será fácil para ti al elegir no usar la nueva moneda global y la marca que la acompaña. Dios también lo sabe. Su palabra dice que él proveerá. Ten fe y confía en que lo hará. Búscalo primero, y él se encargará del resto. Jesús dice:

Por tanto os digo: No os congojéis por vuestra

> vida, qué habéis de comer, ó que habéis de beber; ni por vuestro cuerpo, qué habéis de vestir: ¿no es la vida más que el alimento, y el cuerpo que el vestido? Mirad las aves del cielo, que no siembran, ni siegan, ni allegan en alfolíes; y vuestro Padre celestial las alimenta. ¿No sois vosotros mucho mejores que ellas?. [...] Porque los Gentiles buscan todas estas cosas: que vuestro Padre celestial sabe que de todas estas cosas habéis menester. Mas buscad primeramente el reino de Dios y su justicia, y todas estas cosas os serán añadidas. (Mateo 6:25-26, 32-33)

También debes saber que es muy probable que seas martirizado por negarte a tomar la marca del Anticristo. En este versículo, la "bestia" es el Anticristo.

> Y vi tronos, y se sentaron sobre ellos, y les fué dado juicio; y vi las almas de los degollados por el testimonio de Jesús, y por la palabra de Dios, y que no habían adorado la bestia, ni á su imagen, y que no recibieron la señal en sus frentes, ni en sus manos, y vivieron y reinaron con Cristo mil años. (Apocalipsis 20:4)

Tienes que estar preparado para esto teniendo la fe más fuerte que puedas. Debes tener fe en Jesús y saber realmente que él murió por tus pecados. Debes creer de todo corazón que él reina en el cielo y que te ha prometido la vida eterna por tu fe en él. Tu cuerpo terrenal y tu experiencia aquí son sólo temporales. No tengas miedo. Jesús te ama. Jesús te dará un cuerpo glorioso, nuevo e inmortal. Y cuando Jesús te vea en el cielo, pondrá la corona de la vida en tu cabeza.

Capítulo 13 – Mentiras sobre cómo salvarse

A estas alturas, sabes que este nuevo líder mundial, el Anticristo, le mentirá sobre lo que debe creer y a quién debe adorar. Sabes que él afirmará que es Dios y exigirá su adoración. Además, escucharán su mentira de que deben adorarlo para ser salvos. Su marca estará ligada a esto. El dirá que tener su marca te salvará.

Recuerda que Satanás quiere ser Dios, por lo que imita lo que Dios ha hecho. Cualquiera que crea en Jesús para su salvación eterna es marcado por Dios. Dios sella a los creyentes con su Espíritu Santo. El Espíritu Santo es la marca de Dios. Esta Escritura se refiere a Jesús cuando dice "en él [...] creísteis".

> En el cual esperasteis también vosotros en oyendo la palabra de verdad, el evangelio de vuestra salud: en el cual también desde que creísteis, fuisteis sellados con el Espíritu Santo de la promesa, Que es las arras de nuestra herencia, para la redención de la posesión adquirida para alabanza de su gloria. (Efesios 1:13-14)

Satanás también tiene una marca. Es la marca del Anticristo. La marca que le permite comprar y vender. Por eso no debes tomar la marca. No es una herramienta inocente que te permite participar en la economía. Al aceptar la marca del Anticristo, lo estás aceptando como tu autoridad, estás poniendo tu fe en él, y lo estás adorando. No vendas tu alma a Satanás.

Mira lo que Dios dice que le espera a la gente que toma la marca: "la ira de Dios". Observe cómo adorar al Anticristo y recibir la marca van de la mano. En estos versículos, el Anticristo es la "bestia" y el "Cordero" es Jesús.

> Y el tercer ángel los siguió, diciendo en alta voz: Si alguno adora á la bestia y á su imagen, y toma la señal en su frente, ó en su mano, Este también

> beberá del vino de la ira de Dios, el cual está echado puro en el cáliz de su ira; y será atormentado con fuego y azufre delante de los santos ángeles, y delante del Cordero: Y el humo del tormento de ellos sube para siempre jamás. Y los que adoran á la bestia y á su imagen, no tienen reposo día ni noche, ni cualquiera que tomare la señal de su nombre. (Apocalipsis 14:9-11)

Esta Escritura nos dice que los que reciben la marca son engañados. ¿Qué fueron engañados para hacer? Nos dice. Adorar al Anticristo, la "bestia".

> Y la bestia fué presa, y con ella el falso profeta que había hecho las señales delante de ella, con las cuales había engañado á los que tomaron la señal de la bestia, y habían adorado su imagen. Estos dos fueron lanzados vivos dentro de un lago de fuego ardiendo en azufre. (Apocalipsis 19:20)

La única razón por la que la gente adora a alguien o algo es por lo que se le ofrece a cambio. Los creyentes adoran a Jesús por su amor a todos y por el acto que hizo para demostrar ese amor. Él murió para salvar a todos. Al poner tu fe en Jesús y adorarle, él promete la vida eterna y la paz. Jesús promete la salvación a cambio. El Anticristo quiere este mismo tipo de devoción y adoración. Prometerá lo mismo. Mentirá y prometerá la vida eterna también. Te llenará de falsas esperanzas.

> Tus profetas han declarado tantas tonterías; son falsas hasta la médula. No te salvaron del destierro exponiendo a la luz tus pecados. Más bien, te pintaron cuadros engañosos y te llenaron de falsas esperanzas. (Lamentaciones 2:14 NTV)

Esta Escritura nos recuerda que Satanás, y por tanto el Anticristo, se hace pasar por un ángel de la luz.

> Porque éstos son falsos apóstoles, obreros

fraudulentos, trasfigurándose en apóstoles de Cristo. Y no es maravilla, porque el mismo Satanás se transfigura en ángel de luz. Así que, no es mucho si también sus ministros se transfiguran como ministros de justicia; cuyo fin será conforme á sus obras. (2 Corintios 11:13-15)

Aquí vemos que Jesús advierte a la gente sobre los falsos cristos.

Y respondiendo Jesús, les dijo: Mirad que nadie os engañe. Porque vendrán muchos en mi nombre, diciendo: Yo soy el Cristo; y á muchos engañarán. (Mateo 24:4-5)

No te dejes desviar por el Anticristo. Ya has aprendido que se declara a sí mismo Dios. Ya aprendiste que aparentemente se levanta de entre los muertos. También te dirá que es Jesús y que puede salvar tu vida. No le creas. Jesús es el que habla aquí y te advierte de esto.

Y no queréis venir á mí, para que tengáis vida. [...] Yo he venido en nombre de mi Padre, y no me recibís: si otro viniere en su propio nombre, á aquél recibiréis. (Juan 5:40, 43)

La mentira torcida en juego aquí es que obtener la marca del líder, obtener la marca de Satanás, podría salvar tu vida temporalmente. De hecho, podrías sobrevivir a través de la tribulación porque puedes utilizar la moneda global. Sin embargo, hay un precio muy alto. El precio final. Tu alma. ¿Qué ganas cuando pierdes tu alma? Nada. Lo has perdido todo.

Entonces Jesús dijo á sus discípulos: Si alguno quiere venir en pos de mí, niéguese á sí mismo, y tome su cruz, y sígame. Porque cualquiera que quisiere salvar su vida, la perderá, y cualquiera que perdiere su vida por causa de mí, la hallará. Porque ¿de qué aprovecha al hombre, si granjeare todo el mundo, y perdiere su alma? O

¿qué recompensa dará el hombre por su alma? (Mateo 16:24-26)

Cuando Jesús regrese después del período de la tribulación, lo primero que hará será enviar al infierno a todos los que tengan la marca de Satanás. Recuerda que la "bestia" es el Anticristo y el "Cordero" es Jesús.

> Y el tercer ángel los siguió, diciendo en alta voz: Si alguno adora á la bestia y á su imagen, y toma la señal en su frente, ó en su mano, Este también beberá del vino de la ira de Dios, el cual está echado puro en el cáliz de su ira; y será atormentado con fuego y azufre delante de los santos ángeles, y delante del Cordero: Y el humo del tormento de ellos sube para siempre jamás. Y los que adoran á la bestia y á su imagen, no tienen reposo día ni noche, ni cualquiera que tomare la señal de su nombre. (Apocalipsis 14:9-11)

Sólo las personas que han puesto su fe en Jesús entrarán en el reino milenario que viene a gobernar en la tierra. Cualquiera que haya recibido la marca del Anticristo, la "bestia", está excluido.

> Y VI un ángel descender del cielo, que tenía la llave del abismo, y una grande cadena en su mano. Y prendió al dragón, aquella serpiente antigua, que es el Diablo y Satanás, y le ató por mil años; [...] Y vi tronos, y se sentaron sobre ellos, y les fué dado juicio; y vi las almas de los degollados por el testimonio de Jesús, y por la palabra de Dios, y que no habían adorado la bestia, ni á su imagen, y que no recibieron la señal en sus frentes, ni en sus manos, y vivieron y reinaron con Cristo mil años. (Apocalipsis 20:1-2, 4)

En esta escritura, Jesús es el que habla. Su advertencia se refiere a seguir a personas que prometen no matarte. No es a ellos a quienes debes temer o tener reverencia. Jesús tiene el poder sobre tu alma.

Y no temáis á los que matan el cuerpo, mas al alma no pueden matar: temed antes á aquel que puede destruir el alma y el cuerpo en el infierno. (Mateo 10:28)

No elijas tu vida en la Tierra sobre la eternidad en el cielo. Si eliges el cielo, tienes la tierra gratis. Recuerda que te dije que Dios va a hacer una nueva tierra para nosotros después del reino milenario de Jesús.

Ve a través de las mentiras del Anticristo cuando te dice que es Jesús o quizás el Falso Profeta es Jesús. Ninguno de ellos es Jesús. Cualquiera que niegue que Jesús ya vino en la carne es un Falso Profeta. Jesús ya murió por ti. Él ya te salvó. Cualquier cosa que el Anticristo haga con sus falsos poderes, no puede salvarte.

> AMADOS, no creáis á todo espíritu, sino probad los espíritus si son de Dios; porque muchos falsos profetas son salidos en el mundo. En esto conoced el Espíritu de Dios: todo espíritu que confiesa que Jesucristo es venido en carne es de Dios: Y todo espíritu que no confiesa que Jesucristo es venido en carne, no es de Dios: y éste es el espíritu del anticristo, del cual vosotros habéis oído que ha de venir, y que ahora ya está en el mundo. (1 Juan 4:1-3)

Sólo hay una manera de salvar tu alma. Debes creer que Jesús, el hijo de Dios, murió por tus pecados, conquistó la muerte y reina en el cielo con Dios.

> Entonce Pedro, lleno del Espíritu Santo, les dijo: Príncipes del pueblo, y ancianos de Israel: Pues que somos hoy demandados acerca del beneficio hecho á un hombre enfermo, de qué manera éste haya sido sanado, Sea notorio á todos vosotros, y á todo el pueblo de Israel, que en el nombre de Jesucristo de Nazaret, al que vosotros crucificasteis y Dios le resucitó de los muertos, por él este hombre está en vuestra presencia

sano. Este es la piedra reprobada de vosotros los edificadores, la cual es puesta por cabeza del ángulo. Y en ningún otro hay salud; porque no hay otro nombre debajo del cielo, dado á los hombres, en que podamos ser salvos. (Hechos 4:8-12)

5° Parte:
Fundamentos bíblicos

Capítulo 14 – La Santa Biblia

La Biblia es un libro del que la mayoría de los habitantes del planeta han oído hablar al menos. Sin embargo, muchas personas nunca han leído ninguna de sus páginas. En este capítulo, voy a presentarte la Palabra de Dios.

La Biblia es la palabra autorizada de Dios. Hay 66 libros diferentes que componen la Biblia. Fueron escritos por diversos profetas de Dios a lo largo de miles de años. El texto original no tiene errores. Aunque Dios no escribió físicamente las palabras, les dijo a las personas que la escribieron lo que debían decir. De hecho, los libros del Antiguo Testamento en la Biblia mencionan más de 2.000 veces que Dios habló lo que estaba escrito. Incluso se citan directamente las palabras de Dios cientos de veces.

A estas alturas, espero que estés llegando a creer que Dios realmente puede hacer cualquier cosa. Después de todo, creó todo el universo. Ya que lo hizo, ¿no crees que crear un libro que contenga exactamente lo que Dios necesita que diga a cada uno de nosotros sería bastante fácil para él? Dios nos dice que la Biblia es su palabra. Dios se aseguró de que la Biblia dijera exactamente lo que tenía que decir. En este versículo, "Jehová" es Dios.

> Y RESPONDIO Job á Jehová, y dijo: Yo conozco que todo lo puedes, Y que no hay pensamiento que se esconda de ti. (Job 42:1-2)

En la Biblia, leemos que Dios a menudo hablaba a las personas y a través de ellas. En esta Escritura, vemos al rey David proclamar que el Espíritu de Dios le habló. Las palabras de Dios salieron de su boca.

David escribió la mayoría de los Salmos de la Biblia. Nos está diciendo que el verdadero autor detrás de sus palabras es Dios.

> ESTAS son las postreras palabras de David. Dijo David hijo de Isaí, Dijo aquel varón que fué levantado alto, El ungido del Dios de Jacob, El suave en cánticos de Israel: El espíritu de Jehová ha hablado por mí, Y su palabra ha sido en mi lengua. (2 Samuel 23:1-2)

La Biblia es realmente la Palabra de Dios. Estas Escrituras nos dicen que Dios habló las palabras a los autores a través de su Espíritu Santo. No es la opinión o interpretación de ninguno de los autores individuales.

> Entendiendo primero esto, que ninguna profecía de la Escritura es de particular interpretación; Porque la profecía no fué en los tiempos pasados traída por voluntad humana, sino los santos hombres de Dios hablaron siendo inspirados del Espíritu Santo. (2 Pedro 1:20-21)

> Y que desde la niñez has sabido las Sagradas Escrituras, las cuales te pueden hacer sabio para la salud por la fe que es en Cristo Jesús. Toda Escritura es inspirada divinamente y útil para enseñar, para redargüir, para corregir, para instituir en justicia, Para que el hombre de Dios sea perfecto, enteramente instruído para toda buena obra. (2 Timoteo 3:15-17)

Moisés escribió los cinco primeros libros del Antiguo Testamento. Aquí hay una escritura que Moisés escribió describiendo los Diez Mandamientos que Dios le dio en tablas de piedra. Los puso en el arca de la alianza. "Jehová me dijo" se refiere a Dios hablando con Moisés.

> EN aquel tiempo Jehová me dijo: Lábrate dos tablas de piedra como las primeras, y sube á mí al monte, y hazte un arca de madera: Y escribiré

en aquellas tablas palabras que estaban en las tablas primeras que quebraste; y las pondrás en el arca. E hice un arca de madera de Sittim, y labré dos tablas de piedra como las primeras, y subí al monte con las dos tablas en mi mano. Y escribió en las tablas conforme á la primera escritura, las diez palabras que Jehová os había hablado en el monte de en medio del fuego, el día de la asamblea; y diómelas Jehová. Y volví y descendí del monte, y puse las tablas en el arca que había hecho; y allí están, como Jehová me mandó. (Deuteronomio 10:1-5)

Eso no es lo único que Moisés puso en el arca. También puso el libro completo de la ley de Dios con las tablas de piedra.

Y como acabó Moisés de escribir las palabras de esta ley en un libro hasta concluirse, Mandó Moisés á los Levitas que llevaban el arca del pacto de Jehová, diciendo: Tomad este libro de la ley, y ponedlo al lado del arca del pacto de Jehová vuestro Dios, y esté allí por testigo contra ti. (Deuteronomio 31:24-26)

Esa arca es especial, y la forma en que Dios trata el arca debería decirnos algo sobre su contenido. En esta Escritura, el rey David está viajando con el arca cuando el ganado que tiraba del arca en un carro tropezó.

Y levantóse David, y fué con todo el pueblo que tenía consigo, de Baal de Judá, para hacer pasar de allí el arca de Dios, sobre la cual era invocado el nombre de Jehová de los ejércitos, que mora en ella entre los querubines. [...] Y David y toda la casa de Israel danzaban delante de Jehová con toda suerte de instrumentos de madera de haya; con arpas, salterios, adufes, flautas y címbalos. Y cuando llegaron á la era de Nachôn, Uzza extendió la mano al arca de Dios, y túvola; porque los bueyes daban sacudidas. Y el furor de

> Jehová se encendió contra Uzza, é hiriólo allí Dios por aquella temeridad, y cayó allí muerto junto al arca de Dios. (2 Samuel 6:2, 5-7)

Vemos que Uza tocó el arca, presumiblemente para evitar que se cayera. Dios lo mató en ese mismo momento por su error. ¡Vaya! ¿Por qué hizo eso Dios? Parece un poco duro, ¿verdad? Bueno, el arca contiene artículos que son de la mayor santidad para Dios. En ese libro de la ley que Moisés puso en el arca había instrucciones detalladas sobre el cuidado y el manejo del arca. No debían llevarla en un carro y sabían que no debían tocarla. Le estaban faltando el respeto. ¿Ves la reverencia que Dios quería que tuvieran por su contenido? Contenía la Palabra de Dios. Ese es el honor y el respeto que Dios quiere que tengamos por él y por la Biblia, su palabra viva y viva para nosotros.

Esta Escritura nos dice muchas cosas sobre la Palabra de Dios.

> EN el principio era el Verbo, y el Verbo era con Dios, y el Verbo era Dios. Este era en el principio con Dios. Todas las cosas por él fueron hechas; y sin él nada de lo que es hecho, fué hecho. En él estaba la vida, y la vida era la luz de los hombres. [...] En el mundo estaba, y el mundo fué hecho por él; y el mundo no le conoció. [...] Y aquel Verbo fué hecho carne, y habitó entre nosotros (y vimos su gloria, gloria como del unigénito del Padre), lleno de gracia y de verdad. (Juan 1:1-4, 10, 14)

La Palabra estaba "en el principio". Era "Dios". Es un él, porque "todas las cosas fueron hechas por medio de él", el Verbo. Es "vida". El "Verbo se hizo carne" y estuvo en el mundo. El Verbo es el Hijo de Dios. Bien, ya sabes a quién describe, a Jesús. Jesús es la Palabra de Dios.

Jesús incluso se refirió a sí mismo como la Palabra de Dios. Eso significa que la Biblia es más que un libro. Está esencialmente viva. Es Jesús. Da vida a los pecadores. Piensa en las palabras de la página como el aliento de Jesús. Cuando lees la Biblia, estás pasando tiempo con Jesús. Estás aprendiendo todo sobre él. Las cosas que hizo, que está haciendo y que hará en el futuro, su carácter y su amor por ti. Maravíllate con esta gran maravilla: la Biblia es más que un libro que contiene la Palabra de Dios; <u>es</u> literalmente la Palabra de Dios.

Jesús a menudo validaba el Antiguo Testamento como Escritura Sagrada cuando hablaba. Estos versículos son un ejemplo de ello.

> Y entre tanto que ellos hablaban estas cosas, él se puso en medio de ellos, y les dijo: Paz á vosotros. [...] Y él les dijo: Estas son las palabras que os hablé, estando aún con vosotros: que era necesario que se cumpliesen todas las cosas que están escritas de mí en la ley de Moisés, y en los profetas, y en los salmos. Entonces les abrió el sentido, para que entendiesen las Escrituras. (Lucas 24:36, 44-45)

Recuerda que Jesús es la verdad. Vivió una vida perfecta y sin pecado. No hay ninguna mentira en él. Eso es porque es Dios en la carne. Jesús quiere que lo conozcamos. Después de todo, murió por nosotros. Para conocer a Jesús, debemos conocer las Escrituras. Como Jesús es la verdad y es la Palabra de Dios, eso significa que la Biblia también es la verdad. El apóstol Pablo explica en estos versículos que Dios nos habla a través de Jesús.

> DIOS, habiendo hablado muchas veces y en muchas maneras en otro tiempo á los padres por los profetas, En estos porstreros días nos ha hablado por el Hijo, al cual constituyó heredero de todo, por el cual asimismo hizo el universo. (Hebreos 1:1-2)

Dios escribió la Biblia para enseñarnos y animarnos. Pero, sobre todo, la Biblia nos da esperanza. Eso es exactamente lo que Jesús nos proporciona a los pecadores.

Porque las cosas que antes fueron escritas, para nuestra enseñanza fueron escritas; para que por la paciencia, y por la consolación de las Escrituras, tengamos esperanza. (Romanos 15:4)

Capítulo 15 – Cómo leer la Biblia

Si eres nuevo en la lectura de la Biblia, voy a ser honesta contigo, lo encontrarás difícil al principio. Antes de ser salva y depositar mi fe en Jesús, realmente me costaba entender lo que leía en la Biblia. También me costaba entender las enseñanzas que escuchaba de los predicadores. Esto viene de alguien que sobresalió en la escuela primaria y en la universidad. Hay una razón para esto que se explica en la Biblia. Se describe como un velo que bloquea tu capacidad de leer y comprender la Palabra de Dios. El apóstol Pablo nos lo explica en estos versículos.

> Que si nuestro evangelio está aún encubierto, entre los que se pierden está encubierto: En los cuales el dios de este siglo cegó los entendimientos de los incrédulos, para que no les resplandezca la lumbre del evangelio de la gloria de Cristo, el cual es la imagen de Dios. (2 Corintios 4:3-4)

He llegado a considerarlo como algo parecido a una ilusión. ¿Has visto alguna vez uno de esos cuadros de ilusión del Ojo Mágico? Si lo miras casualmente, es sólo una imagen con un montón de patrones y colores al azar. Pero si la miras y te concentras de la manera adecuada, verás una imagen 3D increíble. El velo es algo así. Recuerda que tu enemigo, Satanás, no quiere que conozcas la verdad. Esencialmente te ha cegado. Si lees la Biblia mientras tienes este velo puesto, no vas a entenderla realmente.

Debido a esta venda, antes de empezar a leer la Biblia, necesitas pedirle a Dios que levante este velo y te ayude a entender lo que estás leyendo. En esta Escritura, Jesús está hablando y animando a la gente a pedirle.

> Pedid, y se os dará; buscad, y hallaréis; llamad, y se os abrirá. Porque cualquiera que pide, recibe; y el que busca, halla; y al que llama, se abrirá. ¿Qué

> hombre hay de vosotros, á quien si su hijo pidiere pan, le dará una piedra? ¿Y si le pidiere un pez, le dará una serpiente? Pues si vosotros, siendo malos, sabéis dar buenas dádivas á vuestros hijos, ¿cuánto más vuestro Padre que está en los cielos, dará buenas cosas á los que le piden? (Mateo 7:7-11)

En este versículo, Jesús nos dice que siempre está llamando a la puerta de nuestro corazón. Sólo tenemos que dejarle entrar.

> He aquí, yo estoy á la puerta y llamo: si alguno oyere mi voz y abriere la puerta, entraré á él, y cenaré con él, y él conmigo. (Apocalipsis 3:20)

Dios sí te ayudará. Más que nada, quiere que lo conozcas.

> Y si alguno de vosotros tiene falta de sabiduría, demándela á Dios, el cual da á todos abundantemente, y no zahiere; y le será dada. (Santiago 1:5)

Ahora bien, si ya has puesto tu fe en Jesús, la gran noticia para ti es que la Escritura nos dice que el velo pasa en Cristo. Que cuando pones tu fe en Jesús se quita. Así es como Pablo lo describe.

> Empero los sentidos de ellos se embotaron; porque hasta el día de hoy les queda el mismo velo no descubierto en la lección del antiguo testamento, el cual por Cristo es quitado. Y aun hasta el día de hoy, cuando Moisés es leído, el velo está puesto sobre el corazón de ellos. Mas cuando se convirtieren al Señor, el velo se quitará. (2 Corintios 3:14-16)

Si crees en Jesús, ya no vivirás bajo el velo de las tinieblas. En estos versículos, "habiendo hecho delante de ellos tantas señales" se refiere a Jesús.

> Empero habiendo hecho delante de ellos tantas

señales, no creían en él. Para que se cumpliese el dicho que dijo el profeta Isaías: ¿Señor, quién ha creído á nuestro dicho? ¿Y el brazo del Señor, á quién es revelado? Por esto no podían creer, porque otra vez dijo Isaías: Cegó los ojos de ellos, y endureció su corazón; Porque no vean con los ojos, y entiendan de corazón, Y se conviertan, Y yo los sane. Estas cosas dijo Isaías cuando vió su gloria, y habló de él. Con todo eso, aun de los príncipes, muchos creyeron en él; mas por causa de los Fariseos no lo confesaban, por no ser echados de la sinagoga. Porque amaban más la gloria de los hombres que la gloria de Dios. Mas Jesús clamó y dijo: El que cree en mí, no cree en mí, sino en el que me envió; Y el que me ve, ve al que me envió. Yo la luz he venido al mundo, para que todo aquel que cree en mí no permanezca en tinieblas. (Juan 12:37-46)

Si crees en Jesús, eso también significa que tienes al Espíritu Santo viviendo dentro de ti. Sabemos que el Espíritu Santo es nuestro ayudante y nos enseña todas las cosas. Así que también puedes pedirle al Espíritu Santo que te ayude a leer la Biblia. En esta Escritura, es Jesús quien habla.

Mas el Consolador, el Espíritu Santo, al cual el Padre enviará en mi nombre, él os enseñará todas las cosas, y os recordará todas las cosas que os he dicho. (Juan 14:26)

Ahora que hemos abordado el tema del velo, repasemos cómo leer realmente la Biblia. Así es como se encuentra una escritura particular en la Biblia. Usemos Juan 3:16 como ejemplo. Juan es el nombre del libro que está en la Biblia. El número antes de los dos puntos, 3, es el número del capítulo. El número después de los dos puntos, 16, es el número del versículo. Así que estás buscando el libro de Juan capítulo 3 y versículo 16. Todas las Biblias tienen cada libro claramente etiquetado y los capítulos y versículos claramente numerados.

> Porque de tal manera amó Dios al mundo, que ha dado á su Hijo unigénito, para que todo aquel que en él cree, no se pierda, mas tenga vida eterna. (Juan 3:16)

A veces en este libro, me verás hacer referencia a una Escritura y tendrá un descriptor adicional como NTV o RVR 1960. Eso se refiere a la versión bíblica de la que vino la Escritura. En lugar de la Reina Valera Antigua de la que casi siempre cito, elegí una traducción diferente porque prefería la elección de la palabra o gramática. Quería que fuera fácil de entender. Así es como se presenta Juan 3:16 en la versión NTV.

> Pues Dios amó tanto al mundo que dio a su único Hijo, para que todo el que crea en él no se pierda, sino que tenga vida eterna. (Juan 3:16 NTV)

Los libros de la Biblia no están ordenados de forma aparentemente lógica. No están ordenados alfabéticamente, ni tampoco cronológicamente según la fecha de los hechos. En cambio, están ordenados principalmente por el tipo de literatura que son. Los primeros cinco libros fueron escritos por Moisés, los siguientes doce libros son históricos, luego hay cinco libros que son poéticos y los últimos diecisiete libros del Antiguo Testamento se consideran proféticos. El Nuevo Testamento tiene primero los libros evangélicos e históricos, luego los escritos del apóstol Pablo y termina con algunos libros de otros autores.

Muchas Biblias incluyen planes de lectura en la parte delantera o trasera de la Biblia. Estos pueden ayudarte a leer la Biblia en un orden que tenga sentido para ti, como por ejemplo, cronológicamente. También puedes encontrar planes de lectura en las aplicaciones populares de la Biblia y en los sitios web de lectura de la Biblia. Puedes consultar mi sitio web, rapture911.com, para obtener una lista de recursos como estos.

Recomiendo que comiences tu viaje por la Biblia leyendo los cuatro libros del Evangelio en el Nuevo

Testamento. Son los libros de Mateo, Marcos, Lucas y Juan. Juan es mi favorito, así que te animo a que empieces por él. Lucas sería mi siguiente elección porque es fácil de leer y entender. De hecho, muchas películas que se han hecho sobre Jesús siguen el texto del libro de Lucas. La razón por la que deberías empezar por aquí es porque, ante todo, necesitas conocer a Jesús. La única decisión que importa en la vida es quién dice que es Jesús. Esos libros evangélicos son el relato del nacimiento, vida, muerte y resurrección de Jesús. Entenderás cuánto te ama Jesús y que murió para salvarte de tus pecados. Después de leer esto, estarás totalmente equipado para tomar una decisión sobre lo que crees.

Después de haber leído los libros del Evangelio, es realmente su preferencia sobre lo que debe leer a continuación. Deja que el Espíritu Santo te guíe. Puedes terminar de leer el resto de los libros del Nuevo Testamento, o puedes elegir ir al principio y leer todo el Antiguo Testamento empezando por el Génesis.

Cuando encuentres un versículo difícil de entender, primero ora y pide al Espíritu Santo que te ayude a entenderlo. Luego, lee el versículo en una traducción diferente. Una aplicación bíblica es ideal para esto porque normalmente puede mostrar dos traducciones una al lado de la otra. Así, por ejemplo, puedes tener la versión RVR 1960 y la NTV una al lado de la otra. Este pequeño truco te ayudará mucho a entender la Biblia. A veces, nos atascamos en la redacción o en la estructura de las frases y verlas redactadas u organizadas de forma ligeramente diferente marca la diferencia.

Cuando empecé a leer la Biblia y a aprender sobre Dios y Jesús, tenía muchas preguntas. Me gustaba leer las Escrituras que respondían a las preguntas que tenía. La mayoría de las Biblias tienen un índice en la parte de atrás. Se llama concordancia. Puedes usarla para buscar las Escrituras basadas en un tema. Digamos que lees una Escritura sobre el amor y quieres entender mejor lo que realmente significa amar. Bien, vaya a ese índice y busque la palabra *amor*. Obtendrá una lista de las Escrituras que contienen esa palabra o tema, y entonces podrá seguir leyendo. Si usas una aplicación bíblica, la función de búsqueda es genial para esto. Sólo tienes que escribir *amor* en el cuadro de búsqueda.

No te compliques y no te frustres si tienes dificultades. Recuerda que la Biblia es la Palabra de Dios. Dios es infinito. Estoy convencido de que podríamos pasar una eternidad aprendiendo sobre Dios porque es eterno. Cada día que leas la Biblia obtendrás nuevos conocimientos. No dejes de leerla.

Espero que esta breve introducción a la Biblia te haya ayudado a darte cuenta de que Dios la escribió sólo para ti. Atesórala como si fuera una carta de amor, porque eso es exactamente lo que es.

> En mi corazón he guardado tus dichos, Para no pecar contra ti. Bendito tú, oh Jehová: Enséñame tus estatutos. [...] En tus mandamientos meditaré, Consideraré tus caminos. Recrearéme en tus estatutos: No me olvidaré de tus palabras. [...] Abre mis ojos, y miraré Las maravillas de tu ley. (Salmos 119:11-12, 15-16, 18)

6° Parte: Desarrollando tu fe

Capítulo 16 – Preguntas y respuestas sobre la fe

En esta sección, vamos a explorar algunas preguntas que probablemente tengas sobre Dios y la fe.

16.1. ¿Por qué un Dios amoroso hizo esto?

Muchos pensarán que un Dios amoroso no haría algo que causara dolor y sufrimiento, por lo que rechazan la verdad de que Dios arrebató a los creyentes. Veamos por qué Dios, que es la definición misma del amor, permite el dolor y el sufrimiento.

En el capítulo 7 repasamos las razones por las que Dios arrebató a las personas que desaparecieron. Para resumirlo aquí, fue para proteger a los que creyeron en Jesús, disciplinar a los que quedaron atrás, y finalmente atraer a la gente hacia él.

A nadie le gusta ser disciplinado. Es doloroso. Sin embargo, el propósito es corregir y enseñar. La disciplina de Dios es buena para nosotros. Está destinada a nuestro beneficio. El apóstol Pablo nos habla de la disciplina y el "castigo" de Dios en estos versículos.

> Pues nuestros padres terrenales nos disciplinaron durante algunos años e hicieron lo mejor que pudieron, pero la disciplina de Dios siempre es buena para nosotros, a fin de que participemos de su santidad. Ninguna disciplina resulta agradable a la hora de recibirla. Al contrario, ¡es dolorosa! Pero después, produce la apacible cosecha de una vida recta para los que han sido entrenados por ella. Por lo tanto, renueven las fuerzas de sus manos cansadas y fortalezcan sus rodillas

> debilitadas. Tracen un camino recto para sus pies, a fin de que los débiles y los cojos no caigan, sino que se fortalezcan. (Hebreos 12:10-13 NTV)

> Y estáis ya olvidados de la exhortación que como con hijos habla con vosotros, diciendo: Hijo mío, no menosprecies el castigo del Señor, Ni desmayes cuando eres de él reprendido. Porque el Señor al que ama castiga, Y azota á cualquiera que recibe por hijo. Si sufrís el castigo, Dios se os presenta como á hijos; porque ¿qué hijo es aquel á quien el padre no castiga? (Hebreos 12:5-7)

El dolor y el sufrimiento atraen a la gente hacia el único que puede proporcionar consuelo y seguridad. Ese es Dios. Dios no quiere ver a nadie condenado y enviado al infierno por sus pecados.

> Mas siendo juzgados, somos castigados del Señor, para que no seamos condenados con el mundo. (1 Corintios 11:32)

Los momentos de dificultad revelan el corazón de una persona. Las personas que reflexionan sobre lo que les ocurre consideran cómo su comportamiento ha contribuido a su circunstancia y sienten remordimiento por cómo se han comportado. Encontrarán a Jesús para perdonarlos. Por otro lado, las personas que no se arrepienten de cómo se han comportado y están amargadas por la circunstancia en la que se encuentran, se distanciarán aún más de Dios porque su corazón se endurecerá. El apóstol Pablo es el que habla en estos versículos.

> Porque aunque os contristé por la carta, no me arrepiento, bien que me arrepentí; porque veo que aquella carta, aunque por algún tiempo os contristó, Ahora me gozo, no porque hayáis sido contristados, sino porque fuisteis contristados para arrepentimiento; porque habéis sido contristados según Dios, para que ninguna pérdida padecieseis por nuestra parte. Porque el dolor que es según

Dios, obra arrepentimiento saludable, de que no hay que arrepentirse; mas el dolor del siglo obra muerte. Porque he aquí, esto mismo que según Dios fuisteis contristados, cuánta solicitud ha obrado en vosotros, y aun defensa, y aun enojo, y aun temor, y aun gran deseo, y aun celo, y aun vindicación. En todo os habéis mostrado limpios en el negocio. (2 Corintios 7:8-11)

Jeremías, uno de los profetas de Dios de los tiempos del Antiguo Testamento, está muy familiarizado con la vida en tiempos difíciles. Fue el profeta que advirtió a su pueblo sobre la invasión babilónica. Sabía lo que se avecinaba. Cuando Nabucodonosor vino y destruyó la ciudad de Jerusalén, Jeremías estaba justo en medio de ello. Jeremías es el que habla en estos versículos.

YO soy el hombre que ha visto aflicción en la vara de su enojo. [...] Ciertamente contra mí volvió y revolvió su mano todo el día. [...] Acuérdate de mi aflicción y de mi abatimiento, del ajenjo y de la hiel. [...] Esto reduciré á mi corazón, por lo cual esperaré. Es por la misericordia de Jehová que no somos consumidos, porque nunca decayeron sus misericordias. [...] Porque el Señor no desechará para siempre: Antes si afligiere, también se compadecerá según la multitud de sus misericordias. Porque no aflige ni congoja de su corazón á los hijos de los hombres. [...] ¿Por qué murmura el hombre viviente, el hombre en su pecado? Escudriñemos nuestros caminos, y busquemos, y volvámonos a Jehová. Levantemos nuestros corazones con las manos a Dios en los cielos. Nosotros nos hemos rebelado, y fuimos desleales; tú no perdonaste. [...] Invoqué tu nombre, oh Jehová, desde la cárcel profunda. Oiste mi voz; no escondas tu oído á mi clamor, para mi respiro Acercástete el día que te invoqué: dijiste: No temas. (Lamentaciones 3:1, 3, 19, 21-22, 31-33, 39-42, 55-57)

Jeremías nos dijo que es porque Dios nos ama que

no somos consumidos totalmente por su ira. ¿Por qué deberíamos quejarnos de tener problemas con Dios cuando pecamos contra él? Se supone que debemos buscarnos a nosotros mismos y volvernos a Dios. Una de las razones por las que Dios arrebató a los creyentes y está enviando su ira es porque Dios todavía no ha perdonado a las personas que pecan contra él. Ellos no tienen una relación salvadora con Jesús. Dios necesita que los pecadores vengan a él. ¿No ves que esto sucedió porque Dios quiere ver tu alma salvada? ¿Cómo no es eso un acto de amor?

> El Señor no tarda su promesa, como algunos la tienen por tardanza; sino que es paciente para con nosotros, no queriendo que ninguno perezca, sino que todos procedan al arrepentimiento. (2 Pedro 3:9)

Recuerda que Dios es perfectamente amoroso y justo. Él ama a cada una de las personas que ha creado. Quiere lo mejor para cada persona. Nuestro yo terrenal exige justicia cuando alguien nos hace daño. Nosotros agraviamos a Dios todos los días porque somos pecadores. Él es justo cuando disciplina y castiga el comportamiento malvado y pecaminoso. Ve su amor por ti en esta oscura tormenta y sálvate.

> Y la esperanza no avergüenza; porque el amor de Dios está derramado en nuestros corazones por el Espíritu Santo que nos es dado. [...] Mas Dios encarece su caridad para con nosotros, porque siendo aún pecadores, Cristo murió por nosotros. Luego mucho más ahora, justificados en su sangre, por él seremos salvos de la ira. (Romanos 5:5, 8-9)

16.2. ¿Por qué Dios permitió el pecado?

En primer lugar, porque tenemos libre albedrío. Fuimos creados con la capacidad de elegir obedecer a Dios o no. Dios dio a Adán y Eva una regla: no comer del Árbol del Conocimiento del Bien y del Mal. Adán eligió desobedecer a Dios cuando comió de ese árbol. En estos versículos, "el hombre" es Adán.

> Y mandó Jehová Dios al hombre, diciendo: De todo árbol del huerto comerás; Mas del árbol de ciencia del bien y del mal no comerás de él; porque el día que de él comieres, morirás. (Génesis 2:16-17)

Dios no fue quien tentó o convenció a Adán para que comiera del árbol. De hecho, nadie lo hizo. Simplemente lo eligió. Eva es la que fue tentada, y luego eligió creer las mentiras de Satanás sobre la verdad de Dios y comió el fruto prohibido. Ambos eligieron pecar. Santiago, el medio hermano y discípulo de Jesús, explica la tentación en estos versículos.

> Cuando alguno es tentado, no diga que es tentado de Dios: porque Dios no puede ser tentado de los malos, ni él tienta á alguno: Sino que cada uno es tentado, cuando de su propia concupiscencia es atraído, y cebado. Y la concupiscencia, después que ha concebido, pare el pecado: y el pecado, siendo cumplido, engendra muerte. Amados hermanos míos, no erréis. Toda buena dádiva y todo don perfecto es de lo alto, que desciende del Padre de las luces, en el cual no hay mudanza, ni sombra de variación. El, de su voluntad nos ha engendrado por la palabra de verdad, para que seamos primicias de sus criaturas. (Santiago 1:13-18)

Con este libre albedrío que tenemos, podemos elegir la vida o la muerte. Si elegimos amar a Dios y obedecerle, obtendremos la vida. Moisés, "yo" en estos versículos, describe la elección que tenemos.

> A los cielos y la tierra llamo por testigos hoy contra vosotros, que os he puesto delante la vida y la muerte, la bendición y la maldición: escoge pues la vida, porque vivas tú y tu simiente: Que ames á Jehová tu Dios, que oigas su voz, y te

allegues á él; porque él es tu vida. (Deuteronomio 30:19-20)

O si pensamos que es malo servir a Dios, podemos elegir seguir a dioses falsos en su lugar. Josué es el que habla en este versículo.

Y si mal os parece servir á Jehová, escogeos hoy á quién sirváis; si á los dioses á quienes siervieron vuestros padres, cuando estuvieron de esotra parte del río, ó á los dioses de los Amorrheos en cuya tierra habitáis: que yo y mi casa serviremos á Jehová. (Josué 24:15)

En segundo lugar, sabemos que Dios permite que seamos tentados a pecar. Permitió que Satanás tentara a Eva con el fruto del Árbol del Conocimiento del Bien y del Mal. Dios permite esto porque la tentación pone a prueba nuestra fe. Produce madurez y confianza cuando la resistimos y cuando no pecamos. Dios permite el pecado para que nuestra fe pueda crecer. Dios permite el pecado para que podamos vencerlo y ser recompensados en el cielo. Santiago nos lo explica en estos versículos.

Sabiendo que la prueba de vuestra fe obra paciencia. Mas tenga la paciencia perfecta su obra, para que seáis perfectos y cabales, sin faltar en alguna cosa. [...] Bienaventurado el varón que sufre la tentación; porque cuando fuere probado, recibirá la corona de vida, que Dios ha prometido á los que le aman. (Santiago 1:3-4, 12)

Por último, el pecado permite a Dios mostrarnos exactamente cuánto nos ama. Sin el pecado, Jesús no habría sacrificado su vida por ti. No habría sido necesario. Dios demostró su amor por ti dándote a Jesús. ¿Cómo sabrías que Dios te ama de otra manera? Ya hemos aprendido que morir por alguien es la máxima muestra de amor hacia él. Para seguir con esto, ¿cómo sabría Dios que lo amas si no hubiera pecado? Al elegir creer en Jesús y elegir vencer el pecado, estás mostrando a Dios cuánto lo amas. En estos versículos, el "Hijo unigénito" es Jesús.

> Porque de tal manera amó Dios al mundo, que ha dado á su Hijo unigénito, para que todo aquel que en él cree, no se pierda, mas tenga vida eterna. Porque no envió Dios á su Hijo al mundo, para que condene al mundo, mas para que el mundo sea salvo por él. (Juan 3:16-17)

El pecado le permitió a Dios mostrar su amor, misericordia y su gracia. El apóstol Pablo nos lo explica en esos versículos.

> Dios, que es rico en misericordia, por su mucho amor con que nos amó, Aun estando nosotros muertos en pecados, nos dió vida juntamente con Cristo; por gracia sois salvos; Y juntamente nos resucitó, y asimismo nos hizo sentar en los cielos con Cristo Jesús, Para mostrar en los siglos venideros las abundantes riquezas de su gracia en su bondad para con nosotros en Cristo Jesús. Porque por gracia sois salvos por la fe; y esto no de vosotros, pues es don de Dios: No por obras, para que nadie se gloríe. (Efesios 2:4-9)

Dios permite el pecado porque nos ama, y eso revela su amor por nosotros. Después de todo, somos su obra maestra.

> Pues somos la obra maestra de Dios. Él nos creó de nuevo en Cristo Jesús, a fin de que hagamos las cosas buenas que preparó para nosotros tiempo atrás. (Efesios 2:10 NTV)

16.3. ¿Por qué Dios creó a personas que acabarían en el infierno?

Dado que Dios conoce el principio y el final, muchos de ustedes se preguntarán por qué creó a personas que acabarían en el infierno. Dios no tuvo que crearnos para satisfacer alguna necesidad suya. Él es perfecto en todos los sentidos. Nos creó porque quiso hacerlo. Le damos una gran alegría. Aunque seamos pecadores y nos rebelemos contra él, nos ama incondicionalmente. Recuerda que él es la definición misma del amor perfecto. Él proporciona un amor incondicional sin límites.

Dios nos creó a su imagen y semejanza, para dominar la tierra y tener comunión con él.

> Y dijo Dios: Hagamos al hombre á nuestra imagen, conforme á nuestra semejanza; [...] Y crió Dios al hombre á su imagen, á imagen de Dios lo crió; varón y hembra los crió. Y los bendijo Dios; y díjoles Dios: Fructificad y multiplicad, y henchid la tierra, y sojuzgadla, y señoread en los peces de la mar, y en las aves de los cielos, y en todas las bestias que se mueven sobre la tierra. Y dijo Dios: He aquí que os he dado toda hierba que da simiente, que está sobre la haz de toda la tierra; y todo árbol en que hay fruto de árbol que da simiente, seros ha para comer. Y á toda bestia de la tierra, y á todas las aves de los cielos, y á todo lo que se mueve sobre la tierra, en que hay vida, toda hierba verde les será para comer: y fué así. Y vió Dios todo lo que había hecho, y he aquí que era bueno en gran manera. (Génesis 1:26-31)

El plan de Dios es que heredemos todas las cosas. Seremos su hijo o hija. El discípulo de Jesús, Juan, describe la herencia que Dios dará a todos sus creyentes en estos versículos.

> Vi un cielo nuevo y una tierra nueva; porque el primer cielo y la primera tierra pasaron, y el mar ya no existía más. [...] Y oí una gran voz del cielo que decía: He aquí el tabernáculo de Dios con los hombres, y él morará con ellos; y ellos serán su pueblo, y Dios mismo estará con ellos como su Dios. Enjugará Dios toda lágrima de los ojos de ellos; y ya no habrá muerte, ni habrá más llanto, ni clamor, ni dolor; porque las primeras cosas

pasaron. [...] El que venciere heredará todas las cosas, y yo seré su Dios, y él será mi hijo. (Apocalipsis 21:1, 3-4, 7 RVR 1960)

Tu destino eterno es tu elección. Todos pecamos, y todos necesitamos el perdón de ese pecado para poder habitar con Dios en la eternidad. Por eso Dios envió a Jesús a morir por nosotros. Él no quiere que nadie vaya al infierno. Véase 2 Pedro 3:9 en el capítulo 16.1. Recuerda que creó el infierno para los ángeles caídos, no para nosotros. Pero ahí es donde terminan las personas que no quieren vivir con Dios.

> Mas Dios encarece su caridad para con nosotros, porque siendo aún pecadores, Cristo murió por nosotros. (Romanos 5:8)

Las personas que han tenido hijos saben que esos hijos no van a ser perfectos. Los padres saben que ellos mismos se equivocaron cuando eran niños y saben que su propio hijo también cometerá errores y se meterá en problemas. Sin embargo, los padres deciden tener hijos de todos modos. ¿Por qué? Porque quieren la alegría que aportan los niños. Los padres les enseñan a sus hijos lo que está bien y lo que está mal y esperan que tomen las decisiones correctas cuando crezcan. Lo mismo ocurre con nosotros y Dios. Podemos elegir.

> Instruye al niño en su carrera: Aun cuando fuere viejo no se apartará de ella. (Proverbios 22:6)

El rey Salomón nos dice que los niños son una recompensa. Son herederos. Esto se aplica tanto a las personas como a Dios. Somos la recompensa de Dios y sus herederos. Él quiere un carcaj lleno de hijos. Pon tu fe en Jesús y conviértete en un heredero de todas las promesas de Dios.

> He aquí, heredad de Jehová son los hijos: Cosa de estima el fruto del vientre. Como saetas en mano del valiente, Así son los hijos habidos en la juventud. Bienaventurado el hombre que

hinchió su aljaba de ellos. (Salmos 127:3-5)

16.4. ¿Puedo perder mi salvación?

Si has puesto tu fe en Jesucristo porque sabes que murió por tus pecados, entonces no, no puedes perder tu salvación. No puedes ganar tu camino al cielo. Lo contrario también es cierto, no puedes ser retirado del cielo. Tu salvación no depende de lo que hagas o dejes de hacer. Es un regalo de Dios. Cuando elegiste creer y aceptaste el regalo de Dios, eso aseguró tu futuro eterno de una vez por todas.

No importa lo que hayas hecho desde que pusiste tu fe en Jesús. Jesús murió por todos tus pecados. Eso incluye tus pecados futuros también. Ahora estás sellado con el Espíritu Santo. En esta Escritura, "en él" es una referencia a Jesús.

> En el cual esperasteis también vosotros en oyendo la palabra de verdad, el evangelio de vuestra salud: en el cual también desde que creísteis, fuisteis sellados con el Espíritu Santo de la promesa, Que es las arras de nuestra herencia, para la redención de la posesión adquirida para alabanza de su gloria. (Efesios 1:13-14)

La Palabra de Dios nos dice que nada puede quitarte de las manos de Dios. Ni siquiera el poder del infierno, el mismo Satanás. El apóstol Pablo nos lo dice en estos versículos. "Ángeles", "principados" y "potestades", se refieren a Satanás y a los demás ángeles caídos que le siguen.

> Por lo cual estoy cierto que ni la muerte, ni la vida, ni ángeles, ni principados, ni potestades, ni lo presente, ni lo por venir, Ni lo alto, ni lo bajo, ni ninguna criatura nos podrá apartar del amor de Dios, que es en Cristo Jesús Señor nuestro. (Romanos 8:38-39)

En estos versículos, Jesús es el que habla. Te tiene a ti, a sus ovejas, segura en su mano. ¿Quién podría sacarte de la mano que es más grande y fuerte que todas las demás manos? Nadie.

> Mis ovejas oyen mi voz, y yo las conozco, y me siguen; Y yo les doy vida eterna y no perecerán para siempre, ni nadie las arrebatará de mi mano. Mi Padre que me las dió, mayor que todos es y nadie las puede arrebatar de la mano de mi Padre. Yo y el Padre una cosa somos. (Juan 10:27-30)

También puedes estar seguro de tu salvación porque Dios no cambia de opinión. Él te ha salvado. Nunca te dejará ni te abandonará.

> Dios no es hombre, para que mienta; Ni hijo de hombre para que se arrepienta: El dijo, ¿y no hará?; Habló, ¿y no lo ejecutará? (Números 23:19)

Dios confirmó lo que dijo sobre tu salvación con un juramento. Dios prometió salvarte de tus pecados, enviarte un salvador. Dios entonces juró sobre esa promesa con su propio nombre ya que no puede mentir. Luego Dios cumplió esa promesa enviando a Jesús para salvarte. Como dice el apóstol Pablo a continuación, esto debería ser un ancla para tu alma. Estás firme y seguro.

> Los seres humanos juran por alguien superior a ellos mismos, y el juramento, al confirmar lo que se ha dicho, pone punto final a toda discusión. Por eso Dios, queriendo demostrar claramente a los herederos de la promesa que su propósito es inmutable, la confirmó con un juramento. Lo hizo así para que, mediante la promesa y el juramento, que son dos realidades inmutables en las cuales es imposible que Dios mienta, tengamos un estímulo poderoso los que, buscando refugio, nos aferramos a la esperanza que está delante de nosotros. Tenemos como firme y segura ancla del alma una esperanza que penetra hasta detrás de la cortina del santuario,

hasta donde Jesús, el precursor, entró por nosotros. (Hebreos 6:16-20 NVI)

16.5. ¿Debo obedecer al Gobierno Mundial Unico?

Sí y no. Depende de lo que se le haya pedido que haga. Dios nos ha dicho que pone a los líderes en su posición. Eso es para todos los líderes, ya sea que los consideres buenos o malos. Todos los líderes, cada uno de ellos, obtienen su autoridad de Dios. Así que eso significa que incluso el Anticristo obtiene su autoridad de Dios.

El profeta Daniel nos dijo que Dios quita reyes y pone reyes.

> Daniel habló, y dijo: Sea bendito el nombre de Dios de siglo hasta siglo: porque suya es la sabiduría y la fortaleza: Y él es el que [...] quita reyes, y pone reyes. (Daniel 2:20-21)

Aquí el apóstol Pablo nos habla de esta verdad de Dios. Dios es el que da autoridad a alguien. Aprendemos que Dios pone a los líderes por muchas razones: son servidores de Dios, son para nuestro bien, son vengadores de la ira contra el mal. Se supone que debemos obedecerlos para no experimentar la ira de Dios y también por el bien de nuestra propia conciencia.

> TODA alma se someta á las potestades superiores; porque no hay potestad sino de Dios; y las que son, de Dios son ordenadas. Asi que, el que se opone á la potestad, á la ordenación de Dios resiste: y los que resisten, ellos mismos ganan condenación para sí. Porque los magistrados no son para temor al que bien hace, sino al malo. ¿Quieres pues no temer la potestad? haz lo bueno, y tendrás alabanza de ella; Porque es ministro de Dios para tu bien. Mas si hicieres lo malo, teme: porque no en vano lleva el cuchillo; porque es ministro de Dios, vengador para castigo al que

hace lo malo. Por lo cual es necesario que le estéis sujetos, no solamente por la ira, mas aun por la conciencia. Porque por esto pagáis también los tributos; porque son ministros de Dios que sirven á esto mismo. Pagad á todos lo que debéis: al que tributo, tributo; al que pecho, pecho; al que temor, temor; al que honra, honra. (Romanos 13:1-7)

Se supone que debemos honrar y respetar a las autoridades superiores porque Dios es el que está detrás de la escena dirigiendo lo que están haciendo. Debes someterte a los líderes del gobierno, a los líderes en tu lugar de trabajo, a los líderes en la escuela, y a cualquier otro tipo de líder. Cuando te sometes a ellos, te estás sometiendo a Dios. No hagas su trabajo más difícil siendo desobediente.

> Obedeced á vuestros pastores, y sujetaos á ellos; porque ellos velan por vuestras almas, como aquellos que han de dar cuenta; para que lo hagan con alegría, y no gimiendo; porque esto no os es útil. (Hebreos 13:17)

Dado que los líderes también son personas pecadoras, eso significa que habrá momentos en los que decidan rebelarse contra Dios y te pidan que hagas lo mismo. Es entonces cuando necesitas desobedecerlos. Necesitas obedecer a Dios por encima de cualquier otra persona. En estos versículos, vemos que Pedro y los apóstoles explican esto. "La sangre de este hombre" es una referencia a la crucifixión de Jesús.

> Y como los trajeron, los presentaron en el concilio: y el príncipe de los sacerdotes les preguntó, Diciendo: ¿No os denunciamos estrechamente, que no enseñaseis en este nombre? y he aquí, habéis llenado á Jerusalem de vuestra doctrina, y queréis echar sobre nosotros la sangre de este hombre. Y respondiendo Pedro y los apóstoles, dijeron: Es menester obedecer á Dios antes que á los hombres. (Hechos 5:27-29)

Ahora sé que te he confundido porque he dicho que Dios dirige sus pasos, pero algunos se rebelan contra Dios. Entonces, ¿cómo funciona eso? Incluso cuando los líderes se rebelan contra él, Dios utiliza eso para nuestro bien. Esa es una de las formas en que Dios nos disciplina, con los malos líderes. Recuerda que Israel fue llevado al cautiverio varias veces. Fueron sometidos a líderes terribles que los esclavizaron. Dios estaba en control de eso. Envió a esos líderes a derrocar a las ciudades israelitas porque el pueblo se había alejado de él y había pecado. Esos malvados gobernantes hicieron que los israelitas recordaran a Dios, se dieran cuenta de que habían pecado y le pidieran ayuda. Después de que el pueblo volvió a Dios, el gobernante malvado fue castigado por Dios.

Así es como funciona también con el Anticristo. Él es un gobernante malvado poseído por Satanás. Se rebela contra Dios. La ira que desata hará que muchas personas se vuelvan hacia Dios. La ira también castigará a la gente malvada que nunca tiene intención de poner su fe en Jesús, la gente que no quiere tener nada que ver con Dios. Al final, cuando el período de la tribulación haya terminado, Dios se ocupará del Anticristo y de Satanás. Hasta entonces, los utilizará para cumplir su voluntad.

Habrá momentos en los que no debes obedecer al Anticristo o a su gobierno o incluso a otros líderes en tu vida. Si te piden que apoyes o participes en algo que sabes que va en contra de la Palabra de Dios, no lo hagas. No tomes la marca del Anticristo, por ejemplo. Sabes que la Palabra de Dios dice que no lo hagas, que sellará tu destino eterno porque estarás eligiendo a Satanás en vez de a Dios. Así que no lo hagas. ¿Será alto el costo de la obediencia a Dios? Ciertamente. Sin embargo, esto es algo que sabes de antemano. El Anticristo matará a mucha gente que ha puesto su fe en Jesús. Recuerda que Jesús fue obediente a Dios a través de su propia muerte. Si él vive dentro de ti, te ayudará a hacer lo mismo.

Daniel, el profeta del Antiguo Testamento, fue un gran ejemplo de obediencia a Dios por encima de todo. Veamos lo que le sucedió a Daniel. En estos versículos,

"Darío" es el rey de Babilonia.

> Y sobre ellos tres presidentes, de los cuales Daniel era el uno, á quienes estos gobernadores diesen cuenta, porque el rey no recibiese daño. Pero el mismo Daniel era superior á estos gobernadores y presidentes, porque había en él más abundancia de espíritu: y el rey pensaba de ponerlo sobre todo el reino. Entonces los presidentes y gobernadores buscaban ocasiones contra Daniel por parte del reino; mas no podían hallar alguna ocasión ó falta, porque él era fiel, y ningún vicio ni falta fué en él hallado. [...] Todos los presidentes del reino, magistrados, gobernadores, grandes y capitanes, han acordado por consejo promulgar un real edicto, y confirmarlo, que cualquiera que demandare petición de cualquier dios ú hombre en el espacio de treinta días, sino de ti, oh rey, sea echado en el foso de los leones. [...] Firmó pues el rey Darío la escritura y el edicto. Y Daniel, cuando supo que la escritura estaba firmada, entróse en su casa, y abiertas las ventanas de su cámara que estaban hacia Jerusalem, hincábase de rodillas tres veces al día, y oraba, y confesaba delante de su Dios, como lo solía hacer antes. [...] Entonces respondieron y dijeron delante del rey: Daniel que es de los hijos de la cautividad de los Judíos, no ha hecho cuenta de ti, oh rey, ni del edicto que confirmaste; antes tres veces al día hace su petición. [...] Entonces el rey mandó, y trajeron á Daniel, y echáronle en el foso de los leones. Y hablando el rey dijo á Daniel: El Dios tuyo, á quien tú continuamente sirves, él te libre. [...] El rey, por tanto, se levantó muy de mañana, y fué apriesa al foso de los leones: Y llegándose cerca del foso llamó á voces á Daniel con voz triste: y hablando el rey dijo á Daniel: Daniel, siervo del Dios viviente, el Dios tuyo, á quien tú continuamente sirves ¿te ha podido librar de los leones? Entonces habló Daniel con el rey: oh rey, para siempre vive. El Dios mío envió su ángel, el cual cerró la boca de los leones, para que no me hiciesen mal: porque

delante de él se halló en mí justicia: y aun delante de ti, oh rey, yo no he hecho lo que no debiese. Entonces se alegró el rey en gran manera á causa de él, y mandó sacar á Daniel del foso: y fué Daniel sacado del foso, y ninguna lesión se halló en él, porque creyó en su Dios. (Daniel 6:2-4, 7, 9-10, 13, 16, 19-23)

Se promulgó una ley que decía que la gente sólo podía adorar al rey. Daniel se negó a adorar al rey. Adoró a Dios como siempre lo había hecho. También lo hizo para que todos pudieran verlo hacerlo, con las ventanas abiertas. El castigo por no adorar al rey era la muerte por león. Como Daniel era obediente a Dios y tenía una fe tan grande, aprendemos que Dios lo salvó de esa prueba cerrando la boca de los leones. Observa que Dios no retiró a Daniel de la prueba, sino que estuvo con él a través de ella. Daniel pudo mostrar su fe para que todos la vieran.

Es muy posible que Dios tenga la intención de hacer algo igual de milagroso para ti por serle obediente y tener una fe firme.

16.6. Cómo me protejo del mal

El apóstol Pablo nos dio una gran imagen y herramienta para protegernos contra el mal. Se llama la "armadura de Dios". Él dice que necesitamos estar protegidos con una armadura y tener una espada. Pero esta no es una armadura ordinaria de cota de malla con una espada de acero. Esta armadura protege contra el mal y la espada del Espíritu revela la verdad.

> Vestíos de toda la armadura de Dios, para que podáis estar firmes contra las asechanzas del diablo. Porque no tenemos lucha contra sangre y carne; sino contra principados, contra potestades, contra señores del mundo, gobernadores de estas tinieblas, contra malicias espirituales en los aires. Por tanto, tomad toda la armadura de Dios, para que podáis resistir en el día malo, y estar firmes, habiendo acabado todo. Estad pues firmes,

ceñidos vuestros lomos de verdad, y vestidos de la cota de justicia. Y calzados los pies con el apresto del evangelio de paz; Sobre todo, tomando el escudo de la fe, con que podáis apagar todos los dardos de fuego del maligno. Y tomad el yelmo de salud, y la espada del Espíritu; que es la palabra de Dios; Orando en todo tiempo con toda deprecación y súplica en el Espíritu, y velando en ello con toda instancia y suplicación por todos los santos, Y por mí, para que me sea dada palabra en el abrir de mi boca con confianza, para hacer notorio el misterio del evangelio, Por el cual soy embajador en cadenas; que resueltamente hable de él, como debo hablar. (Efesios 6:11-20)

Lo primero que Pablo nos dice después de mencionar esta armadura es que tenemos que saber quién es el enemigo. El enemigo no es "sangre y carne". Eso significa que no se trata de personas. El enemigo es Satanás y sus "malicias espirituales". No puedes luchar contra Satanás con medios humanos. Necesitas la protección divina y un arma piadosa en esta guerra espiritual.

Veamos los elementos de esta armadura. Los "lomos de verdad" son la Palabra de Dios. Necesitas conocer tu Biblia. Guardarla en tu corazón y lista para usar como una herramienta que sacarías de un cinturón de utilidad. La "cota de justicia" la utilizas cuando depositas tu fe en Jesús que te hace justo. Tener "calzados los pies" con el Evangelio significa que eres capaz de demostrar tu fe tanto en las palabras como en las acciones. El "escudo de la fe" es que conoces y llamas a todas las promesas de Dios cuando el ataque de Satanás viene en tu contra. No tengas miedo. Ten esperanza. Tu "yelmo de salud" ye ayuda a estar plenamente seguro de que has sido salvo por medio de tu fe en Jesús. Estás sellado con el Espíritu Santo.

La "espada del Espíritu" es tu arma. Es la Palabra de Dios. Cuando Satanás vino contra Jesús para tentarlo en el desierto, Jesús combatió las mentiras de Satanás con las Escrituras. Hay poder en la Palabra de Dios. Úsala.

> Porque la palabra de Dios es viva y eficaz, y más penetrante que toda espada de dos filos: y que alcanza hasta partir el alma, y aun el espíritu, y las coyunturas y tuétanos, y discierne los pensamientos y las intenciones del corazón. (Hebreos 4:12)

Después de ponerte la armadura, necesitas oara en todo momento. Necesitas estar cerca de Dios para poder sacar fuerzas de él. Te acercas a Dios hablando con él y leyendo su palabra.

> Estad siempre gozosos. Orad sin cesar. Dad gracias en todo; porque esta es la voluntad de Dios para con vosotros en Cristo Jesús. (1 Tesalonicenses 5:16-18)

> EL que habita al abrigo del Altísimo, Morará bajo la sombra del Omnipotente. Diré yo á Jehová: Esperanza mía, y castillo mío; Mi Dios, en él confiaré. Y él te librará del lazo del cazador: De la peste destruidora. Con sus plumas te cubrirá, Y debajo de sus alas estarás seguro: Escudo y adarga es su verdad. [...] Porque tú has puesto á Jehová, que es mi esperanza. Al Altísimo por tu habitación, No te sobrevendrá mal, Ni plaga tocará tu morada. Pues que á sus ángeles mandará acerca de ti, Que te guarden en todos tus caminos. (Salmos 91:1-4, 9-11)

Ahora estás preparado para mantenerte firme cuando el mal se levante contra ti.

> Es Dios quien nos capacita, junto con ustedes, para estar firmes por Cristo. Él nos comisionó y nos identificó como suyos al poner al Espíritu Santo en nuestro corazón como un anticipo que garantiza todo lo que él nos prometió. (2 Corintios 1:21-22 NTV)

7° Parte: ¿Qué sucederá?

Capítulo 17 – Ahora que soy creyente, ¿qué sucederá?

Como alguien que ha quedado atrás en la estela del rapto, estoy segura de que te estás preguntando ¿Cuál es el siguiente paso? ¿Qué te espera en los próximos años? ¿Cómo puedes estar preparado?

Lo primero es lo primero. Si has llegado a saber quién es Jesucristo y crees que murió por tus pecados, entonces no tienes absolutamente nada de qué preocuparte. Tu alma está salvada. Puedes estar completamente seguro de eso. Estas Escrituras, escritas por el apóstol Pablo, reiteran esta verdad.

> ADEMAS os declaro, hermanos, el evangelio que os he predicado, el cual también recibisteis, en el cual también perseveráis; Por el cual asimismo, si retenéis la palabra que os he predicado, sois salvos, si no creísteis en vano. Porque primeramente os he enseñado lo que asimismo recibí: Que Cristo fué muerto por nuestros pecados conforme á las Escrituras; Y que fué sepultado, y que resucitó al tercer día, conforme á las Escrituras. (1 Corintios 15:1-4)

> Que si confesares con tu boca al Señor Jesús, y creyeres en tu corazón que Dios le levantó de los muertos, serás salvo. [...] Porque todo aquel que invocare el nombre del Señor, será salvo. (Romanos 10:9, 13)

Como creyente, una de dos cosas le sucederá. O sobrevivirás en medio de los eventos de la tribulación o morirás como un santo de la tribulación. No ocurrirá otro rapto.

17.1. Si sobrevives la tribulación

Los eventos de la tribulación duran siete años, y la Biblia nos dice que muy pocas personas vivirán los horrores. Si eres uno de los afortunados que sobreviven, entonces puedes esperar ver a Jesús en su segunda venida. Él regresará físicamente a la tierra en el Monte de los Olivos en Israel al final del período de siete años. Reinará físicamente en la Tierra por 1.000 años. Serás incluido en el reino de Jesús en la Tierra.

Esto es lo que verás al final del período de la tribulación. El cielo se abrirá y Jesús saldrá montado en un caballo blanco. Tendrá coronas en su cabeza y un manto salpicado de sangre. Él vendrá contra el Anticristo, que es la "bestia", y sus ejércitos que se han reunido.

> Y vi el cielo abierto; y he aquí un caballo blanco, y el que estaba sentado sobre él, era llamado Fiel y Verdadero, el cual con justicia juzga y pelea. Y sus ojos eran como llama de fuego, y había en su cabeza muchas diademas; y tenía un nombre escrito que ninguno entendía sino él mismo. Y estaba vestido de una ropa teñida en sangre: y su nombre es llamado EL VERBO DE DIOS. [...] Y en su vestidura y en su muslo tiene escrito este nombre: REY DE REYES Y SEÑOR DE SEÑORES. [...] Y vi la bestia, y los reyes de la tierra y sus ejércitos, congregados para hacer guerra contra el que estaba sentado sobre el caballo, y contra su ejército. (Apocalipsis 19:11-13, 16, 19)

Entonces Jesús, "el Hijo del Hombre", separará a los que aún están vivos. Los creyentes, las "ovejas", serán separados de los incrédulos, los "cabritos". Sólo los creyentes podrán vivir con él en su reino.

> Y cuando el Hijo del hombre venga en su gloria, y todos los santos ángeles con él, entonces se

sentará sobre el trono de su gloria. Y serán reunidas delante de él todas las gentes: y los apartará los unos de los otros, como aparta el pastor las ovejas de los cabritos. Y pondrá las ovejas á su derecha, y los cabritos á la izquierda. Entonces el Rey dirá á los que estarán á su derecha: Venid, benditos de mi Padre, heredad el reino preparado para vosotros desde la fundación del mundo. (Mateo 25:31-34)

Como creyente, oirás a Jesús decir: "Venid, benditos de mi Padre, heredad el Reino preparado para vosotros desde la fundación del mundo".

17.2. Si mueres como un santo de la tribulación

Si mueres durante el período de la tribulación, es probable que seas martirizado por tu fe en Jesús. Sin embargo, hay una gran recompensa esperándote en el cielo. Como santo de la tribulación tienes el privilegio de adorar a los pies de Jesús. Esto me recuerda un encuentro que tuvo Jesús con María y Marta durante su ministerio en la tierra. Jesús estaba en su casa hablando con un grupo de personas. María estaba sentada a los pies de Jesús, escuchando atentamente (Lucas 10:39). Estoy seguro de que estaba asombrada. Tú también lo estarás. En esta Escritura, la "grande tribulación" es el período de sufrimiento.

> Después de estas cosas miré, y he aquí una gran compañía, la cual ninguno podía contar, de todas gentes y linajes y pueblos y lenguas, que estaban delante del trono y en la presencia del Cordero, vestidos de ropas blancas, y palmas en sus manos; Y clamaban en alta voz, diciendo: Salvación á nuestro Dios que está sentado sobre el trono, y al Cordero. Y todos los ángeles estaban alrededor del trono, y de los ancianos y los cuatro animales; y postráronse sobre sus rostros delante del trono, y adoraron á Dios, Diciendo: Amén: La bendición y la gloria y la

> sabiduría, y la acción de gracias y la honra y la potencia y la fortaleza, sean á nuestro Dios para siempre jamás. Amén. Y respondió uno de los ancianos, diciéndome: Estos que están vestidos de ropas blancas, ¿quiénes son, y de dónde han venido? Y yo le dije: Señor, tú lo sabes. Y él me dijo: Estos son los que han venido de grande tribulación, y han lavado sus ropas, y las han blanqueado en la sangre del Cordero. Por esto están delante del trono de Dios, y le sirven día y noche en su templo: y el que está sentado en el trono tenderá su pabellón sobre ellos. No tendrán más hambre, ni sed, y el sol no caerá más sobre ellos, ni otro ningún calor. Porque el Cordero que está en medio del trono los pastoreará, y los guiará á fuentes vivas de aguas: y Dios limpiará toda lágrima de los ojos de ellos. (Apocalipsis 7:9-17)

Nunca volverás a tener sed, hambre o a quemarte con el sol. Jesús, el "Cordero", cuidará de ti. Dios enjugará cada una de tus lágrimas.

También estarás en la segunda venida de Jesús, pero tendrás un punto de vista celestial de ese evento. Estarás en el ejército que sigue a Jesús en caballos blancos y vestidos de lino fino. En esta Escritura, Jesús es el llamado "Fiel y Verdadero".

> Y vi el cielo abierto; y he aquí un caballo blanco, y el que estaba sentado sobre él, era llamado Fiel y Verdadero, el cual con justicia juzga y pelea. [...] Y los ejércitos que están en el cielo le seguían en caballos blancos, vestidos de lino finísimo, blanco y limpio. (Apocalipsis 19:11, 14)

Entonces, después de que Jesús regrese a la Tierra, ¡tendrás un cuerpo resucitado, eterno y glorioso! Después de que hayas sido resucitado, reinarás con Jesús en la tierra por los próximos 1.000 años.

> Después vi tronos, y los que estaban sentados en ellos habían recibido autoridad para juzgar. Vi las

almas de aquellos que habían sido decapitados por dar testimonio acerca de Jesús y proclamar la palabra de Dios. Ellos no habían adorado a la bestia ni a su estatua, ni habían aceptado su marca en la frente o en las manos. Volvieron a la vida, y reinaron con Cristo durante mil años. Esta es la primera resurrección. (El resto de los muertos no volvieron a la vida hasta que se cumplieron los mil años). Benditos y santos son aquellos que forman parte de la primera resurrección, porque la segunda muerte no tiene ningún poder sobre ellos, sino que serán sacerdotes de Dios y de Cristo, y reinarán con él durante mil años. (Apocalipsis 20:4-6 NTV)

No tengas miedo. Como creyente, hay cosas maravillosas que te esperan en el cielo. Estos versículos nos dicen que esas cosas incluyen un nuevo cuerpo, vida eterna y ciudadanía en el cielo.

Mas nuestra vivienda es en los cielos; de donde también esperamos al Salvador, al Señor Jesucristo; El cual transformará el cuerpo de nuestra bajeza, para ser semejante al cuerpo de su gloria, por la operación con la cual puede también sujetar á sí todas las cosas. (Filipenses 3:20-21)

El que cree en el Hijo tiene vida eterna. (Juan 3:36)

Capítulo 18 – No soy creyente, ¿qué me espera?

Si has endurecido tu corazón contra Dios y no crees que te ama y no crees que envió a Jesús a morir por tus pecados, entonces nada bueno te espera. No hay que endulzar esto. Te encontrarás con Jesús, pero él será tu juez en lugar de tu salvador. Tu destino no es el cielo sino el infierno, el lago de fuego que Dios creó para los malvados, los ángeles caídos. No es el lugar de fiesta que Hollywood te quiso hacer creer que era.

Debido a que tu corazón es duro, estos versículos indican que estás atesorando ira para ti.

> Mas por tu dureza, y por tu corazón no arrepentido, atesoras para ti mismo ira para el día de la ira [...] Dios; El cual pagará á cada uno conforme á sus obras: [...] Mas á los que son contenciosos, y no obedecen á la verdad, antes obedecen á la injusticia, enojo é ira; Tribulación y angustia sobre toda persona humana que obra lo malo. (Romanos 2:5-6, 8-9)

> Bienaventurado el hombre que siempre está temeroso: Mas el que endurece su corazón, caerá en mal. (Proverbios 28:14)

> El que cree en el Hijo, tiene vida eterna; mas el que es incrédulo al Hijo, no verá la vida, sino que la ira de Dios está sobre él. (Juan 3:36)

Tendrás que dar cuenta de tu vida a Dios. No tendrás a nadie que venga en tu defensa. En su lugar, sólo tendrás al peor de los acusadores contra ti, Satanás. Recuerda que él te ha estado acusando día y noche ante Dios. Tu nombre no estará "escrito en el Libro de la Vida" que es el libro de Jesús, porque no depositaste tu fe en Jesús. En estos versículos, Dios es el que va a "juzgarlos vivos y los muertos".

> Los cuales darán cuenta al que está aparejado para juzgar los vivos y los muertos. (1 Pedro 4:5)

> Y vi los muertos, grandes y pequeños, que estaban delante de Dios; y los libros fueron abiertos: y otro libro fué abierto, el cual es de la vida: y fueron juzgados los muertos por las cosas que estaban escritas en los libros, según sus obras. Y el mar dió los muertos que estaban en él; y la muerte y el infierno dieron los muertos que estaban en ellos; y fué hecho juicio de cada uno según sus obras. Y el infierno y la muerte fueron lanzados en el lago de fuego. Esta es la muerte segunda. Y el que no fué hallado escrito en el libro de la vida, fué lanzado en el lago de fuego. (Apocalipsis 20:12-15)

¿Y si eres uno de los afortunados que sobreviven al periodo de la tribulación en la Tierra? ¿Cuenta eso como tiempo servido y ahora puedes salir libre? No. Incluso si sobrevives a la tribulación como un pecador que no ha sido perdonado, tu destino sigue siendo el infierno. La Biblia nos dice que cuando Jesús regrese en su segunda venida una de las cosas que hará, será poner a todos los incrédulos en el lago de fuego.

Esta Escritura muestra a Jesús, el "Hijo del Hombre", en su segunda venida. Él separa las "ovejas", que son los creyentes, y los "cabritos", que son los incrédulos. Todos los cabritos son puestos en el lago de fuego.

> Y cuando el Hijo del hombre venga en su gloria, y todos los santos ángeles con él, entonces se sentará sobre el trono de su gloria. Y serán reunidas delante de él todas las gentes: y los apartará los unos de los otros, como aparta el pastor las ovejas de los cabritos. Y pondrá las ovejas á su derecha, y los cabritos á la izquierda. [...] Entonces dirá también á los que estarán á la izquierda: Apartaos de mí, malditos, al fuego eterno preparado para el diablo y para sus ángeles. (Mateo 25:31-33, 41)

Estos versículos son una parábola, una historia con moraleja, que Jesús contó. Incluso explicó después a sus discípulos el significado de la historia. Los "hijos del maligno", Satanás, son recogidos y quemados con fuego. Si no has puesto tu fe en Jesús, el "Hijo del Hombre", entonces por defecto eres un hijo de Satanás. Esta parábola retrata lo que sucede cuando Jesús está cosechando la tierra en su segunda venida.

> Otra parábola les propuso, diciendo: El reino de los cielos es semejante al hombre que siembra buena simiente en su campo: Mas durmiendo los hombres, vino su enemigo, y sembró cizaña entre el trigo, y se fué. Y como la hierba salió é hizo fruto, entonces apareció también la cizaña. [...] Dejad crecer juntamente lo uno y lo otro hasta la siega; y al tiempo de la siega yo diré á los segadores: Coged primero la cizaña, y atadla en manojos para quemarla; mas recoged el trigo en mi alfolí. [...] Entonces, despedidas las gentes, Jesús se vino á casa; y llegándose á él sus discípulos, le dijeron: Decláranos la parábola de la cizaña del campo. Y respondiendo él, les dijo: El que siembra la buena simiente es el Hijo del hombre; Y el campo es el mundo; y la buena simiente son los hijos del reino, y la cizaña son los hijos del malo; Y el enemigo que la sembró, es el diablo; y la siega es el fin del mundo, y los segadores son los ángeles. De manera que como es cogida la cizaña, y quemada al fuego, así será en el fin de este siglo. Enviará el Hijo del hombre sus ángeles, y cogerán de su reino todos los escándalos, y los que hacen iniquidad, Y los echarán en el horno de fuego: allí será el lloro y el crujir de dientes. (Mateo 13:24-26, 30, 36-42)

No puedo imaginarme lo imposible que será sobrevivir a los eventos de la tribulación. No dejes que tu perseverancia se desperdicie pasando la eternidad en el infierno. Haz una elección mejor.

Como dice el Espíritu Santo de Dios en estos

versículos, "no endurezcáis vuestros corazones" en rebeldía hoy. En cambio, responde al llamado de Dios.

> Por lo cual, como dice el Espíritu Santo: Si oyereis hoy su voz, No endurezcáis vuestros corazones Como en la provocación, en el día de la tentación en el desierto, Donde me tentaron vuestros padres; me probaron, Y vieron mis obras cuarenta años. A causa de lo cual me enemisté con esta generación, Y dije: Siempre divagan ellos de corazón, Y no han conocido mis caminos. Juré, pues, en mi ira: No entrarán en mi reposo. Mirad, hermanos, que en ninguno de vosotros haya corazón malo de incredulidad para apartarse del Dios vivo: Antes exhortaos los unos á los otros cada día, entre tanto que se dice Hoy; porque ninguno de vosotros se endurezca con engaño de pecado: Porque participantes de Cristo somos hechos, con tal que conservemos firme hasta el fin el principio de nuestra confianza. (Hebreos 3:7-14)

En esta Escritura, hay una elección puesta ante nosotros por Dios. Una elección entre la vida y la muerte. Deja que Jesús te ame aceptando lo que hizo para salvarte de tus pecados. Elige la vida.

> Mira, yo he puesto delante de ti hoy la vida y el bien, la muerte y el mal: Porque yo te mando hoy que ames á Jehová tu Dios, que andes en sus caminos, y guardes sus mandamientos y sus estatutos y sus derechos, para que vivas y seas multiplicado, y Jehová tu Dios te bendiga [...]. Mas si tu corazón se apartare, y no oyeres, y fueres incitado, y te inclinares á dioses ajenos, y los sirvieres; Protéstoos hoy que de cierto pereceréis: no tendréis largos días sobre la tierra, [...]. A los cielos y la tierra llamo por testigos hoy contra vosotros, que os he puesto delante la vida y la muerte, la bendición y la maldición: escoge pues la vida, porque vivas tú y tu simiente. (Deuteronomio 30:15-19)

Capítulo 19 – Cronología de los acontecimientos

Existen muchos eventos que la Biblia describe que tienen lugar después del rapto, durante el período de la tribulación, y después de la segunda venida de Jesús. Vamos a echar un vistazo a algunos eventos clave para que usted pueda estar preparado para lo que está por venir.

19.1. El Anticristo se convierte en un líder mundial

Después del rapto, lo primero que debe buscar es el surgimiento de un líder mundial. La Biblia se refiere a esta persona como el Anticristo, porque será lo opuesto a Cristo y a todas las cosas piadosas. Esta persona vendrá a la escena como un líder político con la habilidad de unir a toda la gente en la tierra. Una de las formas en que podrá hacerlo es con la religión. También será visto como un líder religioso que reúne a todas las creencias. Él será un maestro de las finanzas y la economía y tendrá soluciones a los problemas que están plagando el planeta como resultado del rapto. Su mensaje principal será uno de paz y seguridad. Como mencioné en la 4° Parte de este libro, será muy querido y desearán escucharlo y seguirlo.

Este versículo nos dice que el Anticristo, "el gobernante", será un líder político y hará un tratado con el pueblo de Dios, Israel, durante siete años.

> El gobernante firmará un tratado con el pueblo por un período de un conjunto de siete, pero al cumplirse la mitad de ese tiempo, pondrá fin a los sacrificios y a las ofrendas. Como punto culminante de todos sus terribles actos, colocará un objeto sacrílego que causa profanación hasta que el destino decretado para este profanador finalmente caiga sobre él. (Daniel 9:27 NTV)

El Anticristo, que es la "primera bestia" en esta Escritura, será un líder religioso. El Falso Profeta, que es "otra bestia", hará que todos en la Tierra adoren al Anticristo.

> Después vi otra bestia que subía de la tierra; y tenía dos cuernos semejantes á los de un cordero, mas hablaba como un dragón. Y ejerce todo el poder de la primera bestia en presencia de ella; y hace á la tierra y á los moradores de ella adorar la primera bestia, cuya llaga de muerte fué curada. (Apocalipsis 13:11-12)

El Anticristo, "él" y "bestia" en estos versículos, será un líder económico porque todos deberán tener su marca para poder comprar o vender.

> Y hacía que á todos, á los pequeños y grandes, ricos y pobres, libres y siervos, se pusiese una marca en su mano derecha, ó en sus frentes: Y que ninguno pudiese comprar ó vender, sino el que tuviera la señal, ó el nombre de la bestia, ó el número de su nombre. (Apocalipsis 13:16-17)

El rapto de los seguidores de Jesús es lo que le permitió al Anticristo levantarse. El freno que lo retenía era el Espíritu Santo. El Espíritu Santo residía en cada persona que creía en Jesucristo. Aunque el Espíritu Santo fue removido, todavía está trabajando en el mundo convenciendo a las personas de su pecado para que lleguen a conocer a Dios.

En estos versículos, el "hombre de pecado", el "hijo de la perdición" y "aquel inicuo" se refieren al Anticristo.

> EMPERO os rogamos, hermanos, cuanto á la venida de nuestro Señor Jesucristo, y nuestro recogimiento á él, [...] No os engañe nadie en ninguna manera; porque no vendrá sin que venga antes la apostasía, y se manifieste el hombre de pecado, el hijo de perdición, Oponiéndose, y levantándose contra todo lo que se llama Dios, ó

> que se adora; tanto que se asiente en el templo de Dios como Dios, haciéndose parecer Dios. [...] Y ahora vosotros sabéis lo que impide, para que á su tiempo se manifieste. Porque ya está obrando el misterio de iniquidad: solamente espera hasta que sea quitado de en medio el que ahora impide; Y entonces será manifestado aquel inicuo, al cual el Señor matará con el espíritu de su boca, y destruirá con el resplandor de su venida; A aquel inicuo, cuyo advenimiento es según operación de Satanás, con grande potencia, y señales, y milagros mentirosos. (2 Tesalonicenses 2:1, 3-4, 6-9)

Esta Escritura nos dice por qué el Espíritu Santo tuvo que ser removido antes de que el Anticristo, "el enemigo", pudiera levantarse como líder. Porque los creyentes llenos de ese Espíritu Santo se habrían levantado contra él.

> Porque vendrá el enemigo como río, mas el espíritu de Jehová levantará bandera contra él. (Isaías 59:19)

En estos versículos, pronunciados por Jesús, vemos que el Espíritu Santo, que es el "Consolador" y el "Espíritu de verdad", sigue actuando en el mundo. Él está convenciendo a la gente de su pecado para que se vuelvan a Jesús para la salvación.

> Empero yo os digo la verdad: Os es necesario que yo vaya: porque si yo no fuese, el Consolador no vendría á vosotros; mas si yo fuere, os le enviaré. Y cuando él viniere redargüirá al mundo de pecado, y de justicia, y de juicio: De pecado ciertamente, por cuanto no creen en mí; Y de justicia, por cuanto voy al Padre, y no me veréis más; Y de juicio, por cuanto el príncipe de este mundo es juzgado. [...] Pero cuando viniere aquel Espíritu de verdad, él os guiará á toda verdad; porque no hablará de sí mismo, sino que hablará todo lo que oyere, y os hará saber las

cosas que han de venir. (Juan 16:7-11, 13)

Una vez que este líder global, "el gobernante", devuelva el orden al planeta, trabajará para lograr lo que ninguna otra persona en la Tierra ha logrado jamás. Él negociará un acuerdo de paz entre Israel y sus países enemigos vecinos. En este versículo, se hace referencia a Israel como "el pueblo". Este tratado de paz será un tratado de siete años que es "un conjunto de siete". La firma de este tratado es el evento que inicia el reloj del período de la tribulación. El rapto no comenzó el período de la tribulación real. Este tratado de paz es lo que lo inicia.

> El gobernante firmará un tratado con el pueblo por un período de un conjunto de siete, pero al cumplirse la mitad de ese tiempo, pondrá fin a los sacrificios y a las ofrendas. Como punto culminante de todos sus terribles actos, colocará un objeto sacrílego que causa profanación hasta que el destino decretado para este profanador finalmente caiga sobre él. (Daniel 9:27 NTV)

A partir de este momento habrá gran sufrimiento y angustia en el planeta.

> Pues habrá más angustia en esos días que en cualquier otro momento desde que Dios creó al mundo. Y jamás habrá una angustia tan grande. (Marcos 13:19 NTV)

La Biblia nos dice que Israel firma el tratado para obtener seguridad o "acogida". Supongo que los enemigos de Israel habrán aumentado sus ataques contra el país o están amenazando con una invasión masiva. Israel, "la muerte", y "sepultura", que es el infierno, firman el tratado. Nos enteramos de que Israel, "este pueblo de Jerusalén", sabe que el tratado se basa en mentiras, pero lo firma de todos modos.

> Por tanto, varones burladores, que estáis enseñoreados sobre este pueblo que está en

> Jerusalem, oid la palabra de Jehová. Porque habéis dicho: Concierto tenemos hecho con la muerte, é hicimos acuerdo con la sepultura; cuando pasare el turbión del azote, no llegará á nosotros, pues que hemos puesto nuestra acogida en la mentira, y en la falsedad nos esconderemos: Por tanto, el Señor Jehová dice así: He aquí que yo fundo en Sión una piedra, piedra de fortaleza, de esquina, de precio, de cimiento estable: el que creyere, no se apresure. Y ajustaré el juicio á cordel, y á nivel la justicia; y granizo barrerá la acogida de la mentira, y aguas arrollarán el escondrijo. Y será anulado vuestro concierto con la muerte, y vuestro acuerdo con el sepulcro no será firme: cuando pasare el turbión del azote, seréis de él hollados. (Isaías 28:14-18)

Dios anulará el tratado cuando regrese. Este tratado enciende la ira de Dios porque el Anticristo rompe la tierra santa de Dios con este tratado. En este versículo, "yo" se refiere a Dios, y "mi tierra" se refiere a Israel.

> Juntaré todas las gentes, y harélas descender al valle de Josaphat, y allí entraré en juicio con ellos á causa de mi pueblo, y de Israel mi heredad, á los cuales esparcieron entre las naciones, y partieron mi tierra. (Joel 3:2)

Dios prometió una tierra específica a su pueblo elegido, los israelitas. La Escritura nos dice que esa tierra se extiende desde el río Nilo hasta el río Éufrates (consulta también Números 34). Esa tierra incluye la ciudad de Jerusalén.

> En aquel día hizo Jehová un pacto con Abram diciendo: A tu simiente daré esta tierra desde el río de Egipto hasta el río grande, el río Eufrates. (Génesis 15:18)

Es una ciudad muy especial para Dios porque es la ciudad donde Jesús mismo reinará en la tierra. Dios habitará en Jerusalén. Dios incluso hace una Nueva Jerusalén cuando crea el nuevo cielo y la nueva tierra. En estos versículos, "Sión" se refiere a Jerusalén.

> Vino a mí palabra de Jehová de los ejércitos, diciendo: Así ha dicho Jehová de los ejércitos: Celé a Sion con gran celo, y con gran ira la celé. Así dice Jehová: Yo he restaurado a Sion, y moraré en medio de Jerusalén; y Jerusalén se llamará Ciudad de la Verdad, y el monte de Jehová de los ejércitos, Monte de Santidad. (Zacarías 8:1-3 RVR 1960)

> Y VI un cielo nuevo, y una tierra nueva: porque el primer cielo y la primera tierra se fueron, y el mar ya no es. Y yo Juan vi la santa ciudad, Jerusalem nueva, que descendía del cielo, de Dios, dispuesta como una esposa ataviada para su marido. Y oí una gran voz del cielo que decía: He aquí el tabernáculo de Dios con los hombres, y morará con ellos; y ellos serán su pueblo, y el mismo Dios será su Dios con ellos. (Apocalipsis 21:1-3)

> Y acontecerá en lo postrero de los tiempos, que será confirmado el monte de la casa de Jehová por cabeza de los montes, y será ensalzado sobre los collados, y correrán á él todas las gentes. Y vendrán muchos pueblos, y dirán: Venid, y subamos al monte de Jehová, á la casa del Dios de Jacob; y nos enseñará en sus caminos, y caminaremos por sus sendas. Porque de Sión saldrá la ley, y de Jerusalem la palabra de Jehová. Y juzgará entre las gentes, y reprenderá á muchos pueblos; y volverán sus espadas en rejas de arado, y sus lanzas en hoces: no alzará espada gente contra gente, ni se ensayarán más para la guerra. (Isaías 2:2-4)

Recuerda que te dije que el Anticristo está habitado por Satanás. Satanás odia a Dios y quiere destruir los planes de Dios. Al destruir la tierra de Dios, Satanás está sacudiendo su puño a Dios y rebelándose contra el plan de Dios.

No te preocupes por el tratado y la ira que Satanás ha provocado. La voluntad de Dios se hará. Dios siempre cumple sus promesas. Jesús ya derrotó a Satanás cuando murió en esa cruz y conquistó la muerte. El tiempo de Satanás en la tierra tiene una fecha de vencimiento, y él lo sabe. Estos versículos nos dicen que el tiempo de Satanás termina después del reinado de 1.000 años de Jesús en la tierra. Satanás es "el diablo que engañó" y "la bestia" es el Anticristo.

> Y cuando los mil años fueren cumplidos, Satanás será suelto de su prisión, Y saldrá para engañar las naciones que están sobre los cuatro ángulos de la tierra, á Gog y á Magog, á fin de congregarlos para la batalla; el número de los cuales es como la arena del mar. Y subieron sobre la anchura de la tierra, y circundaron el campo de los santos, y la ciudad amada: y de Dios descendió fuego del cielo, y los devoró. Y el diablo que los engañaba, fué lanzado en el lago de fuego y azufre, donde está la bestia y el falso profeta; y serán atormentados día y noche para siempre jamás. (Apocalipsis 20:7-10)

19.2. Comienza la tribulación

Hablemos más sobre este tratado de paz y la duración del período de la tribulación. La tribulación comienza en algún momento después del rapto y termina en la segunda venida de Jesús. Comienza específicamente con la firma del tratado de paz entre Israel y sus enemigos.

El profeta del Antiguo Testamento, Daniel, escribió sobre el Anticristo y el tratado de paz alrededor del año 539 a.C. cuando Babilonia fue conquistada por los medos. Daniel estaba orando a Dios y pidiéndole que perdonara al pueblo de Israel de sus pecados y que apartara su ira de Jerusalén, cuando el ángel Gabriel apareció de repente para responder a las preguntas que estaba haciendo a Dios.

Gabriel dijo que el gobernante que vendría, el

Anticristo, haría un tratado de paz por "una semana". La palabra hebrea original usada para *semana* significa un período de siete años, así que el tratado de paz es por siete años. También vemos en esta Escritura que dice que hasta la "entera consumación" la ira será derramada. El tiempo de tribulación durará los siete años completos. Durante este tiempo Dios mostrará su ira con toda clase de señales y maravillas. Su objetivo es alejar a la gente de la maldad y dirigirla hacia él. Es la advertencia final de Dios de que el tiempo se está acabando para que elijas dónde quieres pasar la eternidad.

> Y en otra semana confirmará el pacto á muchos, y á la mitad de la semana hará cesar el sacrificio y la ofrenda: después con la muchedumbre de las abominaciones será el desolar, y esto hasta una entera consumación; y derramaráse la ya determinada sobre el pueblo asolado. (Daniel 9:27)

Jesús también habló del período de la Tribulación. Vemos en estos versículos que incluso se refirió, validando así, la profecía dada por Daniel.

> Y sentándose él en el monte de las Olivas, se llegaron á él los discípulos aparte, diciendo: Dinos, ¿cuándo serán estas cosas, y qué señal habrá de tu venida, y del fin del mundo? [...] Por tanto, cuando viereis la abominación del asolamiento, que fué dicha por Daniel profeta, que estará en el lugar santo, (el que lee, entienda), Entonces los que están en Judea, huyan á los montes; [...] Porque habrá entonces grande aflicción, cual no fué desde el principio del mundo hasta ahora, ni será. Y si aquellos días no fuesen acortados, ninguna carne sería salva; mas por causa de los escogidos, aquellos días serán acortados. (Mateo 24:3, 15-16, 21-22)

Aprendimos arriba que en la "mitad de la semana" el Anticristo hace que los sacrificios en el templo judío cesen debido a una abominación que ha cometido en el templo. La "mitad de la semana" son tres años y medio. La "abominación del asolamiento" es que él se declara a sí mismo Dios y establece algún objeto sacrílego en el templo de Dios. Arruina y profana el templo.

El día del Señor, "Jehová", y la gran tribulación son otras referencias a este período de tiempo. También se refieren específicamente a los últimos tres años y medio de la tribulación, que presentarán una ira muy intensa de Dios. Durante los últimos tres años y medio, Dios dice en estos versículos que el hombre se volverá "más precioso que el oro fino".

> He aquí el día de Jehová viene, crudo, y de saña y ardor de ira, para tornar la tierra en soledad, y raer de ella sus pecadores. [...] Y visitaré la maldad sobre el mundo, y sobre los impíos su iniquidad; y haré que cese la arrogancia de los soberbios, y abatiré la altivez de los fuertes. Haré más precioso que el oro fino al varón, y más que el oro de Ophir al hombre. (Isaías 13:9, 11-12)

Los últimos tres años y medio presentarán maravillas en los cielos y en la tierra, incluyendo sangre, fuego y columnas de humo. En estos versículos, "Sión" se refiere a Jerusalén. Espero que elijas ver a Dios y su gloria en medio de estas señales y "lacerad vuestro corazón" y te vuelvas a Dios porque él te perdonará.

> TOCAD trompeta en Sión, y pregonad en mi santo monte: tiemblen todos los moradores de la tierra; porque viene el día de Jehová, porque está cercano. Día de tinieblas y de oscuridad, día de nube y de sombra, que sobre los montes se derrama como el alba: un pueblo grande y fuerte: nunca desde el siglo fué semejante, ni después de él será jamás en años de generación en generación. [...] Y Jehová dará su voz delante de su ejército: porque muchos son sus reales y fuertes, que ponen en efecto su palabra: porque

grande es el día de Jehová, y muy terrible; ¿y quién lo podrá sufrir? Por eso pues ahora, dice Jehová, convertíos á mí con todo vuestro corazón, con ayuno y lloro y llanto. Y lacerad vuestro corazón, y no vuestros vestidos; y convertíos á Jehová vuestro Dios; porque misericordioso es y clemente, tardo para la ira, y grande en misericordia, y que se arrepiente del castigo. [...] Y daré prodigios en el cielo y en la tierra, sangre, y fuego, y columnas de humo. El sol se tornará en tinieblas, y la luna en sangre, antes que venga el día grande y espantoso de Jehová. Y será que cualquiera que invocare el nombre de Jehová, será salvo: porque en el monte de Sión y en Jerusalem habrá salvación, como Jehová ha dicho, y en los que quedaren, á los cuales Jehová habrá llamado. (Joel 2:1-2, 11-13, 30-32)

Jesús esperaba que la gente supiera de su primera venida, que busquen a Jesús y conozcan el día en que volverá de nuevo. En estos versículos, Jesús es "él" y la ciudad sobre la que lloró es Jerusalén. Jesús nos dice que la gente no conocía el "tiempo de tu visitación". Eso significa que no reconocían que Jesús los visitaba.

Y como llegó cerca viendo la ciudad, lloró sobre ella, Diciendo: ¡Oh si también tú conocieses, á lo menos en este tu día, lo que toca á tu paz! mas ahora está encubierto de tus ojos. Porque vendrán días sobre ti, que tus enemigos te cercarán con baluarte, y te pondrán cerco, y de todas partes te pondrán en estrecho, Y te derribarán á tierra, y á tus hijos dentro de ti; y no dejarán sobre ti piedra sobre piedra; por cuanto no conociste el tiempo de tu visitación. (Lucas 19:41-44)

Una vez que se firme ese tratado, podrás calcular hasta el día exacto en que Jesucristo aparecerá en la tierra para su segunda venida. Esto debería darte una gran esperanza y una ansiosa anticipación hasta ese día. Jesús regresará a la tierra tres años y medio después de que los sacrificios en el templo se detengan. Como el calendario judío utiliza 360 días por año, serán 1.260 días.

Esta Escritura abajo menciona 1,290 días. Esto es porque Jesús regresa cuando la guerra de Armagedón está teniendo lugar. Tomará algún tiempo detener esa guerra y luego separar a todos los incrédulos de los que aún están vivos. Para aquellos que son bendecidos y sobreviven hasta el día 1.335, será cuando el reino de Jesús en la tierra comienza y los creyentes se unen a él en su reino.

> Y desde el tiempo que fuere quitado el continuo sacrificio hasta la abominación espantosa, habrá mil doscientos y noventa días. Bienaventurado el que esperare, y llegare hasta mil trescientos treinta y cinco días. (Daniel 12:11-12)

Todos verán a Jesús, el "Hijo del Hombre", viniendo en las nubes, pero no todos se alegrarán de verlo. Vemos en la Escritura de abajo que mucha gente llorará su regreso. Cuando lo veas, espero que sólo te lamentes porque tienes un corazón arrepentido y reconoces lo que Jesús hizo por ti. En ese caso, tu tristeza será rápidamente reemplazada por gozo.

> Más tarde, Jesús se sentó en el monte de los Olivos. Sus discípulos se le acercaron en privado y le dijeron: —Dinos, ¿cuándo sucederá todo eso? ¿Qué señal marcará tu regreso y el fin del mundo? [...] «Llegará el día cuando verán de lo que habló el profeta Daniel: el objeto sacrílego que causa profanación de pie en el Lugar Santo. [...] Inmediatamente después de la angustia de esos días, "El sol se oscurecerá, la luna no dará luz, las estrellas caerán del cielo, y los poderes de los cielos serán sacudidos". Y entonces, por fin, aparecerá en los cielos la señal de que el Hijo del Hombre viene, y habrá un profundo lamento entre todos los pueblos de la tierra. Verán al Hijo del Hombre venir en las nubes del cielo con poder

y gran gloria». (Mateo 24:3, 15, 29-30 NTV)

19.3. Dios envía juicios

Una vez que comience el período de la tribulación, Dios enviará muchos juicios a la tierra. Si usted está familiarizado con las plagas que Dios envió contra Egipto cuando el Faraón no dejó ir a los israelitas, estos juicios son similares, pero mucho más impactantes y devastadores. Las cosas terribles que vendrán incluyen guerra, hambre, pobreza, granizo grande, fuego generalizado, calor abrasador, fuentes de agua convertidas en sangre, forúnculos en la piel de la gente, y mucha muerte. La muerte y la destrucción son el sello de estos juicios. La Biblia nos dice que millones de personas perecerán.

El libro de Apocalipsis en la Biblia describe los juicios después del rapto. En este verso, vemos el granizo y el fuego después de que la primera trompeta sea tocada. Un tercio de la tierra se quema como resultado.

> Y el primer ángel tocó la trompeta, y fué hecho granizo y fuego, mezclado con sangre, y fueron arrojados á la tierra; y la tercera parte de los árboles fué quemada, y quemóse toda la hierba verde. (Apocalipsis 8:7)

En este verso, vemos que todo en el mar muere porque se convierte en sangre.

> Y el segundo ángel derramó su copa sobre el mar, y se convirtió en sangre como de un muerto; y toda alma viviente fué muerta en el mar. (Apocalipsis 16:3)

Esta Escritura revela que hay un granizo severo que pesa un talento, que equivale a 34 kg.

> Y cayó del cielo sobre los hombres un grande granizo como del peso de un talento: y los hombres blasfemaron de Dios por la plaga del

granizo; porque su plaga fué muy grande. (Apocalipsis 16:21)

En sólo dos juicios, la mitad de la población mundial que quede después del rapto morirá. En la primera Escritura, una cuarta parte de la tierra perecerá por la espada, el hambre, la muerte y los animales salvajes. En la segunda, un tercio de la gente muere.

> Y cuando él abrió el cuarto sello, oí la voz del cuarto animal, que decía: Ven y ve. Y miré, y he aquí un caballo amarillo: y el que estaba sentado sobre él tenía por nombre Muerte; y el infierno le seguía: y le fué dada potestad sobre la cuarta parte de la tierra, para matar con espada, con hambre, con mortandad, y con las bestias de la tierra. (Apocalipsis 6:7-8)

> Y el sexto ángel tocó la trompeta; y oí una voz de los cuatro cuernos del altar de oro que estaba delante de Dios, Diciendo al sexto ángel que tenía la trompeta: Desata los cuatro ángeles que están atados en el gran río Eufrates. Y fueron desatados los cuatro ángeles que estaban aparejados para la hora y día y mes y año, para matar la tercera parte de los hombres. (Apocalipsis 9:13-15)

Estos juicios tienen propósitos. No importa lo que pase, siempre recuerda que Dios te ama. Él quiere que dejes tu comportamiento malvado y te vuelvas a él, que recurras a la rectitud. Mira estas cosas terribles como una disciplina de Dios. Él está tratando de llamar tu atención y corregir el curso de tu vida. Te está dando una muestra completa de su poder para que entiendas que él existe.

Dios hizo esto en el pasado con juicios. Jonás fue enviado a decir a Nínive que Dios iba a derrocarlos por su maldad. Fue enviado a predicar la palabra de Dios y a llamar al pueblo al arrepentimiento. ¡Y el pueblo se arrepintió!

> Y FUÉ palabra de Jehová segunda vez á Jonás, diciendo: Levántate, y ve á Nínive, aquella gran ciudad, y publica en ella el pregón que yo te diré. [...] Y comenzó Jonás á entrar por la ciudad, camino de un día, y pregonaba diciendo: De aquí á cuarenta días Nínive será destruida. Y los hombres de Nínive creyeron á Dios, [...]. Y llegó el negocio hasta el rey de Nínive, [...]. E hizo pregonar y anunciar en Nínive [...] diciendo: Hombres y animales, bueyes y ovejas, no gusten cosa alguna, no se les dé alimento, ni beban agua: Y que se cubran de saco los hombres y los animales, y clamen á Dios fuertemente: y conviértase cada uno de su mal camino, de la rapiña que está en sus manos. ¿Quién sabe si se volverá y arrepentirá Dios, y se apartará del furor de su ira, y no pereceremos? Y vió Dios lo que hicieron, que se convirtieron de su mal camino: y arrepintióse del mal que había dicho les había de hacer, y no lo hizo. (Jonás 3:1-2, 4-10)

Vemos en estos versículos que a través de los juicios Dios quiere que la gente se entere de la ira que pretende infligirles. Es para que se conviertan de su maldad, para que Dios los perdone.

> Y ACONTECIO en el cuarto año de Joacim hijo de Josías, rey de Judá, que fué esta palabra á Jeremías, de Jehová, diciendo: Tómate un rollo de libro, y escribe en él todas las palabras que te he hablado contra Israel y contra Judá, y contra todas las gentes, desde el día que comencé á hablarte, desde los días de Josías hasta hoy. Quizá oirá la casa de Judá todo el mal que yo pienso hacerles, para avolverse cada uno de su mal camino, y yo perdonaré su maldad y su pecado. (Jeremías 36:1-3)

El propósito es que sepas quién es el único Dios verdadero. Expondrá las mentiras y el falso poder del Anticristo y de Satanás. Hay millones de personas como tú que buscan entender la verdad del rapto y lo que está por venir. Sé que aún no has endurecido tu corazón hacia Dios porque aún estás leyendo este libro. Dios también lo sabe. Esta es tu última advertencia de Dios. El tiempo se está acabando. Después de estos eventos de la tribulación, Dios decidirá quién puede seguir viviendo en la tierra en el reino milenario con Jesús. Sólo aquellos que han puesto su fe en Dios y en su hijo, Jesús, y su muerte por sus pecados, vivirán en ese reino.

Desafortunadamente, la Biblia nos dice que la gente reconocerá la fuente de estos juicios, pero la mayoría se negará a arrepentirse. Estas personas sabrán perfectamente que Dios está enviando esta terrible destrucción y muerte, pero seguirán rebelándose contra él. Estas son personas que han tomado una decisión hacia Dios. No quieren tener nada que ver con Dios. No quieren vivir en el cielo con Dios. No quieren vivir en la tierra con Jesús. Quieren continuar haciendo cosas malvadas. Quieren ser como Satanás. Si quieren vivir como Satanás, entonces Dios los dejará. Los tratará como trata a Satanás. Satanás está desquiciando en el planeta ahora mismo engañándote y ayudándote a pecar. Estos juicios son un castigo para él y sus seguidores.

Estos versículos ilustran que la gente sabe que es Dios porque ven "la cara de aquél que está sentado sobre el trono". Saben que es Jesús es el "Cordero" enviando estos juicios a la tierra, pero se niegan a arrepentirse.

> Y el cielo se apartó como un libro que es envuelto; y todo monte y las islas fueron movidas de sus lugares. Y los reyes de la tierra, y los príncipes, y los ricos, y los capitanes, y los fuertes, y todo siervo y todo libre, se escondieron en las cuevas y entre las peñas de los montes; Y decían á los montes y á las peñas: Caed sobre nosotros, y escondednos de la cara de aquél que está sentado sobre el trono, y de la ira del Cordero: Porque el gran día de su ira es venido; ¿y quién podrá estar firme? (Apocalipsis 6:14-17)

Aunque saben que viene de Dios, la gente que no muere por las plagas sigue sin arrepentirse.

> Y los otros hombres que no fueron muertos con estas plagas, aun no se arrepintieron de las obras de sus manos, para que no adorasen á los demonios, y á las imágenes de oro, y de plata, y de metal, y de piedra, y de madera; las cuales no pueden ver, ni oir, ni andar: Y no se arrepintieron de sus homicidios, ni de sus hechicerías, ni de su fornicación, ni de sus hurtos. (Apocalipsis 9:20-21)

En este versículo, vemos que la gente que sobrevive al sol abrasador no se arrepiente. En cambio, blasfeman de Dios. Saben que Dios es el que envía estos juicios.

> Y los hombres se quemaron con el grande calor, y blasfemaron el nombre de Dios, que tiene potestad sobre estas plagas, y no se arrepintieron para darle gloria. (Apocalipsis 16:9)

Espero que no respondas a Dios como lo hacen estas personas. Espero que elijas responder a Dios como lo hizo Job cuando le llegaron los problemas. Cuando Satanás vino a arruinar la vida de Job, al principio Job se enfadó y sintió envidia de los malvados que lo tenían todo y no eran castigados. Pero entonces Job se encontró con el poderoso poder de Dios y recordó su respeto por Dios. Entonces Job se humilló ante Dios y se arrepintió de su ira, amargura y pensamientos orgullosos.

Esta es la respuesta de Job a Dios. Él sabía que Dios podía hacer cualquier cosa. Job se arrepintió y se arrepintió. Luego se retractó de todas las cosas pecaminosas que había dicho.

> Y RESPONDIO Job á Jehová, y dijo: Yo conozco que todo lo puedes, Y que no hay pensamiento que se esconda de ti. ¿Quién es el que oscurece el consejo sin ciencia? Por tanto yo denunciaba lo

> que no entendía; Cosas que me eran ocultas, y que no las sabía. [...] Por tanto me aborrezco, y me arrepiento En el polvo y en la ceniza. (Job 42:1-3, 6)
>
> Me retracto de todo lo que dije, y me siento en polvo y ceniza en señal de arrepentimiento. (Job 42:6 NTV)

No es demasiado tarde para ti, y no importa lo que hayas hecho. Dios perdonará cualquier cosa. Él es más grande que tu pecado. Dios te perdonará. Consuélate con estos versículos.

> Por lo cual puede también salvar eternamente á los que por él se allegan á Dios, viviendo siempre para interceder por ellos. (Hebreos 7:25)
>
> Buscad á Jehová mientras puede ser hallado, llamadle en tanto que está cercano. Deje el impío su camino, y el hombre inicuo sus pensamientos; y vuélvase á Jehová, el cual tendrá de él misericordia, y al Dios nuestro, el cual será amplio en perdonar. (Isaías 55:6-7)

19.4. La Guerra del Armagedón

Mucha gente piensa que Armagedón es sinónimo de fin del mundo. No es así. En realidad, se refiere a una guerra que comienza antes de la segunda venida de Jesús. Esta guerra ocurre en todo Israel y el lugar donde se reúne el ejército del Anticristo es en *Armagedón*. La palabra misma significa la colina de Megido. La ciudad de Megido domina el valle de Jezreel en la gran llanura cerca del Monte Carmelo. Esta guerra es principalmente entre el Anticristo y el pueblo elegido por Dios, Israel. Sin embargo, algunos líderes no estarán de acuerdo con lo que el Anticristo está haciendo. Se levantarán contra él y destruirán la ciudad desde la que reina. Esa ciudad es referida como Babilonia en la Biblia. Sin embargo, eso no lo disuade de hacer la guerra contra Israel. Poco después de que

Jerusalén caiga en manos del Anticristo, éste dirige su ejército contra Jesús. La guerra termina cuando Jesús llega en su segunda venida y vence al enemigo.

La guerra se centrará en Jerusalén en particular. El Anticristo comenzará esta guerra cuando rompa el tratado de paz con Israel. Sí, terminará rompiendo el tratado de paz que él negoció. Eso es porque es un falso tratado de paz. Su verdadera motivación será mostrada para que todos la vean. Esto ocurre a los tres años y medio del período de la tribulación. ¿Recuerdas a esos dos testigos que predicaban el evangelio en Jerusalén? El Anticristo los mata mientras el mundo entero mira. Sus cuerpos son dejados para que todos los vean por varios días antes de que sean levantados de la muerte por Dios. Entonces el Anticristo entra en el templo judío. Este será su tercer templo, y se construye durante el período de la tribulación. Cuando entre en el templo, se declarará a sí mismo Dios y cometerá un acto que profane el templo.

En estos versículos, vemos que el Anticristo va a la guerra contra los dos testigos o "dos profetas". El Anticristo es la "bestia" y la "gran ciudad" es Jerusalén. Es porque ellos estaban predicando el evangelio, que es "su testimonio", y atormentando a la gente en la tierra con sus señales y maravillas.

> Y cuando ellos hubieren acabado su testimonio, la bestia que sube del abismo hará guerra contra ellos, y los vencerá, y los matará. Y sus cuerpos serán echados en las plazas de la grande ciudad, que espiritualmente es llamada Sodoma y Egipto, donde también nuestro Señor fué crucificado. Y los de los linajes, y de los pueblos, y de las lenguas, y de los Gentiles verán los cuerpos de ellos por tres días y medio, y no permitirán que sus cuerpos sean puestos en sepulcros. Y los moradores de la tierra se gozarán sobre ellos, y se alegrarán, y se enviarán dones los unos á los otros; porque estos dos profetas han atormentado á los que moran sobre la tierra. (Apocalipsis 11:7-10)

En este mismo tiempo, el Anticristo va a invadir el templo judío y hacer que las ofrendas se detengan. Véase Daniel 9:27 en el capítulo 19.2. En este verso, "él" es el Anticristo.

Vemos en esta Escritura que el Anticristo descarga su ira contra el pueblo de Dios. El pueblo de Dios es el pueblo del "santo templo". El Anticristo es referido como "el rey del Norte" y "él". Ya que está en contra del pueblo de Dios, el Anticristo mostrará favor a todos los incrédulos. Una vez que haya profanado el templo, se declarará a sí mismo Dios.

> El rey del norte regresará a su país con grandes riquezas, pero antes profanará el santo templo, así que llevará a cabo sus planes y luego volverá a su país. En el momento preciso, el rey del norte volverá a invadir el sur, aunque esta vez el resultado será diferente, porque los barcos de guerra de las costas occidentales se opondrán a él y le harán perder el valor. Entonces retrocederá y descargará su enojo contra el santo templo. En su retirada, se mostrará bondadoso con los que renegaron de él. Sus fuerzas armadas se dedicarán a profanar la fortaleza del templo, y suspenderán el sacrificio diario, estableciendo el horrible sacrilegio. [...] El rey hará lo que mejor le parezca. Se exaltará a sí mismo, se creerá superior a todos los dioses, y dirá cosas del Dios de dioses que nadie antes se atrevió a decir. Su éxito durará mientras la ira de Dios no llegue a su colmo, aunque lo que ha de suceder sucederá. (Daniel 11:28-31, 36 NVI)

El Anticristo hará la guerra contra el pueblo judío, obligándolo a huir. Jesús, en la Escritura de abajo, advirtió a la gente de Jerusalén que corriera a las montañas cuando el Anticristo invadiera el templo. Es tan urgente, que ni siquiera deben ir a su casa a buscar cosas primero porque habría opresión y crueldad injusta contra ellos por parte del Anticristo.

> Empero cuando viereis la abominación de

> asolamiento, que fué dicha por el profeta Daniel, que estará donde no debe (el que lee, entienda), entonces los que estén en Judea huyan á los montes; Y el que esté sobre el terrado, no descienda á la casa, ni entre para tomar algo de su casa; Y el que estuviere en el campo, no vuelva atrás á tomar su capa. [...] Porque aquellos días serán de aflicción, cual nunca fué desde el principio de la creación que crió Dios, hasta este tiempo, ni será. (Marcos 13:14-16, 19)

Cuando el Anticristo libra esta guerra, trae a todas las naciones contra Jerusalén. Estos versículos nos dicen que la ciudad será saqueada, y las mujeres serán violadas. De los habitantes que no escaparon, la mitad son capturados, y la otra mitad queda entre las ruinas.

> HE aquí, el día de Jehová viene, y tus despojos serán repartidos en medio de ti. Porque yo reuniré todas las gentes en batalla contra Jerusalem; y la ciudad será tomada, y saqueadas serán las casas, y forzadas las mujeres: y la mitad de la ciudad irá en cautiverio, mas el resto del pueblo no será talado de la ciudad. (Zacarías 14:1-2)

No es sólo Jerusalén la que cae a manos del Anticristo. Estos versículos ilustran que "él" invade muchos países. El "rey del Norte" es una referencia al Anticristo. El "hermoso país" se refiere a Israel.

> Cuando llegue la hora final, el rey del sur trabará combate contra el rey del norte, pero este responderá a su ataque con carros y caballos y con toda una flota de barcos de guerra. Invadirá muchos países, y los arrasará como una inundación. También invadirá nuestro hermoso país, y muchos países caerán bajo su poder, aunque Edom y Moab y los jefes de Amón escaparán de sus manos. (Daniel 11:40-41 NVI)

Un gran número de personas participan en esta guerra en el ejército del Anticristo. ¡200 millones! Hay una descripción bastante curiosa en la Biblia sobre este ejército. Vamos a leerla.

> Diciendo al sexto ángel que tenía la trompeta: Desata los cuatro ángeles que están atados en el gran río Eufrates. Y fueron desatados los cuatro ángeles que estaban aparejados para la hora y día y mes y año, para matar la tercera parte de los hombres. Y el número del ejército de los de á caballo era doscientos millones. Y oí el número de ellos. Y así vi los caballos en visión, y los que sobre ellos estaban sentados, los cuales tenían corazas de fuego, de jacinto, y de azufre. Y las cabezas de los caballos eran como cabezas de leones; y de la boca de ellos salía fuego y humo y azufre. (Apocalipsis 9:14-17)

Por la forma en que se describe el ejército, parece ser un ejército demoníaco de ángeles caídos. Mira los caballos que montan. Nunca he visto un caballo con una cabeza como la de un león que pueda respirar fuego y azufre. Los caballos normales no se ven así ni hacen eso. No, respirar fuego es lo que hacen los dragones. ¿Y quién sabemos que es el dragón? Es Satanás.

Además del ejército demoníaco, vemos en esta Escritura que los ángeles caídos convencen a los reyes de toda la tierra para que se reúnan para la batalla en Armagedón. Recuerda que la "bestia" es el Anticristo. Estos versículos son también donde aprendemos que el ejército se reúne en el lugar llamado Armagedón.

> El sexto ángel derramó su copa sobre el gran río Éufrates, y se secaron sus aguas para abrir paso a los reyes del oriente. Y vi salir de la boca del dragón, de la boca de la bestia y de la boca del falso profeta tres espíritus malignos que parecían ranas. Son espíritus de demonios que hacen señales milagrosas y que salen a reunir a los reyes del mundo entero para la batalla del gran día del Dios Todopoderoso. [...] Entonces los espíritus de los demonios reunieron a los

reyes en el lugar que en hebreo se llama Armagedón. (Apocalipsis 16:12-14, 16 NVI)

El número que se reúne para hacer la guerra aquí es difícil de entender. Tenemos el ejército demoníaco de 200 millones. Luego tenemos los ejércitos de reyes de toda la tierra también. Así que son probablemente más de 400 millones. Ahora reflexionemos sobre ese número de soldados por un momento. En julio de 2019, la población de los Estados Unidos se estimó en 329 millones.[30] ¡Ese volumen de soldados demoníacos solo es el 60% de la población de los Estados Unidos!

¿Por qué se han reunido tantos para la guerra? ¿Notaste que los demonios se reunieron todos en el Armagedón? Es porque Jesús viene. Los demonios saben cuándo esperarlo. Te he dicho que tú también puedes saber el día en que regresará. Verás, han convertido la guerra que se libra contra el pueblo de Dios en una guerra contra Dios mismo.

En la segunda venida de Jesús vemos al Anticristo, que es la "bestia", a los reyes de la tierra y a sus ejércitos reunidos para guerrear contra Jesús y su ejército de creyentes del cielo. En esta Escritura, Jesús es el llamado "Fiel y Verdadero".

> Y vi el cielo abierto; y he aquí un caballo blanco, y el que estaba sentado sobre él, era llamado Fiel y Verdadero, el cual con justicia juzga y pelea. Y sus ojos eran como llama de fuego, y había en su cabeza muchas diademas; [...]. Y estaba vestido de una ropa teñida en sangre: y su nombre es llamado EL VERBO DE DIOS. Y los ejércitos que están en el cielo le seguían en caballos blancos, vestidos de lino finísimo, blanco y limpio. [...] Y vi la bestia, y los reyes de la tierra y sus ejércitos, congregados para hacer guerra contra el que estaba sentado sobre el caballo, y contra su ejército. (Apocalipsis 19:11-14, 19)

19.5. Jesús regresa

Jesús regresará a la tierra al final del período de la

tribulación de siete años, durante la guerra de Armagedón. Esto se conoce como la segunda venida de Jesús. Cuando él regrese un montón de cosas tendrán lugar. Veamos lo que sucede.

Jesús volverá en un despliegue espectacular de poder y gloria. La Biblia nos dice que vuelve de la misma manera que se fue, en las nubes. Vendrá en las nubes al Monte de los Olivos, en Jerusalén. Cuando sus pies toquen la tierra, un gran terremoto partirá la montaña. En esta Escritura, Jesús es "el" que "fue alzado".

> Y habiendo dicho estas cosas, viéndo lo ellos, fué alzado; y una nube le recibió y le quitó de sus ojos. Y estando con los ojos puestos en el cielo, entre tanto que él iba, he aquí dos varones se pusieron junto á ellos en vestidos blancos; Los cuales también les dijeron: Varones Galileos, ¿qué estáis mirando al cielo? este mismo Jesús que ha sido tomado desde vosotros arriba en el cielo, así vendrá como le habéis visto ir al cielo. Entonces se volvieron á Jerusalem del monte que se llama del Olivar, el cual está cerca de Jerusalem camino de un sábado. (Hechos 1:9-12)

El Monte de los Olivos es la montaña que está al este de Jerusalén. Cuando Jesús regrese, habrá un terremoto que dividirá la montaña. Se moverá al norte y al sur, creando un gran valle.

> Después saldrá Jehová, y peleará con aquellas gentes, como peleó el día de la batalla. Y afirmaránse sus pies en aquel día sobre el monte de las Olivas, que está en frente de Jerusalem á la parte de oriente: y el monte de las Olivas, se partirá por medio de sí hacia el oriente y hacia el occidente haciendo un muy grande valle; y la mitad del monte se apartará hacia el norte, y la otra mitad hacia el mediodía. (Zacarías 14:3-4)

Jesús no estará solo cuando regrese. ¡Todas aquellas personas que fueron arrebatadas y que fueron resucitadas en el rapto estarán con él! En estos versículos, se les representa como los "santos" y los "ejércitos que están en el cielo".

> Y le fué dado que se vista de lino fino, limpio y brillante: porque el lino fino son las justificaciones de los santos. [...] Y los ejércitos que están en el cielo le seguían en caballos blancos, vestidos de lino finísimo, blanco y limpio. (Apocalipsis 19:8, 14)

Aquí hay algo más espectacular sobre el regreso de Jesús. ¡Todo el mundo lo verá! No voy a adivinar cómo Dios va a hacer esto, pero va a ser épico. Cuando venga en las nubes todos los ojos lo verán.

> Y de Jesucristo, el testigo fiel, el primogénito de los muertos, y príncipe de los reyes de la tierra. Al que nos amó, y nos ha lavado de nuestros pecados con su sangre, [...] He aquí que viene con las nubes, y todo ojo le verá, y los que le traspasaron; y todos los linajes de la tierra se lamentarán sobre él. Así sea. Amén. (Apocalipsis 1:5, 7)

Cuando Jesús regresa el mundo está en guerra. Lo primero que hace es detener la guerra en el Armagedón. Jesús arroja al Anticristo, que es la "bestia", y al Falso Profeta al lago de fuego, el infierno. Entonces Jesús mata a todos los demás que se reunieron contra él en esa guerra. Lo hace hablando. Esa es la "espada que salió de su boca". Una vez más, Jesús es el llamado "Fiel y Verdadero" y el "Verbo de Dios".

> Y vi el cielo abierto; y he aquí un caballo blanco, y el que estaba sentado sobre él, era llamado Fiel y Verdadero, el cual con justicia juzga y pelea. Y sus ojos eran como llama de fuego, y había en su cabeza muchas diademas; [...] Y estaba vestido de una ropa teñida en sangre: y su nombre es llamado EL VERBO DE DIOS. [...] Y de su boca

> sale una espada aguda, para herir con ella las gentes: [...] Y en su vestidura y en su muslo tiene escrito este nombre: REY DE REYES Y SEÑOR DE SEÑORES. [...] Y vi la bestia, y los reyes de la tierra y sus ejércitos, congregados para hacer guerra contra el que estaba sentado sobre el caballo, y contra su ejército. Y la bestia fué presa, y con ella el falso profeta. [...] Estos dos fueron lanzados vivos dentro de un lago de fuego ardiendo en azufre. Y los otros fueron muertos con la espada que salía de la boca del que estaba sentado sobre el caballo. (Apocalipsis 19:11-13, 15-16, 19-21)

Después de que Jesús derrote al Anticristo, entonces ata a Satanás por 1.000 años. En estos versículos, el "dragón" es Satanás.

> Y VI un ángel descender del cielo, que tenía la llave del abismo, y una grande cadena en su mano. Y prendió al dragón, aquella serpiente antigua, que es el Diablo y Satanás, y le ató por mil años; Y arrojólo al abismo, y le encerró, y selló sobre él, porque no engañe más á las naciones, hasta que mil años sean cumplidos: y después de esto es necesario que sea desatado un poco de tiempo. (Apocalipsis 20:1-3)

Entonces Jesús separará a los creyentes, que son las "ovejas", de los incrédulos, que son los "cabritos". Los creyentes entran en el reino de Jesús en la tierra. Los incrédulos son enviados al "fuego eterno", el infierno. En esta Escritura, Jesús es el "Hijo del Hombre".

> Y cuando el Hijo del hombre venga en su gloria, y todos los santos ángeles con él, entonces se sentará sobre el trono de su gloria. Y serán reunidas delante de él todas las gentes: y los apartará los unos de los otros, como aparta el pastor las ovejas de los cabritos. Y pondrá las ovejas á su derecha, y los cabritos á la izquierda.

> Entonces el Rey dirá á los que estarán á su derecha: Venid, benditos de mi Padre, heredad el reino preparado para vosotros desde la fundación del mundo. [...] Entonces dirá también á los que estarán á la izquierda: Apartaos de mí, malditos, al fuego eterno preparado para el diablo y para sus ángeles. (Mateo 25:31-34, 41)

La gran noticia sobre el regreso de Jesús es que todos los que han puesto su fe en Jesús durante la tribulación pueden vivir con Jesús ahora. La Biblia nos dice que Jesús reinará desde Jerusalén. Él va a tener un montón de ayudantes reinando con él. Todas las personas que fueron arrebatadas o resucitadas en el rapto están entre los que reinarán en la tierra. En esta Escritura, ellos son los que están sentados en tronos.

> Y vi tronos, y se sentaron sobre ellos, y les fué dado juicio; y vi las almas de los degollados por el testimonio de Jesús, y por la palabra de Dios, y que no habían adorado la bestia, ni á su imagen, y que no recibieron la señal en sus frentes, ni en sus manos, y vivieron y reinaron con Cristo mil años. Mas los otros muertos no tornaron á vivir hasta que sean cumplidos mil años. Esta es la primera resurrección. Bienaventurado y santo el que tiene parte en la primera resurrección; la segunda muerte no tiene potestad en éstos; antes serán sacerdotes de Dios y de Cristo, y reinarán con él mil años. (Apocalipsis 20:4-6)

Pero eso no es todo. Jesús también resucita los cuerpos de todos los creyentes del Antiguo Testamento y de las personas que murieron durante la tribulación. En los versículos anteriores, las "almas de los que habían sido decapitados" por Jesús se refiere a los santos de la tribulación. Ellos reciben cuerpos glorificados ahora también. Esta Escritura de abajo nos dice que Miguel, un ángel, estará luchando contra Satanás durante la guerra. Después de que Jesús rescate a su pueblo, muchos "que duermen" despertarán a la "vida eterna". Estos son los creyentes del Antiguo Testamento que obtienen nuevos cuerpos ahora también (consultar también el Salmo 50:1-6).

> Y EN aquel tiempo se levantará Miguel, el gran príncipe que está por los hijos de tu pueblo; y será tiempo de angustia, cual nunca fué después que hubo gente hasta entonces: mas en aquel tiempo será libertado tu pueblo, todos los que se hallaren escritos en el libro. Y muchos de los que duermen en el polvo de la tierra serán despertados, unos para vida eterna, y otros para vergüenza y confusión perpetua. [...] Tú empero Daniel, cierra las palabras y sella el libro hasta el tiempo del fin: [...] Y tú irás al fin, y reposarás, y te levantarás en tu suerte al fin de los días. (Daniel 12:1-2, 4, 13)

Si eres dejado atrás, has puesto tu fe en Jesús, y estás vivo en la segunda venida de Jesús, esas personas estarán viviendo en el reino de Jesús en la tierra contigo. Estarás viviendo en la Tierra con Jesús y entre inmortales. ¡Que increíble y asombroso es esto!

Por último, Jesús establecerá su reino en la Tierra y reinará durante 1.000 años. Este reino comienza sólo con los creyentes. Recuerda que Jesús no es el único que regresa en su segunda venida. Jesús trae a todos los que estaban en el cielo con él. Esos son los creyentes del Antiguo Testamento y los santos de la tribulación. También trae a la gente que fue raptada y a los creyentes resucitados en el rapto. Esos creyentes ahora inmortales reinarán con Jesús en su reino terrenal.

Deja que el reino venidero de Jesús te traiga consuelo y paz. Si has puesto tu fe en Jesús, lo que estás experimentando ahora mismo en la tierra es lo peor que te puede pasar en la vida. Estos versículos nos dicen que el reinado de Jesús será un tiempo de paz y prosperidad sin precedentes en la tierra. "Él" es una referencia a Jesús, y "ellos" se refiere a la gente que vivirá en el reino milenario.

> Y alegraréme con Jerusalem, y gozaréme con mi pueblo; y nunca más se oirán en ella voz de lloro, ni voz de clamor. (Isaías 65:19)

> Y juzgará entre las gentes, y reprenderá á muchos pueblos; y volverán sus espadas en rejas de arado, y sus lanzas en hoces: no alzará espada gente contra gente, ni se ensayarán más para la guerra. (Isaías 2:4)

El apóstol Pablo nos dice que cuando Jesús aparezca, Dios proveerá de descanso a los que han sido dejados atrás y perseguidos por su fe en Jesús. Tú vas a estar alabándolo en ese día. Le estarás dando gloria porque creíste.

> Y Dios les brindará descanso a ustedes que están siendo perseguidos y también a nosotros cuando el Señor Jesús aparezca desde el cielo. Él vendrá con sus ángeles poderosos, en llamas de fuego, y traerá juicio sobre los que no conocen a Dios y sobre los que se niegan a obedecer la Buena Noticia de nuestro Señor Jesús. Serán castigados con destrucción eterna, separados para siempre del Señor y de su glorioso poder. Aquel día cuando él venga, recibirá gloria de su pueblo santo y alabanza de todos los que creen. Esto también los incluye a ustedes, porque creyeron lo que les dijimos acerca de él. Así que seguimos orando por ustedes, pidiéndole a nuestro Dios que los ayude para que vivan una vida digna de su llamado. Que él les dé el poder para llevar a cabo todas las cosas buenas que la fe los mueve a hacer. (2 Tesalonicenses 1:7-11 NTV)

8° Parte: Qué hacer si eres dejado atrás

Capítulo 20 – Lista de comprobación completa para quienes han sido dejados atrás

A continuación, encontrarás una sencilla lista de verificación de lo que debes hacer si te quedas atrás. Estos elementos se centran tanto en tu supervivencia espiritual como en tu supervivencia física.

1. Toma una decisión sobre Jesús

Espero que ya hayas marcado la casilla de este punto. Después de todo lo que has leído y aprendido en este libro, estás totalmente equipado para tomar una decisión sobre tu futuro eterno. Esta es realmente la decisión más importante que debes tomar. Por eso es la primera en la lista. ¿Eliges creer que Jesucristo murió por tus pecados para darte vida eterna?

2. Ora para aceptar a Jesús

Si has decidido creer, ¡felicidades! El cielo se alegra. Todo lo que necesitas hacer es decirle a Dios la decisión que has tomado de creer. Puedes orar de esta manera:

"Querido Señor Jesús,

Sé que soy un pecador. Por favor, perdona mis pecados. Creo que eres el hijo de Dios y que has muerto por mis pecados. También creo que resucitaste de la tumba y que reinaste en el cielo con Dios. Quiero apartarme de mis pecados y seguirte, reconocerte como mi Señor y Salvador. Por favor, ayúdame entrando en mi corazón y en mi vida. Gracias por hacer un camino para que yo viva contigo en el cielo por la eternidad. En el nombre de Jesús, amén".

3. Consigue una Biblia

Para que puedas tener una relación con Jesús, necesitas conocer a Jesús. La Biblia es Jesús. Es la Palabra de Dios. Está escrito en cada página. Te recomiendo que consigas varios formatos de la Biblia. No confíes en poder usar una aplicación de la Biblia o un sitio web de la Biblia en línea. Estoy segura de que esos serán eliminados con el tiempo a medida que el poder del Anticristo aumente y el odio contra el cristianismo se incremente. Tenga copias digitales que sean archivos pdf, doc, o de texto que pueda abrir en aplicaciones comunes. Ten a mano una versión de audio que pueda escuchar. Consigue algunas copias físicas en papel. También te recomiendo que consigas varias traducciones de la Biblia. Eso te ayudará a aprender mejor las Escrituras. Tal vez puedas comenzar con la versión Reina Valera Antigua que es de dominio público y libre. Es más bien una traducción palabra por palabra. Puedes encontrar enlaces para descargarla en muchos formatos en mi sitio web, rapture911.com. Luego, puedes obtener una traducción como la Nueva Traducción Viviente que es realmente fácil de leer y entender.

4. Reúne recursos bíblicos

Es importante estudiar la Palabra de Dios. Necesitarás algunos recursos para hacer esto de manera efectiva. Consigue un comentario y una concordancia bíblicos. Si bien puede utilizar recursos y aplicaciones en línea para esto, no confíes en que estén a tu alcance. Te recomiendo que consigas un libro de bolsillo o que descargues las versiones de libros electrónicos. Matthew Henry escribió un comentario bíblico en 1706 que contiene una exposición completa de cada versículo de la Biblia.[31] Es un recurso estándar que se utiliza en la actualidad y su versión en inglés es de dominio público, por lo cual es gratuito para su uso. También se encuentra una versión en español disponible. James Strong escribió una concordancia en 1890 que indexó cada palabra en la Versión inglesa

King James de la Biblia.[32] Así que, si por ejemplo quieres leer cada versículo que hable sobre el amor, te detallará todos los versículos que puedes encontrar. Sigue siendo la concordancia estándar que se usa hoy en día. Hay una traducción al español disponible. La versión en inglés es de dominio público y gratuita leer y usar. Encontrarás enlaces para descargarlos en mi sitio web, rapture911.com.

También obtén todos los libros de estudio de la Biblia que puedas. Adquiérelos mientras estén disponibles. También descarga o compra sermones y enseñanzas de respetados pastores y maestros de la Biblia. Graba, descarga o compra también enseñanzas emitidas en las cadenas de televisión cristianas. Es probable que éstas sólo estén disponibles en línea por un corto período de tiempo. Visita al sitio web Wayback Machine en archive.org/web/ para ver las páginas archivadas de los sitios web.[33] Aprende a archivar un sitio web para verlo sin conexión. Puedes hacer una búsqueda en Internet y encontrar instrucciones y software que te ayuden. Consigue lo que puedas mientras puedas.

5. Almacena comida para tu alma

También es importante consumir información y contenido que sea bueno para ti. Asegúrate de tener buena música para escuchar que no esté llena de letras pecaminosas. Quieres contenido que te ayude a pensar en las cosas de arriba. Cosas que son celestiales o piadosas. Considera música cristiana, gospel, clásica, instrumental y jazz. También piensa en conseguir algunos libros, películas y programas de televisión que sean buenos para tu alma también. Recuerda que el contenido que tiene un mensaje cristiano probablemente no estará disponible por mucho tiempo, así que búscalo ahora.

6. Obtén recursos físicos de supervivencia

No va a ser fácil sobrevivir o incluso vivir durante el período de la tribulación. Debes saber que habrá momentos en los que no tendrás los elementos que hoy das por sentado, como la electricidad, el agua corriente y el gas para la calefacción y la cocina. Debes estar preparado para sobrevivir sin esas cosas. Te recomiendo que adquieras este tipo de libros: conceptos básicos de supervivencia, primeros auxilios y preparación. Estos recursos te enseñarán lo que debes hacer.

7. Empaca un bolso de emergencia

Es importante que empaques una bolsa que contenga algún equipo básico de supervivencia que esté listo cuando ocurra una emergencia. Así, sólo tendrás que tomar la bolsa y llevártela si tienes que evacuar, o dejar tu casa muy rápidamente para una emergencia. El libro de supervivencia que consigas debería indicarte qué debes incluir en ella. También puedes hacer una búsqueda en Internet y encontrar todo tipo de listas y sugerencias sobre lo que debes incluir. Los siguientes puntos de esta lista te darán algunas ideas sobre por dónde empezar.

8. Prepárate para filtrar el agua

El agua es clave para tu supervivencia física. No vivirás más de unos días sin ella. En caso de emergencia, es posible que no tengas acceso a agua potable. Asegúrate de tener una forma de filtrar el agua. El filtro de agua que tienes en el fregadero del grifo no servirá para esto. Estoy hablando de tener la capacidad de poner agua de río fangosa en un filtro y obtener agua potable limpia. Hay todo tipo de dispositivos disponibles que puedes conseguir. Mantén esto con tu bolso de emergencia junto con una botella de agua.

9. Dispón de un refugio temporal

Muchas veces no podrás permanecer en tu casa durante una emergencia. Debes tener algo que puedas utilizar para proporcionarte un refugio temporal. Una tienda de campaña o incluso unas lonas te serán muy útiles. Considera también la posibilidad de conseguir un saco de dormir.

10. Abastécete de alimentos

Durante una emergencia, es probable que no puedas cocinar en el microondas, en la cocina o en el horno. Necesitarás una solución para cocinar sin electricidad o gas, como un pozo de fuego o una parrilla. Además, necesitarás combustible y un iniciador de fuego. Considera tener una provisión de alimentos que no requieran ser cocinados y que puedas utilizar durante una emergencia. El libro que te recomendé sobre preparación te ayudará a hacerlo. Ten a mano algunos alimentos enlatados, junto con un abrelatas. Los granos no procesados y no molidos se conservan a largo plazo, como la avena (no instantánea), el arroz blanco, la pasta y las palomitas de maíz. Las judías son una buena fuente de nutrición y también se conservan bien a largo plazo. La sal, el azúcar, la miel y el jarabe de arce puro también son buenos artículos para tener a mano. Coloca estos artículos en bolsas del tipo Mylar para protegerlos de la humedad y los insectos y guárdalos en cubos grandes de plástico de cinco galones. Asegúrate de tener un molino de grano de manivela. De lo contrario, cuando se vaya la luz, podrías estar moliendo el grano con una piedra, como hacían nuestros antiguos antepasados.

11. Prepara un botiquín de primeros auxilios

Asegúrate de tener un botiquín de primeros auxilios básico disponible em tu bolso de emergencia. Asegúrate de incluir artículos específicos para tus necesidades individuales, como los medicamentos que necesitas. Piensa también en desinfectantes naturales que puedas utilizar en caso de necesidad. La sal, el vinagre y el aloe son buenos remedios naturales si se utilizan correctamente. El libro de primeros auxilios que te recomendé te ayudará a armar un botiquín adecuado.

12. Guarda ropa en tu bolso de emergencia

Asegúrate de incluir algunas prendas de vestir básicas en tu bolso de emergencia. Es posible que tengas que salir en mitad de la noche cuando no estás vestido correctamente. Incluye artículos para protegerse del sol, la lluvia y el frío.

13. Obtén algunas herramientas y equipos de supervivencia

Un buen cuchillo es imprescindible en tu bolso de emergencia. Te servirá para todo tipo de cosas. También deberías considerar la posibilidad de incluir herramientas y equipos como una mini pala, una herramienta multiusos, una sierra plegable, cinta aislante, cable, un pequeño espejo, un silbato, una radio de manivela, una brújula, algunas luces solares, un cargador solar y una máscara para filtrar el aire. No te olvides de los suministros sanitarios, como un cubo y una bolsa de basura. Es posible que necesites cazar o pescar, así que asegúrate de tener equipo para ello. Por último, ten en cuenta que puedes necesitar protegerte de los animales o de las personas. Un aerosol de pimienta, un palo grande o una pistola eléctrica te serán de gran ayuda. Por supuesto, puedes incluir un arma más sofisticada, como una pistola, si estás adecuadamente entrenado y preparado para usarla y también para guardarla de forma segura.

14. Aprende a hacer trueques

En este libre te mencioné que el gobernante global, el Anticristo, establecerá un nuevo sistema económico y monetario. La participación en ese sistema requerirá lealtad al Anticristo, quien está habitado por Satanás. Si has puesto tu fe en Jesús, y quieres entrar en el cielo, entonces no puedes tener ninguna parte de ese sistema. No vas a poder comprar o vender nada muy fácilmente. Así que tienes que estar preparado para hacer trueques con otros. El trueque es simplemente cambiar algo que tienes por algo que necesitas o quieres. Puedes intercambiar bienes, una habilidad, un servicio, o trabajo. Dios te ha bendecido con muchas habilidades y destrezas. Piensa en cómo podrías bendecir a otras personas con las habilidades que Dios te ha dado a cambio de otra cosa. Considera la posibilidad de aprender un oficio que te sea útil, como la carpintería, la costura o la agricultura.

15. Únete a una comunidad

Estoy segura de que muchos piensan que serán capaces de vivir fácilmente de la tierra durante una emergencia. Has visto programas y películas de apocalipsis y como sobrevivir. La verdad es que eso es una fantasía para la mayoría de los que están leyendo esto. Requiere una gran cantidad de habilidades especializadas, agudeza mental y estado físico. No cuentes con ser capaz de sobrevivir por ti mismo. Necesitarás una comunidad de personas para tener la mejor oportunidad de éxito. En una comunidad, tendrás una gran variedad de habilidades y conocimientos a los que recurrir. Dos cabezas son mejor que una cuando se trata de resolver problemas. La otra ventaja de la comunidad es la protección. Ya sabes que la seguridad está en los números. Una comunidad también te proporcionará el apoyo emocional que necesitarás durante este tiempo.

Una comunidad no significa necesariamente una casa comunal en la que todos viven juntos. Puede ser tan simple como tener una relación real con todos los vecinos de tu comunidad. Tener reuniones vecinales regulares, clases de Biblia, eventos de trueque, lecciones de supervivencia, etc.

16. No te preocupes por los que desaparecieron

Sé que estás preocupado por la gente que desapareció. No es necesario que te sientas así. Las personas que desaparecieron pusieron su fe en Jesucristo. Fueron llevados al cielo donde residen a salvo. Si has puesto tu fe en Jesús, los verás de nuevo. Recuerda que estarán con Jesús en su segunda venida. Si no sobreviven a la tribulación, entonces los verás en el cielo.

17. Bendice a los demás

Después de que Jesús se apodere de ti, nunca serás el mismo. Desearás haberlo conocido antes. Empezarás a ver todo lo que ha hecho por ti y lo mucho que te ama. Empezarás a ser más amoroso y dadivoso. Querrás bendecir a otros porque él te ha bendecido a ti. Estas

Escrituras nos dicen que cuando ayudamos y bendecimos a otros, en realidad estamos ayudando y bendiciendo a Jesús. Estos son sacrificios que agradan a Dios.

> Entonces los justos le responderán, diciendo: Señor, ¿cuándo te vimos hambriento, y te sustentamos? ¿ó sediento, y te dimos de beber? ¿Y cuándo te vimos huésped, y te recogimos? ¿ó desnudo, y te cubrimos? ¿O cuándo te vimos enfermo, ó en la cárcel, y vinimos á ti? Y respondiendo el Rey, les dirá: De cierto os digo que en cuanto lo hicisteis á uno de estos mis hermanos pequeñitos, á mí lo hicisteis. (Mateo 25:37-40)

> Y de hacer bien y de la comunicación no os olvidéis: porque de tales sacrificios se agrada Dios. (Hebreos 13:16)

18. Salva una vida

No mantengas en secreto tu fe en Jesús. Ve a decírselo a alguien. Puede que le salves la vida.

> Hermanos, si alguno de entre vosotros ha errado de la verdad, y alguno le convirtiere, Sepa que el que hubiere hecho convertir al pecador del error de su camino, salvará un alma de muerte, y cubrirá multitud de pecados. (Santiago 5:19-20)

19. Conoce más a Jesús

Mientras esperas el regreso de Jesús, conócelo. Si has puesto tu fe en él, entonces pasarás la eternidad con él. Conocerlo te traerá consuelo y paz durante este tiempo difícil. También deleitará a Jesús y te dará algo de lo que sentirte realmente orgulloso.

> Así dijo Jehová: No se alabe el sabio en su sabiduría, ni en su valentía se alabe el valiente, ni el rico se alabe en sus riquezas. Mas alábese en esto el que se hubiere de alabar: en entenderme y conocerme, que yo soy Jehová, que hago

misericordia, juicio, y justicia en la tierra: porque estas cosas quiero, dice Jehová. (Jeremías 9:23-24)

Esta Escritura afirma que Jesús te traerá paz y consuelo cuando tengas una relación con él. Sigue leyendo la Biblia y orando.

> Por nada estéis afanosos; sino sean notorias vuestras peticiones delante de Dios en toda oración y ruego, con hacimiento de gracias. Y la paz de Dios, que sobrepuja todo entendimiento, guardará vuestros corazones y vuestros entendimientos en Cristo Jesús. (Filipenses 4:6-7)

20. Estate atento al regreso de Jesús

No importa lo que ocurra en la Tierra durante esta batalla entre el bien y el mal, Jesús ya ha ganado. Jesús venció a Satanás cuando murió en la cruz y resucitó. Jesús viene de nuevo. Cosechará las promesas que él te ha dado.

Jesús dijo que la gente carecería de valor debido a las cosas que suceden en la tierra, pero que levantaran la cabeza y mantuvieran sus ojos en él porque su redención viene pronto.

> Entonces habrá señales en el sol, y en la luna, y en las estrellas; y en la tierra angustia de gentes por la confusión del sonido de la mar y de las ondas: Secándose los hombres á causa del temor y expectación de las cosas que sobrevendrán á la redondez de la tierra: porque las virtudes de los cielos serán conmovidas. Y entonces verán al Hijo del hombre, que vendrá en una nube con potestad y majestad grande. Y cuando estas cosas comenzaren á hacerse, mirad, y levantad vuestras cabezas, porque vuestra redención está cerca. (Lucas 21:25-28)

Jesús viene, y trae recompensas con él.

> Y he aquí, yo vengo presto, y mi galardón conmigo, para recompensar á cada uno según fuere su obra. Yo soy Alpha y Omega, principio y

fin, el primero y el postrero. [...] Yo Jesús he enviado mi ángel para daros testimonio de estas cosas en las iglesias. Yo soy la raíz y el linaje de David, la estrella resplandeciente, y de la mañana. (Apocalipsis 22:12-13, 16)

Si has puesto tu fe en Jesús, puedes superar el ser dejado atrás porque Jesús ha vencido.

Respondióles Jesús: [...] Estas cosas os he hablado, para que en mí tengáis paz. En el mundo tendréis aflicción: mas confiad, yo he vencido al mundo. (Juan 16:31, 33)

Pensamientos finales

Ha sido un placer ayudarte a aprender sobre Dios y Jesús, y sobre las mentiras del enemigo que tendrás que enfrentar, y lo que está por venir. Oro para que te des cuenta de que puedes confiarle tu vida a Jesús. Él te ama tanto que murió por ti. Deja que te ame por toda la eternidad y que te colme de todas las promesas que ha revelado en su palabra.

Como creyente que ha sido dejado atras, sé fuerte, valiente y audaz en tu fe. El poder de Jesucristo vive dentro de ti. Él venció toda fuerza del mal contra él. Porque él venció y conquistó la muerte, te dará la fuerza para hacer lo mismo y cumplir su propósito para ti.

Si no te veo en el cielo antes de la segunda venida de Jesús, ya sabes dónde encontrarme. Estaré en un caballo blanco viniendo en las nubes con él. ¡Qué día tan maravilloso será! Nos vemos entonces.

Gracias por recorrer este camino conmigo. Si quieres mostrarle tu apoyo a mi trabajo, por favor comparte una reseña donde hayas comprado este libro. Es gratis y sólo te llevará un minuto escribir una frase rápida que exprese tu opinión sobre el libro. Tu reseña es muy importante para los autores independientes y autopublicados como yo. Los algoritmos de Internet y de las librerías online favorecen a los libros con reseñas. Aparecen en los resultados de búsqueda y en la parte superior de los resultados de búsqueda con más frecuencia que los libros sin reseñas. Incluso necesito un número mínimo de reseñas para poder adquirir cierta publicidad. Por lo tanto, tu reseña ayudará a que más personas encuentren este libro. Eso, a su vez, me ayudará a vender más libros, permitiéndome seguir escribiendo libros para ti. Visita rapture911.com/reviews si necesitas un enlace para compartir una reseña.

Gracias por tu apoyo.

Marsha

¿Quieres más verdad?
Leer la edición completa

La edición completa de *Rapto 911: Qué hacer si eres dejado atrás* incluye:
- Información adicional sobre el rapto y por qué sucedió.
- Más mentiras expuestas para que no te engañen.
- Ejemplos de profecías cumplidas que prueban que la Palabra de Dios es digna de confianza.
- Mecanismos de afrontamiento de los héroes bíblicos para manejar mejor la vergüenza, el dolor y el miedo.
- Contenido extra para ayudarte a construir tu fe y ser bueno con tu alma.
- Cronología completa de eventos futuros.
- Un práctico glosario bíblico.

Libros de Marsha Kuhnley

En Español
Serie Rapto 911
Rapto 911: Qué hacer si eres dejado atrás

Rapto 911: Qué hacer si eres dejado atrás (Edición de Bolsillo)

En Inglés
Rapture 911 Series
*Rapture 911: What To Do If You're Left Behind

Rapture 911: What To Do If You're Left Behind (Pocket Edition)

Rapture 911: 10 Day Devotional

Rapture 911: Prophecy Reference Bible

End Times Armor Series
*Assault On The Afterlife: Satan's War Against Heaven

*The Election Omen: Your Vote Matters

The Election Omen: 10 Day Devotional

Ficción
Kiara Kole And The Key Of Truth

Otras obras
Seeing The Light In Dark Times: 10 Day Devotional

Visita la página web de Marsha para estos libros
rapture911.com

* - También disponible como audiolibro

Acerca de la autora

Marsha Kuhnley es una autora estadounidense de libros cristianos de no ficción. Le apasionan las profecías bíblicas, las finanzas y la economía. Obtuvo un MBA en Finanzas y una licenciatura en Economía en la Universidad de Nuevo México. Antes de convertirse en autora, disfrutó de una carrera en Intel Corporation. Marsha utiliza su educación y experiencia profesional para tomar información bíblica compleja y presentarla en conceptos fácilmente comprensibles. Su investigación y estudio de la Biblia, profecía bíblica y teología del rapto durante una década son de beneficio para sus lectores. Actualmente reside en Albuquerque, NM junto a su esposo, donde asisten a la iglesia del Calvario.

Comunícate con Marsha

rapture911.com/connect

Citas

[1] Dr. C. Truman Davis, "A Physician's View Of The Crucifixion Of Jesus Christ" [La visión de un médico de la crucifixión de Jesucristo], *CBN*, https://www1.cbn.com/medical-view-of-the-crucifixion-of-jesus-christ, Accedido el 7 de septiembre de 2019.

[2] "Roman Legion" [Legión romana], Wikipedia, https://en.wikipedia.org/wiki/Roman_legion, Accedido el 7 de septiembre de 2019.

[3] Gary Bates y Lita Cosner, "UFOlogy: The World's Fastest-Growing 'Scientific' Religion?" [OVNI-logía: ¿La religión "científica" de más rápido crecimiento del mundo?], *Creation.com*, 12 de mayo de 2011, https://creation.com/ufology-scientific-religion, Accedido el 7 de septiembre de 2019.

[4] David Wallace-Wells, James D. Walsh, Neel Patel, Clint Rainey, Katie Heaney, Eric Benson y Tim Urban, "Reasons To Believe: How Seriously Should You Take Those Recent Reports of UFOs? Ask The Pentagon. Or Read This Primer For The SETI-Curious." [Razones para creer: ¿Cómo de serio deberías tomarte los recientes informes sobre ovnis? Pregúntele al Pentágono. O lea esta introducción para el SETI-curioso.], *Intelligencer*, 20 de marzo de 2018, http://nymag.com/intelligencer/2018/03/13-reasons-to-believe-aliens-are-real.html, Accedido el 7 de septiembre de 2019.

[5] Billy Crone, https://www.getalifemedia.com/, Accedido el 7 de septiembre de 2019.

[6] "UFO's: The Great Last Days Deception" [Ovnis: el gran engaño de los últimos días], Get A Life Ministries, https://www.getalifemedia.com/video/apologetics/ufo.shtml, Accedido el 7 de septiembre de 2019. Vídeo 10 - Un estudio condensado de los ovnis.

[7] "UFO's: The Great Last Days Deception" [Ovnis: el gran engaño de los últimos días], Get A Life Ministries, https://www.getalifemedia.com/video/apologetics/ufo.shtml, Accedido el 7 de septiembre de 2019. Vídeo 10 - Un estudio condensado de los ovnis.

[8] "The CE4 Research Group" [Grupo de Investigación CE4], CE4 Research Group, http://www.alienresistance.org/ce4.htm, Accedido el 7 de septiembre de 2019.

[9] "All Time Box Office: Domestic Grosses Adjusted For Ticket Price Inflation" [Taquilla de todos los tiempos:

Recaudaciones nacionales ajustadas por la inflación del precio de las entradas], Box Office Mojo, https://www.boxofficemojo.com/alltime/adjusted.htm, Accedido el 14 de agosto de 2019.

[10] "Storm Area 51, They Can't Stop All of Us" [Zona de tormenta 51, no pueden detenernos a todos], evento público en Facebook, 20 de septiembre de 2019, https://www.facebook.com/events/extraterrestrial-highway-area-51/storm-area-51-they-cant-stop-all-of-us/448435052621047/, Accedido el 7 de agosto de 2019.

[11] "List Of Metropolitan Statistical Areas" [Lista de áreas estadísticas metropolitanas], Wikipedia, https://en.wikipedia.org/wiki/List_of_metropolitan_statistical_areas#United_States, Accedido el 7 de septiembre de 2019. Datos de Estados Unidos.

[12] Greg, "Jacques Vallee - On Messengers Of Deception" [Jacques Vallee - sobre mensajeros del engaño], *Daily Grail*, 17 de julio de 2008, https://www.dailygrail.com/2008/07/jacques-vallee-on-messengers-of-deception/, Accedido el 7 de septiembre de 2019.

[13] Gary Bates, "UFOs Are Not Extraterrestrial!" [¡Los ovnis no son extraterrestres!], *Creation.com*, 5 de julio de 2016, https://creation.com/ufos-not-extraterrestrial, Accedido el 7 de septiembre de 2019.

[14] Kimberly Hickok, "China's New Laser Gun Can Zap You With A Silent, Carbonizing Beam" [La nueva pistola láser de China puede lanzar un rayo silencioso y carbonizante], *Live Science*, 2 de julio de 2018, https://www.livescience.com/62973-china-laser-guns.html, Accedido el 7 de septiembre de 2019.

[15] Andrew Liptak, "The US Air Force Successfully Tested A Laser System To Shoot Down Missiles" [La Fuerza Aérea de EE. UU. probó con éxito un sistema láser para derribar misiles], *The Verge*, 5 de mayo de 2019, https://www.theverge.com/2019/5/5/18530089/us-air-force-research-laboratory-shield-laser-weapons-system-test, Accedido el 7 de septiembre de 2019.

[16] Donovan Alexander, "Colonizing The Moon Could Be The Key To Saving The Earth, Says Jeff Bezos" [Colonizar la Luna podría ser la clave para salvar la Tierra, dice Jeff Bezos], *Interesting Engineering*, 9 de junio de 2019, https://interestingengineering.com/colonizing-the-moon-could-be-the-key-to-saving-the-earth-says-jeff-bezos, Accedido el 7 de septiembre de 2019.

[17] Drew Scherban, "Beam Me Up Scotty! Researchers Teleport Particle Of Light Six Kilometres" [¡Transpórtame,

Scotty! Los investigadores teletransportan una partícula de luz seis kilómetros], *University of Calgary*, 20 de agosto de 2016, https://www.ucalgary.ca/news/beam-me-scotty-researchers-teleport-particle-light-six-kilometres, Accedido el 7 de septiembre de 2019.

[18] Corey S. Powell, "Elon Musk Says We May Live In A Simulation. Here's How We Might Tell If He's Right" [Elon Musk dice que podríamos vivir en una simulación. Así es como podríamos saber si tiene razón], *NBC News*, 2 de octubre de 2018, https://www.nbcnews.com/mach/science/what-simulation-hypothesis-why-some-think-life-simulated-reality-ncna913926, Accedido el 7 de septiembre de 2019.

[19] Nick Statt, "Comma.ai Founder George Hotz Wants To Free Humanity From The AI Simulation" [El fundador de Comma.AI, George Hotz, quiere liberar a la humanidad de la simulación de la IA], *The Verge*, 9 de marzo de 2019, https://www.theverge.com/2019/3/9/18258030/george-hotz-ai-simulation-jailbreaking-reality-sxsw-2019, Accedido el 7 de septiembre de 2019.

[20] Dan Vergano, "It's Starting To Look Like God Won't Save Us From Global Warming" [Parece que Dios no nos salvará del calentamiento global], *BuzzFeed News*, 24 de abril de 2019, https://www.buzzfeednews.com/article/danvergano/pope-didnt-fix-climate-change, Accedido el 7 de septiembre de 2019.

[21] Kim Stanley Robinson, "Empty Half The Earth Of It's Humans. It's The Only Way To Save The Planet" [Vaciar la mitad de la Tierra de sus humanos. Es la única manera de salvar el planeta], *The Guardian*, 20 de marzo de 2018, https://www.theguardian.com/cities/2018/mar/20/save-the-planet-half-earth-kim-stanley-robinson, Accedido el 7 de septiembre de 2019.

[22] Klint Finley y Gregory Barber, "The WIRED Guide To The Blockchain" [La guía WIRED de la cadena de bloques], *Wired*, 9 de julio de 2019, https://www.wired.com/story/guide-blockchain/, Accedido el 7 de septiembre de 2019.

[23] Sue Halpern, "Facebook's Audacious Pitch For A Global Cryptocurrency" [La audaz propuesta de Facebook de crear una criptodivisa mundial], *The New Yorker*, 30 de julio de 2019, https://www.newyorker.com/tech/annals-of-technology/facebooks-audacious-pitch-for-a-global-cryptocurrency, Accedido el 7 de septiembre de 2019.

[24] Noelle Acheson, "Bitcoin Won't Be a Global Reserve Currency. But It's Opening The Box" [Bitcoin no será una

moneda de reserva mundial. Pero está abriendo la caja], *Coindesk*, 3 de agosto de 2019, https://www.coindesk.com/bitcoin-wont-be-a-global-reserve-currency-but-its-opening-the-box, Accedido el 7 de septiembre de 2019.

[25] "Stats" [Estadísticas], Facebook.com, https://newsroom.fb.com/company-info/, Accedido el 7 de septiembre de 2019.

[26] "About Us" [Acerca de nosotros], Walmart.com, https://corporate.walmart.com/our-story, Accedido el 7 de septiembre de 2019.

[27] Steve Warren y Benjamin Gill, "Elon Musk Wants To Chip Your Brain: Is Biohacking About Convenience Or A Shift To The Mark Of The Beast?" [Elon Musk quiere colocar un chip a tu cerebro: ¿Es el biohacking una cuestión de comodidad o un cambio hacia la marca de la bestia?], *CBN News*, 17 de julio de 2019, https://www1.cbn.com/cbnnews/2019/july/biohacking-technological-convenience-or-shift-to-revelations-mark-of-the-beast, Accedido el 7 de septiembre de 2019.

[28] Bailey Reutzel, "I Got The Mark Of The Beast-And It Will Hold My Bitcoin" [Tengo la marca de la bestia - y contendrá mi Bitcoin], *Coindesk*, 15 de marzo de 2019, https://www.coindesk.com/i-got-the-mark-of-the-beast-and-itll-hold-my-bitcoin, Accedido el 7 de septiembre de 2019.

[29] Skip Heitzig, *You Can Understand the Book of Revelation* [*Puedes entender el libro del apocalipsis*], (Harvest House Publishers, 2011), capítulo 13.

[30] "U.S. And World Population Clock" [Estados Unidos y reloj de población mundial], United States Census Bureau, https://www.census.gov/popclock/, Accedido el 19 de julio de 2019.

[31] Matthew Henry, *Matthew Henry's Commentary on the Whole Bible* [*El comentario de Matthew Henry sobre toda la Biblia*], (n.p.: 1706-1720), https://www.blueletterbible.org/commentaries/mhc/, Accedido el 10 de septiembre de 2019.

[32] James Strong, *The Exhaustive Concordance Of The Bible* [*La exhaustiva concordancia de la Biblia*], (New York, NY: Eaton & Mains, 1890), https://archive.org/stream/exhaustiveconcor1890stro#page/n11/mode/2up, Accedido el 10 de septiembre de 2019.

[33] Internet Archive Wayback Machine [Wayback Machine archivo de Internet], archive.org/web/, Accedido el 10 de septiembre de 2019.

www.ingramcontent.com/pod-product-compliance
Lightning Source LLC
Chambersburg PA
CBHW072000110526
44592CB00012B/1151